Theorien der Gegenwartskunst zur Einführung

Juliane Rebentisch

Theorien der Gegenwartskunst zur Einführung

JUNIUS

Junius Verlag GmbH
Stresemannstraße 375
22761 Hamburg
www.junius-verlag.de

Umschlaggestaltung: Florian Zietz
Titelbild: Piero Manzoni,
Socle du Monde (1961)
Satz: Junius Verlag GmbH
Printed in the EU 2021
ISBN 978-3-88506-697-2
5., unveränderte Auflage 2021

Bibliografische Information der Deutschen Nationalbibliothek
Die Deutsche Nationalbibliothek verzeichnet diese Publikation in der Deutschen Nationalbibliografie; detaillierte bibliografische Daten sind im Internet über http://dnb.dnb.de abrufbar.

Zur Einführung …

… hat diese Taschenbuchreihe seit ihrer Gründung 1977 gedient. Zunächst als sozialistische Initiative gestartet, die philosophisches Wissen allgemein zugänglich machen und so den Marsch durch die Institutionen theoretisch ausrüsten sollte, wurden die Bände in den achtziger Jahren zu einem verlässlichen Leitfaden durch das Labyrinth der neuen Unübersichtlichkeit. Mit der Kombination von Wissensvermittlung und kritischer Analyse haben die Junius-Bände stilbildend gewirkt.

Seit den neunziger Jahren reformierten sich Teile der Geisteswissenschaften als Kulturwissenschaften und brachten neue Fächer und Schwerpunkte wie Medienwissenschaften, Wissenschaftsgeschichte oder Bildwissenschaften hervor. Auch im Verhältnis zu den Naturwissenschaften sahen sich die traditionellen Kernfächer der Geisteswissenschaften neuen Herausforderungen ausgesetzt. Diesen Veränderungen trug eine Neuausrichtung der Junius-Reihe Rechnung, die seit 2003 von der verstorbenen Cornelia Vismann und zwei der Unterzeichnenden (M.H. und D.T.) verantwortet wurde.

Ein Jahrzehnt später erweisen sich die Kulturwissenschaften eher als notwendige Erweiterung denn als Neubegründung der Geisteswissenschaften. In den Fokus sind neue, nicht zuletzt politik- und sozialwissenschaftliche Fragen gerückt, die sich produktiv mit den geistes- und kulturwissenschaftlichen Problemstellungen vermengt haben. So scheint eine erneute Inventur der Reihe sinnvoll, deren Aufgabe unverändert darin besteht, kompetent und anschaulich zu vermitteln, was kritisches Denken und Forschen jenseits naturwissenschaftlicher Zugänge heute zu leisten vermag.

Zur Einführung ist für Leute geschrieben, denen daran gelegen ist, sich über bekannte und manchmal weniger bekannte Autor(inn)en und Themen zu orientieren. Sie wollen klassische Fragen in neuem Licht und neue Forschungsfelder in gültiger Form dargestellt sehen.

Zur Einführung ist von Leuten geschrieben, die nicht nur einen souveränen Überblick geben, sondern ihren eigenen Standpunkt markieren. Vermittlung heißt nicht Verwässerung, Repräsentativität nicht Vollständigkeit. Die Autorinnen und Autoren der Reihe haben eine eigene Perspektive auf ihren Gegenstand, und ihre Handschrift ist in den einzelnen Bänden deutlich erkennbar.

Zur Einführung ist in der Hinsicht traditionell, dass es den Stärken des gedruckten Buchs – die Darstellung baut auf Übersichtlichkeit, Sorgfalt und reflexive Distanz, das Medium auf Handhabbarkeit und Haltbarkeit – auch in Zeiten liquider Netzpublikationen vertraut.

Zur Einführung bleibt seinem ursprünglichen Konzept treu, indem es die Zirkulation von Ideen, Erkenntnissen und Wissen befördert.

Michael Hagner
Ina Kerner
Dieter Thomä

Inhalt

Anhang

Einleitung: Die Gegenwart der Gegenwartskunst

Gegenwartskunst, könnte man etwas tautologisch formulieren, hat Konjunktur. Kaum eine Stadt, die nicht durch ein Museum der Gegenwartskunst demonstrierte, was sie auf sich hält. An immer mehr Orten weltweit widmen sich Biennalen regelmäßig ihrer Bestandsaufnahme und ziehen dabei ein internationales Massenpublikum an. Professuren und Forschungsprogramme werden zu ihrer Erklärung eingerichtet. Aber was besagt der Begriff Gegenwartskunst genau? Und vor allem: Auf welche Gegenwart bezieht er sich?

Auffällig ist zunächst, dass der Begriff weitgehend den der modernen Kunst abgelöst hat, wenn es darum geht, die Kunst unserer Zeit zu bezeichnen. »Absolut modern« zu sein ist heute offenbar endgültig nicht mehr zeitgemäß – und dies, obwohl Arthur Rimbauds Forderung von 1873[1] noch bis weit ins 20. Jahrhundert hinein wirksam war. Wie soll man aber die Absetzung der zeitgenössischen Kunst, der Kunst der Gegenwart, von Begriff und Phänomen der Moderne verstehen? Eine erste Intuition könnte sein, diese Bewegung als eine Distanzierung von den programmatischen Absetzbewegungen der modernen Kunst selbst zu verstehen. Moderne Kunst, das war schließlich eine dezidiert anti-traditionelle, eine dem Fortschritt verschriebene Kunst. Demgegenüber gibt sich der Begriff der Gegenwartskunst, vorderhand zumindest, neutral. »Gegenwartskunst«, könnte man deshalb meinen, bezeichnet schlicht das zur Zeit Gegebene. Jedoch greift eine solche Bestimmung, nach der sich der Begriff neutral auf diejenige Kunst beziehen soll, die eben gerade jetzt entsteht, offenkundig zu kurz. Denn dann wäre alle Kunst einmal Gegenwartskunst gewesen und wäre alles gestern Produzierte bereits keine Gegenwartskunst mehr. Erschwerend kommt hinzu, dass jeder Versuch, der Gegenwart dadurch habhaft zu werden, dass man sie auf einen Jetztzeitpunkt zusammenzieht, ohnehin durch sich selbst unterlaufen würde; sie springt just in dem Moment, in dem man sie sich auf diese Weise gegenwärtig zu machen versucht, weg.[2]

Allerdings gibt es noch eine ganz andere Interpretation des neutralen Anscheins, den der Begriff Gegenwartskunst erweckt, eine Interpretation, die ihm nicht selbst aufsitzt, sondern ihn vielmehr als Ideologie kritisiert. Nach den entsprechenden Diagnosen hat sich der Begriff der Gegenwartskunst in dem Maße gegen den der modernen Kunst durchgesetzt, wie jede Perspektive auf historische Veränderung verloren gegangen ist – und zwar zugunsten einer Scheindynamik, die nichts anderes ist als die Fortsetzung und Bestätigung des Immergleichen. Die andauernde Produktion von Neuem, die in der Gegenwartskunst zu verzeichnen ist, erhebt nach dieser Diagnose, anders als dies noch bei den modernen Avantgarden der Fall war, keinen Anspruch auf ein gegenüber der Tradition Anderes. Das Neue sei nur noch originell, nicht mehr originär – es setze sich allenfalls individualistisch ab, aber produziere keinen neuen – über die Originalität des Einzelnen hinausreichenden – Anfang mehr.[3] Die Gegenwart der Gegenwartskunst ist dieser düsteren Diagnose zufolge nichts als der Albtraum eines ewigen Jetzt, eine flache Gegenwart ohne historische Tiefe, die sich aufs Beste mit einer umfassenden Durchökonomisierung der Lebenswelt verträgt, als deren Konsequenz es nur noch Neues zu konsumieren, nicht aber zu leben gibt. Die empiristische Fixierung auf das Jetzt in der Kunst ist dann das genaue Korrelat einer in Immanenz gefangenen Zeit.[4]

Dieser Lagebeschreibung entspricht das diffuse Gefühl, dass die Gegenwart nicht mehr von dem Richtungsvektor einer geschichtlichen Entwicklung bestimmt wird, sondern sich eigentümlich wattig ausdehnt, dass sie »breiter« wird, wie Hans Ulrich Gumbrecht formuliert.[5] Entsprechend konturlos erscheint der Kritik auch die Kunst einer solchen Gegenwart. Statt selbst eine klar identifizierbare und von Vergangenem unterschiedene Bewegung hervorzubringen und so Geschichte zu schreiben, eigne sich die Gegenwartskunst die Bewegungen der Vergangenheit auf eine Weise an, die jedes Geschichtsbewusstsein nivelliert. Indem sie das Vergangene unterschiedslos zum verfügbaren Material aktueller Produktion mache, dehne die Gegenwartskunst ihre eigentümlich geschichtslose Gegenwart auch nach hinten nur immer weiter aus. Die Gegenwartskunst absorbiert demnach in dem Maße alle bisherigen *-ismen*, alle historischen Bewegungen, wie sie sich selbst nicht mehr als Teil einer historischen Entwicklung identifizieren lässt, wie sie also selbst gerade kein *-ismus* mehr ist, vor allem eben auch kein Modernismus. Dieser kulturpessimistischen Lesart zufolge hat sich im Blick auf die Gegenwartskunst mithin tatsächlich verwirklicht, was man in den 1990er Jahren unter dem Stichwort »Posthistoire« diskutierte. Alles erscheint dieser Lesart, als wäre die Kunst in eine Zeit *nach dem Ende der Geschichte* eingetreten: An die Stelle einer über den Stil vermittelten Vergegenwärtigung der historischen Zeit sei eine eklektische Nivellierung historischer Differenzen getreten, an die Stelle sichtbarer Brüche eine falsche Totalität und an die Stelle entschiedenen Engagements Indifferenz und Langeweile.

Nun lässt sich nicht bestreiten, dass es all dies in der gegenwärtigen Kunstwelt gibt: leeren Eklektizismus, Geschichtsvergessenheit, Indifferenz, Langeweile. Die Frage aber ist, ob von diesen Phänomenen auf das Ganze geschlossen werden sollte. Zwar gehört es mittlerweile fast schon zum guten Ton, sich kritisch vom Begriff der Gegenwartskunst zu distanzieren – sei es, um die eigene Ernsthaftigkeit gegenüber dem Verdacht zum Ausdruck zu bringen, man folge bloß den aktuellen Konjunkturen, sei es aufgrund eines gewissen Ungenügens an einem Begriff, der, wie der weitgehend synonym verwendete der zeitgenössischen Kunst, der *Contemporary Art*, kein Jenseits mehr zu kennen scheint und daher natürlich gerade das Begehren der kritischen Intelligenz wecken muss, ihn hinter sich zu lassen. So veranstaltet man Symposien mit Titeln wie *Beyond What Was Contemporary Art*[6], um zu signalisieren, dass die vermeintlich geschichtslose Phase der Gegenwartskunst selbst nur eine historische Episode ist, der eine andere folgen kann. Allerdings ist es symptomatisch, dass die Kritik an der Geschichtslosigkeit der Gegenwartskunst mit Vorliebe von Akteuren der gegenwärtigen Kunstwelt selbst formuliert wird. Denn das lässt darauf schließen, dass die Posthistoire-Diagnose nicht die ganze Wahrheit über die Gegenwartskunst aussprechen kann. Wenn dem aber so ist, so muss dies auch bedeuten, dass signifikante Bestände der Gegenwartskunst gegen die kulturpessimistische Diagnose auch ganz anders gedeutet werden können. Tatsächlich gibt es einigen Grund, hier nicht vorschnell das Kind mit dem Bade auszuschütten. Was wäre, wenn man die Absetzung der Gegenwartskunst von der Programmatik der Moderne weniger als einen Ausstieg aus der Geschichte denn als eine kritische, eine begründete Wendung gegen bestimmte Aspekte der Moderne verstünde? Folgt man dieser Intuition, so verliert freilich der Begriff Gegenwartskunst sogleich seinen problematisch neutralistischen Sinn und wird normativ als eine Figur des Fortschritts an kritischem Bewusstsein vom Gehalt der Moderne lesbar.

Ein entsprechendes Verständnis der Gegenwartskunst kann sich freilich nicht mit dem empiristischen Registrieren von vermeintlich Gegebenem zufriedengeben, es muss sogar dezidiert anti-empiristisch sein. Etwas als Gegenwartskunst zu qualifizieren heißt dann, es normativ auszuzeichnen, und zwar sicherlich nicht zuletzt hinsichtlich der in ihm sich manifestierenden kritischen Auseinandersetzung mit den Deutungsmustern, die für die Beschreibung der eigenen Zeit bereitstehen. Der volle normative Sinn des Begriffs Gegenwartskunst besteht darin, dass sie ihre historische Gegenwart gegenwärtig machen soll. Zeitgenossenschaft bedeutet folglich für diejenigen, die Kunst produzieren, ebenso wie für diejenigen, die die Kunst ihrer Zeit in Gedanken zu erfassen versuchen, viel mehr als die bloße Teilhabe an der chronologischen Zeit. Von Boris Groys stammt der schöne Gedanke, dass der Zeitgenosse, wie jeder gute Genosse, Gefährte oder Kamerad, der eigenen Zeit helfen, ihr beispringen sollte, wenn es schwierig wird – zum Beispiel dann, wenn sie als unproduktiv, als in klebriger Immanenz befangen, als indifferent und bedeutungslos wahrgenommen wird.[7] Der eigenen Zeit gegenüber in dieser Weise treu zu sein, ein guter Genosse oder eine gute Genossin zu sein, bedeutet dabei nicht zuletzt, in das Kontinuum der chronologischen Zeit gewisse Diskontinuitäten einzufügen. Mit der Zeit zu sein, kon-temporär zu sein, heißt, so formuliert es Giorgio Agamben, die Zeit zu spalten, Zäsuren einzufügen, die sie allererst lesbar machen.[8] Denn um den historischen Ort der Gegenwart zu bestimmen, muss man die Gegenwart zur Vergangenheit in ein Verhältnis setzen, und zwar so, dass die Gegenwart durch dieses Verhältnis eine Richtung, die Richtung einer historischen Entwicklung erhält.

Welche Zäsuren aber lassen sich setzen, um die Gegenwart der Gegenwartskunst in diesem Sinne näher zu konturieren? Der mexikanische Kunstkritiker und Kurator Cuauhtémoc Medina bemerkt in seinem Beitrag zu einem Sammelband über die Frage *What Is Contemporary Art?*, dass in dieser Angelegenheit keineswegs Einigkeit herrscht: Ein Nachschlagewerk mit dem Titel *Theories and Documents of Contemporary Art* nimmt beispielsweise 1945 zum Ausgangspunkt, die Tate Modern hingegen organisiert ihre Bestände der Gegenwartskunst im Blick auf die künstlerischen Produktionen nach 1965, und in jüngerer Zeit wird verstärkt auch erst 1989 als dasjenige Datum genannt, durch das die Gegenwart der Gegenwartskunst Profil gewinnen soll.[9]

An dieser auf den ersten Blick sehr heterogenen Reihe – 1945, 1965, 1989 – fällt jedoch ein Verbindendes auf: Die Daten lassen sich mit verschiedenen Krisen moderner Fortschrittserzählungen in Beziehung bringen, die auf je unterschiedliche Weise mit der Geschichte der Kunst verknüpft sind. Wenn es richtig ist, dass sich der Begriff der Gegenwartskunst programmatisch von dem der Moderne absetzt, und zwar in einer Weise, die die modernen Fortschrittsideen mit betrifft, so haben wir es hier tatsächlich mit einer signifikanten Reihe zu tun. Statt aber aus diesem Zusammenhang – wie die Vertreter der Posthistoire-These – kurzerhand zu folgern, dass die Gegenwartskunst für eine Krise des Fortschritts *überhaupt* steht und also der Begriff des Fortschritts im Blick auf die Gegenwartskunst selbst gar keinen Sinn mehr ergibt, sollte man, so meine Überzeugung, die künstlerische Kritik moderner Fortschritts- und Geschichtsmodelle selbst als Fortschritt werten. Und das gilt für alle drei der genannten Etappen.

Das erste Datum, 1945, markiert eine Schwelle, nach der es nicht mehr möglich ist, Geschichte nach Hegel'schem Modell unmittelbar als Fortschritt im Bewusstsein der Freiheit zu fassen. Denn es steht für die Erfahrung einer politisch-moralischen Katastrophe von derartigen Ausmaßen, dass diese Auffassung in ihren Grundfesten erschüttert werden musste. Nach Auschwitz, so fasst es Theodor W. Adorno bündig, »der bereits vollzogenen [...] Regression, wirkt nicht nur jede positive Fortschrittslehre, sondern jede Behauptung eines Sinnes der Geschichte problematisch affirmativ«[10]. Dieser Einschnitt hatte auch Auswirkungen auf den ästhetischen Diskurs. Vor seinem Hintergrund konnte sich die Rede von einer Fortschrittlichkeit der Kunst nur noch auf solche Werke beziehen, die dem falschen Optimismus des idealistischen Fortschrittsmodells entgegenarbeiteten. Dies schlug sich nicht zuletzt in einer künstlerischen Kritik an der von der idealistischen Ästhetik als Ausdruck von Freiheit verherrlichten Schönheitskonvention nieder. So ist bereits für die vielleicht bis heute einflussreichste (nachkriegs-)modernistische Ästhetik – die von Adorno – nicht mehr die Kategorie des Schönen, sondern die des Erhabenen entscheidend: An die Stelle der selbstgerecht über ihr Anderes triumphierenden Schönheit tritt eine Arbeit des Formlosen im Herzen der (dadurch nicht mehr affirmativ schönen) Form.[11]

Die zweite Schwelle, von der Tate etwas willkürlich auf das Jahr 1965 datiert, steht für einen Entwicklungsstand der Kunst, der nicht mehr ohne Weiteres mit den Kategorien der nachkriegsmodernistischen Ästhetik kompatibel ist. Denn die Kunst wendet sich in den 1960er Jahren mit Nachdruck gegen das System der Künste sowie gegen die Einheit des Werks – gegen Voraussetzungen also, welche die Ästhetik der 1950er Jahre auch dort noch bestimmen, wo sie sich ins Zeichen des Erhabenen stellt. Zwar beginnt die Entwicklung zu offenen und intermedialen Werken bereits früher, aber in den 1960er Jahren verstärkt sich diese Tendenz derart, dass sie unabweisbar und somit für die modernistische Kunsttheorie zum Problem wird. Denn es begegnen nun immer häufiger Werke, die sich weder der Tradition allein einer Kunst zuordnen lassen noch überhaupt sich auf die traditionellen künstlerischen Medien beschränken, um stattdessen neue Technologien und industrielle Produktionsweisen in den Horizont künstlerischen Schaffens einzulassen. Überdies geben die Werke oftmals nicht mehr zu erkennen, wo die Grenze zu ihrem nicht-künstlerischen Außen verläuft; vielmehr destabilisieren sie diese gezielt. Durch diese Entwicklungen gerät die nachkriegsmodernistische Kunsttheorie, die, bei aller Kritik der idealistischen Ästhetik, noch an der Idee geschlossener Werke und an der Notwendigkeit einer Einteilung der Kunst nach Künsten festhält, in eine Krise – und mit ihr der Begriff des künstlerischen Fortschritts. Denn angesichts hybrider und offener Werke erscheint es auf den ersten Blick unmöglich, überhaupt noch Entwicklungslogiken zu identifizieren. Die entgrenzten Werke scheinen sich nämlich nicht nur dem Vergleich mit der Kunst der Vergangenheit zu entziehen, weil sie sich – als intermediale – nicht mehr eindeutig vor dem Hintergrund je *einer* Tradition (*der* Musik, *der* Malerei, *der* Bildhauerei, *der* Literatur usw.) lesen und beurteilen lassen, sie sind – durch ihre unklaren Grenzen zur nicht-ästhetischen Lebenswelt – noch nicht einmal mehr als ein objektiv Bestimmtes gegeben. Denn es ist hier vielfach unklar, welches Element überhaupt noch zum Werk zu zählen ist und welches nicht mehr.

Dieser Umbruch ist sicher der für die Gegenüberstellung von Gegenwartskunst und moderner Kunst entscheidende, weil hier die mit dem Begriff des *High Modernism* assoziierte Kunsttheorie der Nachkriegsmoderne ausdrücklich an eine Grenze kommt, und zwar nicht zuletzt hinsichtlich ihrer Begriffe von Fortschritt und Geschichte. Entsprechend muss auch die Posthistoire-Diagnose als Indikator für eine zweifelsohne tiefgreifende Veränderung verstanden werden. Jedoch kann diese Veränderung in einem ganz anderen Licht erscheinen, wenn man sich in kunsttheoretischer Hinsicht von den kulturpessimistischen Diagnosen ab- und einer nicht minder tiefgreifenden Neuorientierung in der philosophischen Ästhetik zuwendet. Der in diesem Zusammenhang maßgeblichen, weil auch in Reaktion auf die entsprechenden Entwicklungen in der Kunst ausgebildeten ästhetischen Theorie zufolge haben wir es mit einer Situation zu tun, die nicht das Ende der Kunst und ihrer Geschichte, sondern lediglich das Ende einer bestimmten Kunsttheorie beziehungsweise Ästhetik samt ihrem eindimensionalen Modell von Fortschritt und historischer Entwicklung bedeutet.[12]

Dass sich die Kunst seit den 1960er Jahren nicht mehr in die Entwicklungsgeschichten der traditionellen Kunstgattungen einordnen lässt, ja dass die entgrenzten Werke überhaupt nicht mehr als ein objektiv Bestimmtes gegeben, sondern aufgrund ihrer offenen Form vielmehr nachdrücklich auf ihr Konstituiertwerden durch einander widerstreitende Interpretationen, Lektüren, Erschließungen verweisen, erscheint in dieser Perspektive weniger als das Symptom einer generellen Geschichtsvergessenheit denn als Manifestation eines angemessenen Verständnisses der Geschichtlichkeit von Kunst. Tatsächlich zeigt schon ein oberflächlicher Blick auf die durch Konjunkturen, Spannungsverluste, Latenzzeiten und Wiederentdeckungen geprägten Rezeptionsgeschichten beliebiger Werke, dass deren geschichtliches Leben nicht in der Rolle aufgeht, die ihnen von *einer* Fortschrittsgeschichte zugewiesen werden mag. Historisch wandelbare Erfahrungen erschließen die Werke auch in ihrem Innovationspotenzial immer wieder neu, und umgekehrt lässt das Ausbleiben solcher Erschließungen die Werke in Bedeutungslosigkeit versinken. Daran zeigt sich übrigens auch, dass Zeitgenossenschaft nicht irgendeine Zusatzqualität ist, die Kunstwerke haben können oder auch nicht, sondern dass sie für ihren Begriff wesentlich ist. Alle bedeutende Kunst, alle Kunst im emphatischen Sinne, ist zeitgenössisch. Sie hat Bedeutung für die Gegenwart.

Das hat Konsequenzen auch für die Kanon-Diskussion. Statt von der transhistorischen Gültigkeit großer Werke auszugehen, rückt nun der Umstand in den Blick, dass sich solche Größe selbst historisch bildet: in der und durch die Geschichte ihrer Neu- und Wiedererschließungen in jeweils zeitgenössischen Kontexten. Das bedeutet auch, dass der Kanon in jedem Moment zur Disposition steht oder jedenfalls prinzipiell stehen kann, man muss ihn sich dynamisch vorstellen. Die vielen Wiederentdeckungen von vergessenen Künstlern und Künstlerinnen oder Kunstwerken durch Protagonisten der zeitgenössischen Kunst wären dann ebenfalls nicht, jedenfalls nicht allesamt, Ausdruck eines bloß subjektiven Retro-Geschmacks, der sich sein Material zum Zwecke individueller Distinktion einverleibt, sondern Ausdruck eines komplexeren Verständnisses von (Kunst-)Geschichte. Und es ist sicher nicht verfehlt, darin auch eine Korrektur im Verständnis der Moderne selbst zu sehen. Obwohl die Moderne im Rahmen modernistischer Theoriebildung zuweilen erscheint, als gäbe es für sie nur eine einzige zeitliche Richtung – die nach vorne –, ist sie, worauf Jacques Rancière aufmerksam gemacht hat, faktisch doch mindestens ebenso durch bahnbrechende Neuaneignungen der Tradition geprägt. Die moderne »Tradition des Neuen« wäre unzureichend verstanden, ignorierte man die »Neuheit der Tradition«, die mit ihr einhergeht.[13]

Im Zeichen einer Auseinandersetzung um das Verständnis von Modernität, Geschichte und Fortschritt steht auch die jüngste Schwelle, die mit dem Begriff der Gegenwartskunst assoziiert wird: 1989. Das Datum steht weltpolitisch für das Ende des Kalten Krieges und die sogenannte Globalisierung, unter deren Überschrift sich einerseits die Durchsetzung eines ebenso global operierenden wie neoliberal-deregulierten Kapitalismus vollzieht, andererseits aber auch eine neue Aufmerksamkeit für Fragen des Postkolonialismus zu verzeichnen ist. Im Blick auf die Entwicklung in der Kunst ging mit Letzterer freilich eine weitere Kritik an den modernistischen Fortschrittsnarrativen einher: Problematisch wurde nun verstärkt deren Verengung auf das, was die Kritik polemisch, aber treffend als NATO-Kunst bezeichnet hat.[14] Wenn es hier um eine kritische Reflexion des universalistischen Anspruchs der westlichen Moderne im Zeichen multipler Modernen geht, um die Anerkennung einander durchdringender Genealogien und komplexer Übersetzungsverhältnisse, so steht deren Untersuchung nicht zuletzt auch im Dienste eines Verständnisses der Gegenwart, das diese gerade nicht als ort- und zeitlos vorstellt, sondern in ihrer jeweiligen geografischen, kulturellen und historischen Spezifik vergegenwärtigt.

Keines der drei genannten Daten dokumentiert mithin den Ausstieg der Gegenwartskunst aus der Geschichte – als wollten Künstler und Künstlerinnen heute die schlechthin existenzielle Frage umgehen, ob Fortschritt sei. Vielmehr stehen die Daten in jeweils anderer Weise für ein Umdenken in dieser Frage, das beinhaltet, Fortschritt nicht mehr notwendig mit der Metaphorik des linearen Voranschreitens zu assoziieren.[15] Insofern dieses Umdenken aber nicht nur in kritischer Auseinandersetzung mit modernen Geschichts- und Fortschrittsmodellen erfolgt, sondern dabei zugleich an das aufklärerische Potenzial der Moderne anknüpft, kann es auch als eine kritische Selbstüberschreitung und Selbstüberwindung der *Moderne* begriffen werden. Besonders evident wird das bezeichnenderweise gerade an der jüngsten der genannten Entwicklungen in der Gegenwartskunst, denn angesichts der global ungleichzeitig und lokal spezifisch sich entfaltenden Modernen stellt sich die Frage nach dem Verbindenden. Gerade diese Entgrenzung, die Entgrenzung der Moderne selbst, forciert mit anderen Worten noch einmal die Frage nach dem *Begriff* der Moderne. Die avancierte Gegenwartskunst bezieht sich also auf die Moderne offenkundig nicht in der Weise, dass sie mit ihrem Projekt abgeschlossen hätte; sie ist nicht mit ihr »fertig« in einem Sinne, der alles mit ihr Assoziierte hinter sich gelassen hätte. Die Gegenwart der Gegenwartskunst scheint vielmehr die einer sich kritisch selbst transformierenden, einer deshalb als wesentlich unvollendet zu denkenden Moderne zu sein.

Dafür spricht auch, dass die These des Bruchs selbst noch im Blick auf das Verhältnis zu kurz greift, das die entgrenzte Kunst der Gegenwart zur Ästhetik der Nachkriegsmoderne unterhält. So lässt sich etwa der Durchbruch zu offenen Werkformen durchaus auch als Konsequenz aus dem Innendruck deuten, unter den die geschlossene Form bereits unter dem Einfluss einer die negative Arbeit der Formlosigkeit betonenden Ästhetik des Erhabenen geraten war. Es ließen sich noch andere solcher Zusammenhänge rekonstruieren. Dass einige unter dem Begriff der Gegenwartskunst firmierende Sammlungen oder Dokumentationen Werke mit aufnehmen, die dem *High Modernism* der 1950er Jahre zugerechnet werden, und umgekehrt Institutionen, die sich unter den Titel der modernen Kunst stellen, wie beispielsweise das Frankfurter Museum für Moderne Kunst (MMK), als Häuser bekannt sind, in denen aktuelle Positionen der Gegenwartskunst gezeigt werden, mag als ein weiteres Indiz dafür zählen, dass die Spannung, die der Begriff der Gegenwartskunst zu dem der modernen Kunst unterhält, nicht im Sinne eines absoluten Bruchs, sondern im Sinne einer kritischen Auseinandersetzung mit dem Projekt der Moderne verstanden werden sollte, durch die allein ihm die Treue gehalten werden kann.

Obwohl dies alles darauf hindeutet, *wie* der mit den Tendenzen zur Entgrenzung der Kunst und der Künste in den 1960er Jahren beginnende kunstpraktische und -theoretische Umbruch verstanden werden sollte, nämlich im Sinne einer kritischen Fortsetzung des modernen Projekts – und nicht seiner Destruktion oder Ersetzung im Ganzen –, relativiert sich dadurch keineswegs, *dass* es sich um einen für das Verständnis von Kunst weitreichenden Umbruch handelt. Denn sofern sich die modernistischen Ästhetiken, bei aller Unterschiedlichkeit, ausnahmslos an der Vorstellung eines in sich geschlossenen und klar einer Kunst zuzuordnenden Werks orientieren, wird ein ganzes kunsttheoretisches Paradigma durch kunstpraktische Entwicklungen herausgefordert, die sich dezidiert gegen das geschlossene Kunstwerk kehren und gezielt die Grenzen zwischen den Künsten und zwischen Kunst und Nichtkunst destabilisieren. Insofern diese Entwicklungen also zentrale begriffliche Voraussetzungen der (nachkriegs-)modernistischen Kunsttheorie und Ästhetik betreffen, spricht einiges dafür, den Begriff der Gegenwartskunst mit diesem Umbruch zu assoziieren. Wenn diese Einführung – wie alle Bände der Reihe, in der sie erscheint, eine Theorieeinführung – ihren Ausgang also nicht schon bei der Kunst der Nachkriegsmoderne, sondern bei jenen seit den 1960er Jahren sich intensivierenden Entwicklungen zur Entgrenzung der Kunst und der Künste nimmt, so geschieht dies deshalb, weil es hier um einen theoretischen Paradigmenwechsel geht, bei dem nichts Geringeres auf dem Spiel steht als unser *Begriff von Kunst* – wenn auch freilich umstritten ist, wie das neue kunsttheoretische Paradigma genau ausbuchstabiert werden sollte.

Die Perspektive dieser Einführung ist folglich eine systematische. Sie konzentriert sich auf Grundprobleme von Kunsttheorie und Ästhetik, die sich im Blick auf die Entwicklungen in der Kunst der letzten fünfzig Jahre auf besonders nachdrückliche Weise neu gestellt haben. Aus den vielfältigen und thematisch überaus weitgefächerten Beiträgen zur Gegenwartskunst greift sie daher nur solche heraus, die sich ausdrücklich auf die entsprechenden kunsttheoretischen Probleme beziehen. Dabei ist jedoch die disziplinäre Zuordnung der Beiträge ebenso wenig entscheidend wie die Frage, ob sie überhaupt einem akademischen Kontext zuzurechnen sind: Die in diesem Zusammenhang relevante Theoriearbeit stammt aus der Philosophie ebenso wie aus kunstwissenschaftlichen Einzeldisziplinen oder von Kunstkritikern, Kuratoren oder Künstlern. Die Einführung unternimmt den Versuch einer Strukturierung des zwischen den akademischen Disziplinen, aber auch zwischen Academia und Kunstwelt geführten kunsttheoretischen Diskurses in vier Kapiteln. Sie stellt zunächst zwei Ansätze vor, die den kunstpraktischen und -theoretischen Umbruch der letzten fünfzig Jahre in einem allgemeineren Rahmen diskutieren (Kapitel I), um sodann den Implikationen dieses Umbruchs auf einzelnen Problemfeldern näher nachzugehen. Die den Diskurs um die Gegenwartskunst strukturierenden Probleme betreffen, erstens, die Frage, wie Partizipation an und durch Kunst näher bestimmt werden kann (Kapitel II), zweitens die Frage nach dem Schicksal der traditionellen Kunstgattungen und der mit ihnen verbundenen theoretischen Probleme (Kapitel III) sowie, drittens, die selbst noch einmal in sehr verschiedenen Dimensionen geführte Debatte um das Verhältnis von Kunst und Nicht-Kunst (Kapitel IV).

Damit ist bereits angezeigt, was von dieser Einführung *nicht* erwartet werden sollte. Es kann nicht darum gehen, die Kunst*geschichte* der letzten fünfzig Jahre zu erzählen, die hier unter den Titel der Gegenwartskunst gestellt werden. So bedeutsam eine solche Geschichte gerade im Blick auf die Posthistoire-These wäre, die die Gegenwartskunst nicht zuletzt deshalb verwirft, weil sie ihr jede geschichtliche Entwicklung abspricht, so wenig kann ein solches, auf Detailstudien angewiesenes Unternehmen Gegenstand der vorliegenden Einführung sein. Zwar werden historische Zusammenhänge immer wieder eine Rolle spielen, und auf diese Weise werden auch ein paar weitere (über das eben Skizzierte hinausgehende) Anhaltspunkte für die *interne* Historisierung des halben Jahrhunderts gegeben werden, das die Gegenwart der Gegenwartskunst nach dem hier vertretenen Verständnis bereits andauert. Aber solche Anhaltspunkte werden sich allein aus der Diskussion der kunsttheoretischen Debatten ergeben, die auf die Entwicklungen in der Kunst reagiert haben. Aus dieser Konzentration ergibt sich weiterhin, dass diese Einführung keineswegs den Anspruch erhebt, in die äußerst vielfältigen *Themen* einzuführen, die in der Gegenwartskunst verhandelt werden; diese finden nur insofern Erwähnung, als sie für die kunsttheoretischen Probleme einschlägig sind, die diese Einführung ins Zentrum stellt – ihnen jeweils als solchen gerecht werden zu wollen bedeutete, den kunsttheoretischen Fokus zugunsten umfassender interdisziplinärer Spezialdiskussionen aufzugeben, von denen die meisten einen eigenen Einführungsband verdienten.[16] Schließlich kann es hier auch nicht darum gehen, einen auch nur annähernd vollständigen Überblick über die überaus vielfältige Kunst*praxis* zu geben, die die gegenwärtige Kunstwelt international in Bewegung hält.[17] Statt den zum Scheitern verurteilten Anspruch auf empirische Vollständigkeit zu erheben, geht es dieser Einführung darum, einige Bausteine für einen *normativen* Begriff von Gegenwartskunst zusammenzutragen. Damit will sie sich einerseits, so viel sollte bereits jetzt deutlich geworden sein, gegen die kulturpessimistische Lesart der Gegenwartskunst wenden, andererseits aber auch gegen die Bereiche der gegenwärtigen Kunstwelt, die von den kulturpessimistischen Diagnosen durchaus getroffen werden. Die Perspektive dieser Einführung ist also keineswegs neutral: Sie entspricht dem Programm einer als kritisches Projekt verstandenen Kunsttheorie, nämlich ein Verständnis der Kunst im Lichte ihrer besten Möglichkeiten zu entwickeln. Diese Perspektive bestimmt auch die Diskussion der theoretischen Positionen, die in dieser Einführung vorgestellt werden sollen. Ihr Ziel ist die Einführung in eine noch andauernde *Debatte* um kunsttheoretische und ästhetische Grundlagenfragen, die sich an Begriff und Phänomen der Gegenwartskunst richten. Sie will diese Debatte weniger in der Pseudoobjektivität neutraler Darstellung stillstellen, denn, selbst streitbar, zu ihrer Fortsetzung und Vertiefung anregen.

I. Entgrenzung und Erfahrung

Während sich für die in den letzten fünfzig Jahren zu verzeichnenden Entwicklungen hin zu intermedialen und offenen Werken der Begriff der Entgrenzung durchgesetzt hat, ist in der ästhetischen Theorie nach 1970, besonders in der deutschsprachigen philosophischen Ästhetik, parallel dazu noch ein anderer Begriff wichtig geworden: der der Erfahrung. Hierzulande standen denn auch beide Begriffe – Entgrenzung und Erfahrung – in den letzten Jahren im Zentrum kunsttheoretischer Debatten um das Verständnis der Gegenwartskunst.[1] Zwar mag die Zentralstellung dieser beiden spezifischen Begriffe besonders die deutschsprachige Diskussion charakterisieren; doch werden unter ihrer Überschrift Motive und Probleme verhandelt, die von so grundsätzlicher Natur sind, dass sich auch die internationale Diskussion auf sie beziehen lässt.

Nun konzentriert sich der eine der beiden Begriffe, der der Entgrenzung, eher produktionsästhetisch auf die neuartigen *Formen*, die die Kunst seit den 1960er Jahren annimmt, während der andere, der der Erfahrung, eher rezeptionsästhetisch die *Wirkungen* fokussiert, die von der Kunst ausgehen. Weil die beiden Begriffe nicht auf dieselben Problemfelder antworten, werden sie in den beiden folgenden Abschnitten auch zunächst getrennt voneinander diskutiert. Gleichwohl aber wird sich zeigen, dass beide Diskussionen auch aufeinander verweisen. So ist der Begriff der Erfahrung nicht zuletzt in Reaktion auf die durch die Entgrenzungstendenzen in der Kunst ausgelöste Krise des Werkbegriffs zum Schlüsselbegriff ästhetischer Theoriebildung geworden. Diese kunstpraktischen Entwicklungen sind, wie wir sehen werden, zwar nicht der einzige, aber immerhin doch ein prominenter Grund für die Theorie, die Spezifik des Ästhetischen überhaupt nicht mehr in bestimmten Objekteigenschaften, also nicht mehr im objektivierbaren Werk aufzusuchen. Stattdessen wird begrifflich von Werk auf Erfahrung umgestellt, das heißt, die Spezifik des Ästhetischen wird nun in einem besonderen Verhältnis zwischen interpretierendem Subjekt und wesentlich bedeutungsoffenem Objekt ausgemacht. Dadurch wird die Idee eines objektiv gegebenen Werks in einer Weise unterlaufen, dass die explizit offenen Werkformen nun geradezu als Paradigma des Ästhetischen erscheinen. Die enge Verzahnung der Diskussionen zeigt sich aber nicht nur daran, dass sich die Umstellung ästhetischer Theoriebildung auf den Begriff der Erfahrung durchaus als Antwort auf die Entgrenzungstendenzen in der Kunst verstehen lässt. Vielmehr wird der Zusammenhang von Entgrenzung und Erfahrung auch im Blick auf die Kunstpraxis selbst evident. Im näheren Blick auf die offenen Werkformen zeigt sich nämlich, dass diese gar nicht unabhängig von der Instanz ihrer Erfahrung – von den Subjekten, die sich interpetierend auf sie beziehen – gedacht werden können. Zu ihrer vollen Entfaltung bedürfen die offenen Werke ganz ausdrücklich des interpretierenden Engagements, wenn nicht gar ganz handgreiflicher Interventionen vonseiten derer, die sich auf sie einlassen. Wir haben es hier mit Werken zu tun, die, anders als die selbstgenügsam in sich geschlossenen Werke, bereits ihrer Form nach mit ihren, wenn nicht sogar auf ihre Interpreten rechnen. In der offenen Form neuerer Kunst manifestiert sich die aktive Rolle, die den Interpreten bei der Konstitution des Werks als Werk zukommt: Es wird erst durch sein Interpretiertwerden ins Werk gesetzt.

Anhand von zwei besonders einflussreichen Texten – Umberto Ecos »Die Poetik des offenen Kunstwerks«[2] (Abschnitt 1) und Rüdiger Bubners für die erfahrungstheoretische Wende in der philosophischen Ästhetik bahnbrechendem Aufsatz »Über einige Bedingungen gegenwärtiger Ästhetik«[3] (Abschnitt 2) – soll dieser Zusammenhang nun weiter erhellt werden. Zwar konzentrierte sich ein nicht unbeträchtlicher Teil der erfahrungstheoretischen Diskussion, die in der Philosophie im Anschluss an Bubner geführt worden ist, auf die Frage, wie die Struktur der ästhetischen Erfahrung näher zu fassen sei, so dass die kunsttheoretische Frage nach dem Gegenstand dieser Erfahrung zwischenzeitlich so weit in den Hintergrund rückte, dass sich der Eindruck der Kunstfremdheit der entsprechenden Diskussion ebenso nahelegen konnte wie die falsche Alternative zwischen »Rezeptions-« und »Produktionsästhetik«. Doch weisen gerade die beiden Klassiker der philosophischen Diskussion in ihrer Komplementarität – Umberto Ecos *Opera Aperta* wurde 1962 erstpubliziert, Bubners »Über einige Bedingungen« 1973 – auf einen engen Verweisungszusammenhang zwischen kunst- und erfahrungstheoretischen Überlegungen hin, der für die Theorie der Gegenwartskunst auch dort noch instruktiv ist, wo man sich nicht explizit auf diese Texte bezieht.

1. Das offene Kunstwerk

Was ist ein offenes Kunstwerk? Der Ausdruck, so gibt Umberto Eco selbst zu bedenken, ist unscharf (Eco, 30). In gewisser Hinsicht nämlich könne *jedes* Kunstwerk offen genannt werden. Denn auch das organische, das formal in sich geschlossene Kunstwerk kann aus unendlich vielen Perspektiven gesehen und aufgefasst werden, ohne doch dadurch aufzuhören, es selbst zu sein. Und gemeinhin halten wir eben dies für eine besondere Qualität von Kunstwerken. Jedoch sind die künstlerischen Produktionen, die Eco Anfang der 1960er Jahre beschreiben will, offen in einem sehr viel konkreteren Sinn. Sie erscheinen wie »›nicht fertige‹ Werke, die der Künstler dem Interpreten mehr oder weniger wie die Teile eines Zusammensetzspiels in die Hand gibt, scheinbar uninteressiert, was dabei herauskommen wird« (30 f.). Ein Kunstwerk ist in der diagnostischen Lesart also dann offen zu nennen, wenn es sich erst durch die Intervention eines Interpreten konkret realisiert. So bleibt es etwa, das ist eines von Ecos Beispielen (vgl. 27), dem jeweiligen Interpreten von Karlheinz Stockhausens *Klavierstück XI* überlassen, in welcher Reihenfolge er die musikalischen Phrasen montiert, die auf einem einzigen großen Blatt derart angeordnet sind, dass sich kein Hinweis auf ihre korrekte Abfolge entnehmen lässt. Denkt man jedoch an grafische Notationen, wie sie von Leuten wie Earle Browne (*Four Systems*), Roman Haubenstock-Ramati (*Graphic Music*) oder Cornelius Cardew (*Treatise*) entwickelt worden sind, erscheint Stockhausens *Klavierstück XI* noch vergleichsweise wenig offen. Während dieses dem Interpreten lediglich die Entscheidung über die Reihenfolge der ansonsten traditionell notierten und also weitgehend festgelegten Phrasen überlässt, bleibt in jenen sogar noch die Gestalt der Phrasen selbst zu interpretieren. Durch solche – grafischen – Formen der Notation wird die »Zone der Unbestimmtheit«[4], die immer zwischen dem musikalischen Werk als (Vor-)Schrift und seiner Interpretation in der Aufführung besteht, radikal ausgedehnt, und zwar bis hin zu dem Punkt, an dem die Notation gerade nicht mehr leisten kann und soll, was nach Nelson Goodman doch ihre primäre Funktion ist: ein Werk von Aufführung zu Aufführung identifizierbar zu halten.[5] Stattdessen gewinnt das Werk Gestalt erst durch die Interpretation, und das heißt: Es realisiert sich immer wieder neu, und zwar stets singulär, in der Relation zwischen offener (grafischer) Notation und konkreter Interpretation. So existieren von Cardews *Treatise* beispielsweise sehr verschiedene Aufnahmen, von denen keine auch nur ansatzweise etwas mit den anderen zu tun zu haben scheint.

So sehr also beide Redeweisen zu unterscheiden sind – die systematisch-metaphorische Rede von der Offenheit des Kunstwerks im Sinne seiner generellen Bedeutungsoffenheit und die diagnostisch-buchstäbliche Rede von der Offenheit des neueren Kunstwerks im Sinne seiner konkreten Unvollendetheit –, so sehr ist auf der anderen Seite jedoch ernst zu nehmen, dass beide Redeweisen durchaus auch in einem Zusammenhang miteinander stehen. Schließlich, so Eco, wird die Instanz des Interpreten als signifikanter Faktor im Leben eines Kunstwerks in *beiden* Verständnissen anerkannt. Auch die Rede von der Bedeutungsoffenheit des Kunstwerks impliziert nämlich bereits eine entwickelte Sensibilität für den Umstand, dass ein Kunstwerk nicht nur eines Schöpfers bedarf, der es hervorbringt, sondern auch fortgesetzter Akte kongenialer Interpretation, die es immer wieder neu erschließen und so in der Geschichte seiner Rezeption lebendig halten.

Die neueren offenen Kunstwerke machen daher nach Eco in gewisser Hinsicht bloß explizit, was bereits auch für die geschlossenen galt. Jedes Kunstwerk, ob formal geschlossen oder nicht, fordert »eine freie und schöpferische Antwort« (31) von seinem Publikum. Denn nur die Interpretationsleistungen seiner Betrachter, Hörer oder Leser können es schließlich beleben und in seinen ästhetischen Qualitäten freisetzen. Mit den explizit offenen Kunstwerken tritt das Bewusstsein von der konstitutiven Funktion der interpretierenden Subjektivität für das Sein der Werke allerdings nachdrücklich in diese selbst ein. Es wird zum Formprinzip.

Indes reflektiert sich in diesem Zusammenhang ein spezifisch modernes Selbst- und Weltverständnis. Obwohl, wie Eco feststellt (32), schon den Alten nicht entgangen ist, dass bei der Rezeption eines Kunstwerks stets ein subjektiver Anteil im Spiel ist, hat dies weder in der Antike noch zunächst auch in der Folge dazu geführt, dass dieser Anteil explizit anerkannt und durch die Form der Werke gefördert wurde. Man hat vielmehr lange, lange Zeit alle Anstrengungen daran gesetzt, diesen Anteil zu kontrollieren. Es wurden Mittel und Wege gefunden, die Interpretationsspielräume einzudämmen. So kann Eco zufolge beispielsweise selbst noch das allegorische Kunstwerk des Mittelalters nur in einem sehr eingeschränkten Sinn als bedeutungsoffen gelten, weil es lediglich eine überschaubare Reihe fixierter Bedeutungen zulässt. Von einer Anerkennung der Freiheit der Interpretation kann hier noch keine Rede sein. Diese Anerkennung aber bildet das Zentrum des modernen (bedeutungs-)offenen Kunstwerks. Entsprechend geht es um weit mehr als bloß darum, ob dem Interpreten nur ein paar abzählbare oder aber unendlich viele Möglichkeiten der Interpretation offenstehen: Es geht nicht um eine quantitative, sondern um eine qualitative Frage, es geht um ein ganzes »Weltbild« (34).

Die mit wenigen groben Strichen skizzierte Entwicklung zum (bedeutungs-)offenen Kunstwerk beginnt für Eco im Barock – und zwar nicht nur deshalb, weil die dynamischen, wie in ständiger Wandlung begriffenen barocken Formen von jedem Betrachter, der sie auffassen will, ebenfalls eine gewisse, zuweilen sogar konkret physische, vor allem aber mentale Beweglichkeit und Aktivität fordern, sondern auch deshalb, »weil sich hier [in der Epoche des Barock] zum erstenmal der Mensch der Norm des Kanonischen [...] entzieht und in Kunst und Wissenschaft einer in Bewegung befindlichen Welt gegenübersteht, die ein schöpferisch-erfinderisches Verhalten von ihm verlangt« (35). Die barocke Poetik spiegelt dies in einer Kunstauffassung, nach der das Kunstwerk nicht mehr in seiner offen zutage liegenden Ordnung und Bedeutung nachvollzogen, sondern als »ein zu ergründendes Geheimnis, eine zu leistende Aufgabe, ein Stimulans für die Lebhaftigkeit der Einbildungskraft« (35) entfaltet werden soll. So sehr sich mithin für Eco bereits im Barock die ästhetisch-kulturelle Sensibilität der Moderne abzuzeichnen beginnt – es bedurfte noch weiterer Entwicklungsschritte »zwischen Aufklärung und Romantik« (36), wie Eco abkürzend schreibt, in deren Verlauf sich das Konzept der »reinen Poesie« herausbildete, das bereits die Vieldeutigkeit des Kunstwerks und das von ihm freigesetzte Spiel der Assoziationen zentral setzt, bevor sich dann schließlich mit der im späten 19. Jahrhundert in Frankreich entstandenen literarischen Strömung des Symbolismus »die erste bewußte Poetik des ›offenen‹ Kunstwerks« artikuliert (36). Dessen Vertreter, Eco nennt Paul Verlaine und Stéphane Mallarmé, vermeiden ganz ausdrücklich den Eindruck von Eindeutigkeit und arbeiten daran, jedem einzelnen Wort eine »Aura des Unbestimmten zu verleihen und es auf tausend verschiedene Dinge hindeuten zu lassen« (37).

Indes beschränkt sich das ästhetische Programm einer radikalisierten Bedeutungsoffenheit der Werke keineswegs auf den Symbolismus. Denn Bedeutungsoffenheit ist nicht nur auch für andere Hauptwerke der literarischen Moderne – wie etwa das von Franz Kafka oder James Joyce – charakteristisch, sondern bestimmt unseren Begriff der ästhetischen Moderne insgesamt. So unterschiedlich die Künste und natürlich auch die einzelnen Werke sein mögen, aller emphatisch modernen Kunst ist es nach Eco gemeinsam, einen endlichen Kosmos so vorzustellen, dass er in seinen Deutungsmöglichkeiten dennoch unbegrenzt erscheint (vgl. 39). Man hat es mit einer Kunst zu tun, die sich »bewußt als offen gegenüber der freien Reaktion des Lesers setzt« (ebd.).

Wiederum sieht Eco im Ästhetischen ein weiteres kulturelles Selbstverständnis sich manifestieren: An »die Stelle einer nach allgemeinen Gesetzen geordneten Welt [ist] eine auf Mehrdeutigkeit sich gründende getreten, sei es im negativen Sinne des Fehlens von Orientierungszentren oder im positiven einer dauernden Überprüfbarkeit der Werte und Gewißheiten« (38). Ob die Erfahrung einer mehrdeutigen Welt eher als Krise oder als Versprechen zu deuten ist, ist für Eco dabei nicht eigentlich von Interesse (vgl. 52). Ihn interessiert allein, *dass* diese für die Moderne grundlegende Erfahrung sich nicht nur in wissenschaftlichen Denkmodellen, sondern auch in der Kunst niederschlägt – und zwar eben in der Form einer Poetik des offenen Kunstwerks.

Jedoch werden die neueren, die im engeren Sinne offenen, weil ganz konkret sich erst in der Interpretation vollendenden Kunstwerke von dieser weiten Bestimmung des offenen Kunstwerks noch nicht hinreichend beschrieben. Eco führt deshalb eine neue Kategorie ein, um diejenigen Kunstwerke zu bezeichnen, die in jeder Realisierung eine andere Erscheinungsform annehmen: Er nennt sie »Werke in Bewegung« (42). Anders als die (bedeutungs-)offenen Kunstwerke erfordern solche Arbeiten nicht allein die mentale Aktivität des Interpreten, sondern überdies auch seine praktische Mitarbeit an ihrer Formwerdung. Der Interpret wird hier, wie es scheint, am *Machen* des Kunstwerks beteiligt (vgl. 41); er ist in gewisser Hinsicht Teil des Produktionsprozesses.

Die Beispiele jedoch, die Eco im Anschluss an diese Bestimmung für »Werke in Bewegung« gibt, sind erstaunlich divers, schließen sie doch keineswegs nur solche im weitesten Sinne interaktiven Arbeiten ein, die tatsächlich eine konkret-praktische Intervention ihrer Betrachter provozieren und durch deren Eingriffe auch immer andere Gesichter annehmen, sondern beispielsweise auch Alexander Calders *Mobiles*, die als kinetische Objekte tendenziell selbst, und zwar im Wortsinn, in Bewegung sind und daher immer neue Ansichten generieren, ohne dafür aber der praktischen Mithilfe des Betrachters zu bedürfen. Noch überraschender als der konzeptuelle Kurzschluss des vielleicht ohnehin nicht sehr glücklich gewählten, aber jedenfalls ganz anders eingeführten Begriffs »Werk in Bewegung« mit bewegter Kunst ist aber vielleicht, dass Eco auch Beispiele aus dem Bereich der Innenarchitektur (bewegliche Wände) und des Produktdesigns (umbaubare Lampen, verwandlungsfähige Sessel etc.) nennt, um das Konzept des »Werks in Bewegung« zu illustrieren. Nun schlägt sich der Einfluss des modernen Bewusstseins von der Veränderlichkeit alles Vorgegebenen zwar offensichtlich nicht nur in der Kunst, sondern auch im flexiblen Design von Gebrauchsdingen nieder, und sicher gibt es (zumal im Zeichen der Gegenwartskunst) auch Übergangsphänomene zwischen Kunst und Design. Gleichwohl aber ist äußerst zweifelhaft, ob die Unterscheidung zwischen beiden Bereichen begrifflich einfach aufgegeben werden sollte – schließlich sollte man ja selbst im Blick auf die Übergangsphänomene noch die Pole angeben können, die sich da aufeinander öffnen. Ein markanter Unterschied zwischen Kunst und Design legt sich nun aber ironischerweise gerade im Blick auf denjenigen systematischen Zusammenhang nahe, den Eco zuvor im Blick auf das offene Kunstwerk der Moderne betont hatte. Zwar mag auch die umbaubare Lampe stets in gewisser Hinsicht ihre Umbaubarkeit mit vorzeigen und demonstriert die bewegliche Wand ihre Flexibilität auch dort, wo sie über längere Zeit für eine bestimmte Nutzung stehen bleibt. Aber sein jeweiliger Gebrauch schreibt dem Gebrauchsgegenstand dennoch einen spezifischen Sinn zu, der ihn weitgehend bestimmt. Der Sessel bleibt bei aller Flexibilität der Form dennoch Sessel, dessen Sinn durch den Gebrauch, den wir von Sesseln üblicherweise machen, weitgehend festgelegt ist, auch wenn wir nun situativ zwischen ein paar Formen und damit Weisen zu sitzen oder zu fläzen wählen können. Demgegenüber geht es bei der Erfahrung von Kunst, so hatte Eco im Zusammenhang mit dem (bedeutungs-) offenen Kunstwerk selbst herausgestellt, darum, dass der Interpret mit der Freiheit seiner Interpretation zugleich eine prinzipiell *unausschöpfliche* semantische Potenzialität des Kunstwerks erfährt.

Auch in diesem Zusammenhang geht es nicht bloß um eine quantitative, sondern um eine qualitative Differenz: Anders als der Gebrauchsgegenstand, und sei er noch so flexibel, ist das moderne Kunstwerk, in einer Formulierung von Adorno, durch und durch bestimmt durch seinen »Rätselcharakter«[6], es ist bestimmt dadurch, sich jeder eindeutigen Bestimmung und also auch jedem Zweck zu entziehen. Kunstwerke sind Dinge, schreibt Adorno, »von denen wir nicht wissen, was sie sind«[7]. Sofern, wie Eco an mehreren Stellen seines Textes deutlich macht, das »Werk in Bewegung« als eine weitere Radikalisierung der bereits im (bedeutungs-)offenen Kunstwerk der Moderne forcierten ästhetischen Tendenz auf Unbestimmtheit verstanden werden muss, ist es von einer Spannung durchzogen, die noch dem vielgestaltigsten Gebrauchsgegenstand – eben weil er von sich aus, das heißt *als* Gegenstand des Gebrauchs[8], keinen Rätselcharakter hat[9] – nicht in vergleichbarer Weise innewohnt. Das »Kunstwerk in Bewegung« lädt nämlich dazu ein, es in einem Akt der Interpretation zu konkretisieren, um zugleich jede dieser Interpretationen an ihre eigene Kontingenz zurückzuverweisen. Eben deshalb bleibt die Erfahrung seiner Unausschöpflichkeit in jeder einzelnen seiner Interpretationen oder Realisationen präsent.

So ist es sicher kein Zufall, dass das Beispiel, das Eco selbst am ausführlichsten bespricht, ebendiese Erfahrung betont – und damit erneut auch die konzeptuelle Nähe zwischen den (bedeutungs-)offenen modernen Kunstwerken und den neueren »Werken in Bewegung«. Statt eines zeitgenössischen Beispiels wählt Eco in diesem Zusammenhang denn auch bezeichnenderweise »eine inzwischen klassisch gewordene Antizipation« (43) eines »Kunstwerks in Bewegung«: Mallarmés sogenanntes *Livre* – eine Arbeit, die Mallarmé nicht mehr fertiggestellt hat, zu der es aber Entwürfe gibt. Es sollte sich dabei um ein Buch handeln, das nirgends beginnt und nirgends endet, ein Konvolut lose im Einband liegender Hefte, deren selbst noch einmal bewegliche und rekombinierbare Blätter in immer neue Konstellationen gebracht werden können. Jeder Satz oder jedes Wort auf einer der Seiten sollte mit allen anderen Sätzen oder Wörtern suggestive Verbindungen eingehen können, so dass immer neue Sinnzusammenhänge sich eröffnen, ohne doch – und das ist entscheidend – je einen davon gegenüber anderen Möglichkeiten der Herstellung von Sinnzusammenhängen zu privilegieren: Keine Ausführung eines Werkes fällt mit einer »letzten« Definition von ihm zusammen, jede Ausführung realisiert das Werk, aber keine »erschöpft« es. »Jede Ausführung [...] gibt uns das Werk ganz und befriedigend und gleichzeitig unvollständig, weil sie uns nicht die Gesamtheit der Formen gibt, die das Werk annehmen könnte.« (49)

Dann allerdings versteht man die Pointe der »Werke in Bewegung« auch nicht hinreichend, wenn man einseitig betont, dass der Rezipient hier am Produktionsprozess beteiligt wird. In jeder Ausführung drückt sich vielmehr die Spannung zwischen der Wirklichkeit, die das Werk in einer bestimmten Interpretation annimmt, und seinen Möglichkeiten aus. Solche Kunst zu erfahren beinhaltet deshalb mehr als bloß die handgreiflich-praktische Fertigung einer seiner Erscheinungen oder die interpretative Feststellung eines wie auch immer evidenten Sinnzusammenhangs. An solcher Kunst teilzuhaben bedeutet immer auch, an der Potenzialität des Werks teilzuhaben, die Erfahrung seiner Unendlichkeit oder Unausschöpflichkeit zu machen.

Ohnehin sollte man, wie man von Eco lernen kann, den Umstand, dass es sich bei den »Werken in Bewegung« um Werke handelt, die von ihren Adressaten erst zu realisieren oder zu vollenden sind, nicht vorschnell – wie dies häufig, durchaus auch von den Protagonisten selbst, getan wird – als eine Art Demokratisierung der Kunstproduktion missverstehen. Denn die Asymmetrie zwischen Künstler und Publikum bleibt erhalten: Die Eingriffe des Publikums ins Werk sind hier Teil des künstlerischen Kalküls; sie erfolgen in einem vom Künstler gesetzten Horizont noch dort, wo etwa, wie dies heute oftmals der Fall ist, der Rahmen zwischen Kunst und Nichtkunst selbst zum Gegenstand der Auseinandersetzung wird. (Ich werde bereits im nächsten Kapitel auf solche Fälle zurückkommen.) Das »Werk in Bewegung« ist keine »amorphe Aufforderung« zum »beliebigen Eingreifen«, sondern »eine Einladung, sich frei in eine Welt einzufügen, die gleichwohl immer noch die vom Künstler gewollte ist« (55). Dass der freie Eingriff damit stets an etwas Bestimmtem orientiert ist, schmälert jedoch nicht die Erfahrung seiner Unbestimmtheit; dass wir auch bei den herausgestellt offenen Werken noch auf etwas Endliches (einen wie auch immer veränderlichen Kosmos) bezogen sind, beeinträchtigt nicht die Erfahrung seiner Unendlichkeit, im Gegenteil: Es ist ihre Bedingung.

Entsprechend ist die semantische Unausschöpfbarkeit der Werke nicht zu verwechseln mit ihrer *beliebigen* Interpretierbarkeit. Das zeigen gerade die »Kunstwerke in Bewegung« mit Nachdruck. Jede Aus- und Aufführung einer grafischen Notation etwa erfolgt im vollen, geradezu absoluten Anspruch auf Werkgerechtigkeit. Zugleich aber wird bewusst gehalten, dass es sich hier um eine unter unüberschaubar vielen möglichen Interpretationen handelt. Eben darin erweisen sich die Kunstwerke in Bewegung erneut als reflexiv auf eine Bedingung der Erfahrung von Kunst überhaupt. Auch beispielsweise über Shakespeares *King*

Lear, um ein kanonisches Beispiel eines geschlossenen Kunstwerks zu nehmen, kann offenbar nicht schlichtweg alles (Beliebiges) gesagt werden. Jedoch demonstriert sich die Bedeutung des Stücks nicht zuletzt an der Fülle von einander zuweilen widerstreitenden, gleichwohl aber jeweils evidenten Interpretationen, die es auf sich gezogen hat und weiter auf sich ziehen wird. Kunst zu erfahren heißt, diese Potenzialität im Akt ihrer konkretisierenden Interpretation mitzuerfahren. Eine ästhetische Erfahrung macht folglich nur, wer der Kunst gegenüber nicht indifferent bleibt.

Nur wer sich auf den Kosmos des Werks einlässt, in ihn einsteigt und sich mit ihm vertraut macht, vermag die eigentümliche Opazität und Fremdheit der Kunst zu erfahren, die diese gegenüber jeder ihrer noch so subtilen Erschließungen behält. Die Fremdheit der Kunst ist dann eine Implikation der intimen Auseinandersetzung mit ihr, nicht der Ausdruck des schlichtweg Unverständlichen. Das zu sagen heißt umgekehrt auch, dass man der Kunst nur im Modus der Distanz nah sein kann; nie wird man sie sich endgültig aneignen, zu eigen machen können. Denn die spezifische Würde der Kunst – genauer: ihre Autonomie – besteht gerade darin, dass sie sich den verstehenden Aneignungen, zu denen sie gleichwohl provoziert, immer auch wieder entzieht. Wir können die Kunst nie abschließend kennen, sondern immer wieder neu nur in ihrer Potenzialität anerkennen, indem wir uns erneut auf sie einlassen. Ebendies mag aber der Grund dafür sein, dass wir zuweilen zu Kunstwerken zurückkehren wie zu guten Freunden, dass sie für uns mehr sind als Objekte und wir in ihrer Gegenwart mehr und anderes sein können als Subjekte, die über Objekte verfügen. Tatsächlich wäre dies auch nicht die schlechteste Bestimmung der spezifischen Freiheit, die wir in der Gegenwart der Kunst erfahren. Kunst ermöglichte uns dann nämlich etwas ganz anderes als bloß, wie es bei Eco zum Teil den Anschein hat, eine Freiheit der Wahl – als wäre das Kunstwerk bloß ein weiterer Gegenstand unseres Konsums. Vielmehr ermöglichte sie eine »Freiheit zum Objekt«[10], die nicht zuletzt als eine Befreiung auch von unseren konsumistischen Objektaneignungen verstanden werden muss.

Worauf Eco jedoch zu Recht aufmerksam gemacht hat, ist zweierlei: Zum einen müssen die jüngeren, im engeren Sinne offenen Kunstwerke in einem internen Zusammenhang mit Entwicklungen gesehen werden, die bereits die ästhetische Moderne bestimmen, zum anderen stehen beide Enwicklungsstufen des offenen Kunstwerks in einem systematischen Zusammenhang mit einer grundsätzlichen Bedingung von Kunst überhaupt. So haben bereits die (bedeutungs-)offenen Werke der Moderne eine Bedingung *aller* Kunstrezeption hervorgetrieben und zum Gestaltungsprinzip gemacht – dass nämlich die Bedeutung eines Werks sich erst in der Interpretation ergibt, und das heißt, dass sie stets in einem Verhältnis, einer Relation zur interpretierenden Subjektivität wurzelt und daher potenziell offen ist. »*[J]edes* Kunstwerk«, so Eco, »auch wenn es nach einer ausdrücklichen oder unausdrücklichen Poetik der Notwendigkeit produziert wurde, ist wesensmäßig offen für eine virtuell unendliche Reihe möglicher Lesarten« (57), deren jede das Werk neu belebt oder ausführt. Die »Kunstwerke in Bewegung« sind in der Linie der positiven Anerkennung zu sehen, die diese Relationalität in der Moderne erfährt. Denn diese Kunstwerke führen durch ihre Form vollends ausdrücklich, nämlich auf eine unmittelbare, zum Teil geradezu haptisch greifbare Weise vor, dass die Interpretation für das Werk konstitutiv ist, weil sie erst durch die Interpretation jeweils konkret Gestalt gewinnen. Zugleich machen sie auf eine ebenfalls sehr greifbare Weise erfahrbar, dass keine der wie auch immer brillanten Interpretationen das Werk je erschöpft. Dass der Interpret hier, anders als bei den (bedeutungs-)offenen

Werken der Moderne, zu einem praktisch Ausführenden wird (wie der Musiker, der eine grafische Notation interpretiert, indem er sie auf seine Weise spielt), konstituiert indes keinen Bruch mit den (bedeutungs-)offenen Werken der Moderne. Jede Interpretation (also auch diejenige, die der Hörer eines traditionellen Musikstücks für sich vornimmt) erschließt schließlich das Werk in einer bestimmten Weise und führt es in diesem Sinne aus, *realisiert* es mental. Beide, die praktische wie die mentale Realisierung eines Kunstwerks, sind für Eco »unterschiedliche Erscheinungsformen ein und derselben interpretativen Einstellung« (29, FN 1): einer Einstellung, die sich des konstruktiven Moments in aller Interpretation ebenso bewusst ist wie des Umstands, dass das Werk sich den Konstruktionen, die es fordert, niemals unterordnen wird.

Von diesem Zusammenhang her fällt nicht nur neues Licht auf die vormoderne Kunst, die sich auch gegen die Regeln ihrer jeweiligen Poetiken erschließen lässt – er bleibt auch instruktiv im Blick auf die Gegenwartskunst, die sich seit Beginn der 1960er Jahre, als Eco seine Beobachtungen zum offenen Kunstwerk niederschrieb, immer weiter entgrenzt hat. Entsprechend hat sich Ecos Begriff des »Kunstwerks in Bewegung« nicht nur deshalb nicht durchgesetzt, weil er, wie wir gesehen haben, auch im Blick auf die Phänomene, die er benennen soll, etwas missverständlich ist, sondern vor allem deshalb nicht, weil nicht alle Entgrenzungsphänomene in der Kunst auf die handgreifliche Intervention des Publikums abzielen. Vor dem Hintergrund der von Eco ja ausdrücklich betonten *Übergänge* zwischen seinem modernen und seinem zeitgenössischen Verständnis bleibt der Begriff des offenen Kunstwerks gerade aufgrund seiner Unschärfe das einschlägigere Stichwort. Denn offen, wie wir in den folgenden Kapiteln noch genauer sehen werden, ist die Gegenwartskunst heute in sehr vielfältigen Formen, von denen einige die physische, andere die »nur« mentale Aktivität ihres Publikums fordern, wieder andere lassen gerade diese Frage offen. In jedem Fall aber, und das ist der Grund, weshalb die Erinnerung an Ecos frühe Theorie des offenen Kunstwerks hier am Anfang steht, liegen all diese Formen immer auch auf der Linie der hier geschilderten Zusammenhänge: Keine der Formen, die die Entgrenzung des Werks annehmen mag, ist verständlich ohne Beachtung der konstruktiven Rolle, die dem Publikum, einem Publikum aus Interpreten, nun zuerkannt wird, keine erschließt sich ohne Rekurs auf das Moment der Bedeutungsoffenheit des Kunstwerks, das die Konstruktionen seines Publikums auch immer wieder dekonstruiert.

So sehr sich mit Eco plausibilisieren lässt, dass in der Bedeutungsoffenheit der Werke ein wesentliches Zeichen der künstlerischen Moderne zu sehen ist, so sehr steht doch auf der anderen Seite die Betonung der Bedeutungsoffenheit von Kunst in einer deutlichen Spannung zu denjenigen modernen Ästhetiken, die das Kunstwerk als Träger von Wahrheit bestimmen.[11] Die Kritik ebendieses Strangs der philosophischen Ästhetik ist denn auch der Einsatz des Aufsatzes von Rüdiger Bubner. Für ihn ist die in den 1960er Jahren unabweisbar gewordene Krise des traditionellen, des in sich geschlossenen Kunstwerks ein höchst willkommener Anlass, mit der »Wahrheitsästhetik« in der Philosophie aufzuräumen.

2. Ein Neuanfang in der Ästhetik

Die Philosophie des 20. Jahrhunderts, klagt Bubner 1973, hat zur Kunst nichts wirklich Erhellendes zu sagen. Denn den wenigen Philosophien, in deren Rahmen Kunst überhaupt eine Rolle spiele, gehe es gar nicht um die künstlerischen Phänomene selbst. Vielmehr gelte die Kunst der Philosophie primär als Ort einer Wahrheit, die mit den Mitteln bewusster Reflexion entweder gar nicht zu gewinnen ist oder zumindest nicht in der gleichen Weise vergegenwärtigt werden kann. Die Philosophie projiziere damit aber nicht bloß ihre eigene Problematik auf die Kunst, sondern instrumentalisiere sie überdies auch noch für den Dienst an deren Lösung: Ob nun Martin Heidegger die Kunst als »Sich-ins-Werk-Setzen der Wahrheit« bestimmt[12] oder Hans-Georg Gadamer am Kunstwerk einen ausgezeichneten Zugang zur »Wahrheitsfrage« ausmacht[13], ob Georg Lukács die objektive Wahrheit gesellschaftlicher Verhältnisse in der Kunst unmittelbar anschaulich werden sieht[14] oder Theodor W. Adorno die Kunst gerade aufgrund ihres Rätselcharakters zum Statthalter einer Versöhnung erklärt, deren utopische Wahrheit er der Unwahrheit einer durch die Herrschaft der instrumentellen Vernunft geprägten Wirklichkeit entgegenstellt – in jedem dieser ansonsten natürlich sehr unterschiedlichen Fälle, argumentiert Bubner, wird die Kunst auf ein Problem bezogen, das ihr durch die Philosophie von außen auferlegt wird. Denn weder die Wahrheitsproblematik noch die ihr daraus erwachsende Erkenntnisfunktion eignen ursprünglich der Kunst selbst.

Weil aber die Wahrheitsästhetiken ihren Gegenstand fremdbestimmen, bleiben sie ihm am Ende selbst fremd. Im Blick auf die jüngeren Entwicklungen in der Kunst wird die Borniertheit der entsprechenden Philosphien gegenüber ihrem Gegenstand besonders augenfällig. Denn die Idee, dass Kunst ein Medium der Wahrheit sei, ist, wie Bubner feststellt (vgl. Bubner, 33), auf eine Kategorie angewiesen, die durch die Kunst selbst längst gründlich infrage gestellt worden ist: die des Werks. Damit die Kunst als Ort der Wahrheit wahrgenommen werden kann, muss sie sich als eine »eigenständige sinnliche Erscheinungsform«, eben als Werk, aus dem »Kreis aller übrigen Objekte der Erkenntnis hervorheben« (19). »Je nachdrücklicher Kunst auf das Präsentmachen von Wahrheit verpflichtet wird, desto unerlässlicher die Werkkategorie.« (Ebd.) Die Voraussetzung des von aller übrigen Realität abgehobenen Werks für den Begriff von Kunst überhaupt erweist sich freilich schon hinsichtlich der bereits deutlich mit ihrer monadischen Existenz hadernden modernen Kunst der ersten Hälfte des 20. Jahrhunderts als problematisch[15], hinsichtlich des Stands der Kunst zu Beginn der 1970er Jahre, als Bubner seinen Aufsatz verfasst, erscheint sie als vollends veraltet und kunstfremd. Denn die Kunst destabilisiert seit den 1960er Jahren nachdrücklich die Grenze zwischen Kunst und Nichtkunst und widerspricht damit bereits ihrer Form nach der Idee einer durch das Werk etablierten »zweiten Wirklichkeit« (33). Die Eindrücke der organischen Einheit, der internen Kohärenz und der kontextunabhängigen Selbständigkeit des Werks werden durch die unterschiedlichsten künstlerischen Verfahren vielmehr geradezu »planmäßig zerstört« (19).

Der Befund, den Bubner den einflussreichsten philosophischen Ästhetiken der ersten Hälfte des 20. Jahrhunderts stellt, ist niederschmetternd: Sofern sie die Kunst aus dem Begriff der Wahrheit bestimmen, müssen all diese Ästhetiken – und zwar unabhängig von ihrer sonstigen philosophisch-politischen Ausrichtung – als »*heteronom*« (31) bezeichnet werden. Anstatt die Kunst in ihrem Eigensinn, ihrer Autonomie, zu erfassen, unterwerfe man sie einer philosophisch vorentschiedenen Problematik. An der Unangemessenheit der für diese Ästhetiken so zentralen Werkkategorie gegenüber der im Medium der Kunst selbst inszenierten Krise der »Werkgesinnung« (19), wird es jedoch nur allzu offenbar: Die Wahrheitsästhetik verfehlt die Kunst als Kunst. Nun ist zwar evident, dass die Texte der von Bubner kritisierten Autoren nicht *als Ganze* auf das von ihm fokussierte Problem reduziert werden können – denkt man etwa an Heideggers vieldimensional lesbaren *Ursprung des Kunstwerks* oder an Adornos hinsichtlich ihres Detailreichtums, ihrer kunstwissenschaftlichen Informiertheit, ihrer gedanklichen Spannbreite und argumentativen Subtilität nach wie vor überaus beeindruckende *Ästhetische Theorie*, so ist klar, dass diese Texte auch für die heutige ästhetische Theoriebildung viel Anregendes enthalten. So enthält insbesondere Adornos Ästhetik bereits viele Motive, die auch für Bubner zentral sind. Dennoch legt Bubner den Finger auf einen wichtigen Punkt, insofern nämlich jene Motive unter anderem durch die wahrheitsästhetischen Voraussetzungen, unter denen sie bei Adorno dennoch stehen, partiell verstellt geblieben sind.[16] Klar ist jedenfalls, dass mit den seit den 1960er Jahren unabweisbar gewordenen Angriffen auf das distinkte Werk ein wesentliches, wenn nicht das zentrale Element aus dem noch bis in die Nachkriegsmoderne hinein wirksamen Dispositiv der philosophischen Wahrheitsästhetik herausgebrochen wird. Angesichts der vielfältigen Verfahren zur Destabilisierung der Grenze zwischen Kunst und Nichtkunst, künstlerischer Repräsentation und empirischer Realität, verliert die wahrheitsästhetische Auszeichnung des Werks als einer von aller übrigen Realität abgehobenen zweiten Wirklichkeit ihre Grundlage. Es sind mit anderen Worten genau diejenigen Stränge der ästhetischen Theorie der Moderne (und diejenigen Stränge innerhalb der *Ästhetischen Theorie* Adornos), die sich auf den Zusammenhang zwischen Wahrheit und distinktem Werk verpflichten, die im Zuge der 1960er Jahre an eine deutliche Grenze geraten.

Nun hat man aufseiten der philosophischen Wahrheits- bzw. Werkästhetik sowie aufseiten der von ihr geprägten Kunstkritik auf diesen Umstand keineswegs gleich mit Selbstkritik reagiert, sondern zunächst mit der Abwehr der fraglichen Phänomene: Man kritisierte die künstlerischen Entwicklungen, die sich der Anleitung durch die vertrauten philosophischen Begriffe verweigerten, als Symptome eines kulturellen Verfalls. Es ist Bubners Stärke, das Problem hier als erster weniger auf der Seite der Kunst denn der Philosophie verortet zu haben. Tatsächlich ist ja die Häufung solcher Krisendiagnosen nicht selten bereits ein sicheres Anzeichen dafür, dass die Zeit für einen Paradigmenwechsel gekommen sein könnte.[17] Gerade weil die offenen Werkformen die Idee eines von aller übrigen Realität abgehobenen Kunstwerks zurückweisen und sich dadurch der »Majorisierung« (31) durch die begrifflichen Vorannahmen der Wahrheitsästhetik entziehen, sollte man sie, plädiert Bubner, zum Anlass eines begrifflichen Neuanfangs in der Ästhetik nehmen.

Statt die Kunst weiterhin zum Spiegel der Philosophie machen zu wollen, sollte man sie endlich in ihren genuinen Qualitäten, ihrer Eigengesetzlichkeit, also als autonome, in den Blick treten lassen. Der Einsatz, um den es Bubner geht, ist mithin ein systematischer, nicht bloß historischer: Es geht nicht allein um die Forderung nach einer neuen ästhetischen Theorie für die neuen, offenen Kunstwerke – als könne die Wahrheitsästhetik im Blick auf die alten, geschlossenen Werke ihre Geltung behalten. Vielmehr sollen die offenen Kunstwerke ein solches Umdenken im ästhetischen Diskurs provozieren, dass die – immer schon – problematische Fremdbestimmung der Kunst durch die Philosophie prinzipiell aufhört und also auch die zuvor von unangemessenen Vorannahmen verstellten traditionellen Werke in ihrer genuin ästhetischen Qualität wahrgenommen werden können. Es geht hier folglich um nichts Geringeres als um den Begriff von Kunst überhaupt, es geht um einen Paradigmenwechsel in der ästhetischen Theorie.

Und in der Tat hat Bubners kleiner Text in der deutschsprachigen philosophischen Ästhetik eine so grundsätzliche theoretische Neuorientierung angestoßen, dass man durchaus von einem solchen Paradigmenwechsel sprechen kann. Dass dieser Wechsel bis heute allerdings nicht unbedingt als kunsttheoretisch relevant wahrgenommen wird, dass er also die Entfremdung zwischen philosophischer Ästhetik und Kunstwelt nicht unmittelbar hat aufheben können, hat wohl nicht zuletzt damit zu tun, dass die von Bubner vorgeschlagene begriffliche Umstellung auf den ersten Blick von werkästhetischen Fragen überhaupt wegzuführen scheint und in der Folge zum Teil auch wirklich weggeführt hat. Denn der Begriff, der nach Bubners Intervention ins Zentrum der Auseinandersetzung rückt, ist der der ästhetischen Erfahrung.[18] Angesichts einer Situation, in der sich die »massive Werkkategorie« (34) nicht nur hinsichtlich der Heteronomie der in ihr wirksamen philosophischen Voraussetzungen, sondern auch hinsichtlich ihrer Unangemessenheit gegenüber zeitgenössischen Phänomenen diskreditiert hat, erscheint ihm der »methodische Ausgang von der ästhetischen Erfahrung« (ebd.) als einzig gangbarer Weg: »Die Analyse hält sich strikt an die Wirkung, die von ästhetischen Phänomenen ausgeht und in der allein ›Kunst‹ zum Bewußtsein kommt, und sie bleibt allen weitergehenden Annahmen gegenüber abstinent.« (Ebd.) Damit scheint nun aber vorderhand eine gewisse Abstinenz auch gegenüber dem Nachdenken über die Verfasstheit der ästhetischen Phänomene einherzugehen, soll es doch jetzt vornehmlich um die Reaktionen auf dieselben gehen; im Zentrum der theoretischen Aufmerksamkeit steht nicht mehr das Kunstwerk, sondern stehen dessen Rezipienten. Bereits im letzten Abschnitt zu Ecos Poetik des offenen Kunstwerks haben wir jedoch gesehen, dass eine solche Umakzentuierung durchaus etwas mit der Poetik moderner und spätmoderner Kunst selbst zu tun hat, und auch Bubner verweist auf diesen Zusammenhang. Was es im Horizont der offenen Kunstwerke zu denken gilt, ist die *wechselseitige Verwiesenheit* von Werk und Erfahrung. Statt die neue Zentralstellung der Erfahrung im ästhetischen Diskurs im Sinne einer Verdrängung der Werkkategorie zu verstehen, sollte man sie als deren Neuperspektivierung begreifen. Es ergeben sich dann, wie wir im Folgenden noch weiter sehen werden, vielfältige Anschlussstellen zu den im engeren Sinne kunstkritischen und -theoretischen Fragen der Gegenwartskunst.

Dann aber kann das zentrale Problem der Wahrheitsästhetiken nicht darin bestehen, wie Bubner an einigen Stellen seines Textes suggeriert (vgl. bes. 33f.), dass sie überhaupt noch an der Werkkategorie festhalten; das Problem besteht vielmehr darin, *wie* sie diese denken. So wird die zuvor mit der Kategorie des Werks verbundene Frage nach der Differenz von Kunst und Nichtkunst – und damit die Frage nach der Autonomie von Kunst – im Blick auf die offenen Werkformen ja nicht etwa überflüssig, im Gegenteil: Sie stellt sich mit besonderem Nachdruck. Und im Zusammenhang mit dieser Frage steht unmittelbar die weitere, wie die Werkkategorie *anders* gefasst werden kann. Denn angesichts der Entgrenzungstendenzen in der Kunst kann die Differenz von Kunst und Nichtkunst nicht mehr überzeugend als die Grenze zwischen einem in sich geschlossenen Werk und seinem Außen objektiviert werden. Was aber bedeutet es, sie, wie Bubner vorschlägt, an der spezifischen Erfahrung festzumachen, die den Bezug auf Kunstwerke von unserer sonstigen theoretischen und praktischen Welthabe unterscheidet?

Offenkundig kann die ästhetische Qualität des Objekts dann nicht mehr an bestimmten vorab definierten Objekteigenschaften dingfest gemacht werden – als könnte sein Status als Kunst unabhängig von aller Erfahrung objektiv bestimmt und transhistorisch gesichert werden. Vielmehr wird das Werk nun strikt als das Korrelat einer auf es bezogenen Erfahrung begriffen: Das Werk erhebt sich über seinen Objektstatus erst in der und durch die an ihm sich entzündende und erhaltende Erfahrung, erst durch sie wird das Werk ins Werk gesetzt, als Kunst frei. Wie Bubner im Anschluss an den einzigen philosophischen Entwurf der Tradition erläutert, bei dem die Spezifik des Ästhetischen aus der Erfahrung gedacht wird, Kants *Kritik der Urteilskraft*, besteht die Besonderheit der ästhetischen Erfahrung darin, dass der ästhetische Gegenstand zwar nach Bestimmung verlangt, einer abschließenden solchen Bestimmung sich jedoch immer wieder entzieht, um den Verstehensprozess auf diese Weise erneut zu befeuern. »In Kunst«, schreibt Bubner, »scheint etwas zu sein, das verstanden werden will und kann, hingegen keinem Zugriff letztlich standhält.« »Gerade deshalb lädt es [...] zur Deutung ein.« (41) Das Werk veranlasst »viel zu denken«[19], ohne dass sich dies doch je zu einem Begriff zusammenschließen, auf einen einzigen Gedanken reduzieren ließe. »Kein Name trifft es ins Herz«, formuliert Bubner (42). Kunst hält sich folglich nicht nur zum Denken hin offen, insofern sie dieses zu immer neuen Bestimmungen veranlasst, sie hält auch das Denken selbst offen, insofern sie dieses nie an ein Ziel kommen lässt. Wir kommen angesichts der Kunst nie zu einem bestimmenden Urteil.

Ebendies aber lässt nach Kant die Urteilskraft, die dafür zuständig ist, ein Besonderes unter einen allgemeinen Begriff zu bringen, ihrer eigenen vermittelnden Leistungen innewerden: »Das Subjekt erfährt sich in seinen Leistungen, was nur geschehen kann, wenn keine bindende Bestimmtheit vorliegt.« (37) Statt in einem bestimmenden Urteil zur Ruhe zu kommen, wendet sich die Urteilskraft vielmehr reflexiv auf sich zurück und betrachtet die beiden von ihr vermittelten Erkenntnisvermögen – das ist nach Kant einerseits die Einbildungskraft als das Vermögen der Anschauung, das eine in der Wahrnehmung gegebene Mannigfaltigkeit in ein subjektives Bild transformiert, und andererseits der Verstand als das Vermögen, das eine Anschauung unter einen Begriff subsumiert – in ihrem »freien Spiel«[20]. Der Zustand eines solchen freien Spiels nun tritt dem Subjekt als Gefühl der Lust ins Bewusstsein. Und weil das Gefühl der Lust der Modus des Bewusstseins des freien Spiels ist, gehen Urteil und Gefühl ineinander über.[21] Das Urteil über das Schöne ist damit kein Urteil *über* ein Gefühl, sondern es ist eines, dessen kognitive Intentionen (auf einen Gegenstand) *in* einem Gefühl der Lust, oder genauer: der Reflexionslust aufgehoben werden. Das ästhetische Urteil ist also im strengen Sinne gar kein Urteil über etwas, es ist vielmehr Ausdruck von etwas: nämlich einer spezifischen, als lustvoll erfahrenen »Belebung der Erkenntniskräfte«[22], die sich deshalb auch, wie Kant sagt, aus sich heraus »stärkt und reproduziert«[23]. Die Reflexionslust ist der Grund, weshalb wir bei der »Betrachtung des Schönen [weilen]«[24].

Nun ist an Kants *Kritik der Urteilskraft* häufig kritisiert worden, dass der Gegenstandsbezug im ästhetischen Urteil eigentümlich unterbelichtet bleibt. Bubner sieht indes gerade darin die »Aktualität der kantischen Ästhetik« (34). Denn gerade sie räume »mit der Illusion auf, in Werken gleichsam der leibhaftigen Kunst gegenüberzutreten, ihr objektiv habhaft zu werden« (38). Kunst gebe es nur im Modus einer sich zu einer Art Spiel verselbständigenden Reflexionstätigkeit, die nie zu einer abschließenden Bestimmung gelangt und deshalb »im Banne des Objekts« (ebd.) verbleibt. Damit legt Bubner freilich eine Deutung der ästhetischen Erfahrung nach Kant nahe, für die der Gegenstand mehr ist – und bleibt – als ein bloßer Anlass für eine Erfahrung, an deren Ende sich das Subjekt schließlich in transzendentaler Perspektive als erkennendes selbst zum Gegenstand wird, weil es der Struktur von Erkenntnis überhaupt innewird.[25] In den Blick tritt im Horizont der von Bubner vorgenommenen Aktualisierung der Kant'schen Ästhetik vielmehr die stets konkrete Bildung und Auflösung jeweiliger Anschauungen des Objekts sowie damit zugleich der Bildung und Auflösung möglicher korrespondierender Gegenstandsbestimmungen.

Die Parallele zu Eco ist frappant. Denn wie dieser betont auch Bubner die prinzipielle »Unabschließbarkeit« (43) der ästhetischen Erfahrung, die *»nicht endende Bewegung«* (38) der am Kunstwerk entbundenen Verstehensvollzüge. Während Eco diesen Zusammenhang vor allem modernitätstheoretisch ausgelegt hatte, interpretiert Bubner ihn in Anlehnung an die Kant'sche Ästhetik als konstitutiv für die Logik des Ästhetischen überhaupt, und zwar gegen einen bis in die Nachkriegsmoderne hinein einflussreichen Strang der philosophischen Ästhetik, der diese Logik ebenso wie den ästhetischen Kern der (spät-)modernen Kunst verstellt hatte. Der Umstand, dass die offenen Kunstwerke sowohl die Leistung des Interpreten betonen als auch ihre eigene Unausschöpflichkeit oder Potenzialität gegenüber jeder konkreten Interpretation, erscheint dann nicht mehr, wie aus der Perspektive derjenigen, die den »massiven Werkbegriff« verteidigen, als Zeichen eines generellen Verfalls der Kultur, sondern vielmehr als Fortschritt im Verständnis des Ästhetischen selbst.

Das impliziert, noch einmal, eine Veränderung im Begriff des Werks dergestalt, dass das, was das Werk zum Werk macht, als ein *Prozess* verstanden werden muss, der sich zwischen dem Objekt und dem auf es bezogenen Subjekt ereignet. Das heißt, dass das ästhetische Objekt als ästhetisches, als Werk im emphatischen Sinne, nur im Wechselbezug zu einem erfahrenden Subjekt in Erscheinung tritt. Das Ästhetische steht dem Nichtästhetischen dann nicht mehr als objektivierbar Anderes äußerlich gegenüber, sondern besteht in dessen reflexiver Transformation. Das lässt sich besonders gut an jenen Fällen erläutern, in denen die alte, wahrheitsästhetisch begründete Grenze zwischen Kunst und Nichtkunst durch die Aufnahme vormals kunstfremder, *ready made* vorgefundener Alltagsgegenstände in die Kunst problematisch wird. Denn im Blick auf diese Fälle zeigt sich schnell, dass selbst die drastischste Aufnahme kunstfremder Elemente in die Kunst keineswegs schlicht Ausdruck einer größeren Wirklichkeitsnähe der Kunst ist. »Wirklichkeit« ist in der Kunst stets eine höchst ambivalente Größe. Auch mit den vielen Realitätsstücken, die sich heute in der Kunst finden, löst sich die Kunst nicht einfach in Leben auf. Sie bleiben in der Kunst nicht einfach, was sie waren. Weder *sind* sie hier schlicht Wirklichkeit[26], noch aber werden sie je zum eindeutigen Zeichen *für* (eine andere) Wirklichkeit. Vielmehr halten sie sich in einem eigentümlichen Zwischen: Aus ihren ursprünglichen Kontexten herausgelöst und in einen Darstellungszusammenhang gebracht, werden sie sich selbst unähnlich, ohne doch je eindeutig den Status eines Zeichens für etwas anderes anzunehmen.

Ein Beispiel[27]: Wenn der österreichische Künstler Heimo Zobernig eine Gruppe goldener Stühle inszeniert, die alle, aber auf je eigene Weise, den berühmten Arne-Jacobsen-Stuhl variieren, so stellt er sie zunächst von ihrem Gebrauch als Sitzmöbel und damit von ihrer gebräuchlichen Semantik frei. Allerdings hat man es hier nicht einfach mit einer Subtraktion zu tun; die Stühle bleiben jenseits ihrer Bedeutung als Sitzmöbel nicht einfach in ihrer dinglichen Faktizität übrig. Für das Verhältnis, das die von Zobernig inszenierten Stühle zum Sinn unterhalten, ist deshalb das englische *without* treffender; es handelt sich hier um das paradoxe Verhältnis eines ›Mitohne‹. Den ausgestellten Stühlen bleibt der Bezug auf Sinn wesentlich, auch wenn dieser sich nun nicht mehr eindeutig durch ihren Gebrauch fixieren lässt. Mal wirken sie wie zurückgelassene Requisiten aus einer zeitgenössischen Regietheater-Inszenierung, mal selbst wie Darsteller, die ausgesprochen beredt miteinander kommunizieren, mal schießen sie unisono zum goldenen Witz über den modernistischen Design-Fetisch zusammen, den sie allesamt zitieren, mal entstellen sie sich unheimlich in eine Legion von einander feindlich gesonnenen Doppelgängern, mal geben sie sich als ironische Kommentare auf die üblicherweise eher spärliche Ausstattung von Ausstellungsräumen mit Sitzmöbeln zu lesen und so fort.

Wie uns die ausgestellten (Alltags-)Dinge hier jeweils *erscheinen*, ist keine objektive Angelegenheit, sondern von uns, unserem imaginativen Anteil, nicht zu trennen. Die gewöhnlichen Dinge nehmen hier jeweils die spezifisch ästhetische Qualität einer geradezu exzessiv semantisierbaren Fremdheit an, durch die sie mehr zu sein *scheinen*, als was sie faktisch sind. »In keinem Bild«, schreibt Bubner, »ist das schlicht zu sehen, was der Betrachter darin sieht, in keinem Gedicht definitiv zu lesen, was man darin liest, und bei keinem Musikstück genügt genaues Zuhören, um das zu hören, was in der ästhetischen Erfahrung sich gibt.« (43) Diesem Mehr der Objekte entspricht auf der anderen Seite ein ästhetisch, nämlich auf spezifische Weise reflexiv gewordenes Subjekt, das nicht zuletzt seinem eigenen lebensweltlichen Kontextwissen in den Spiegelungen und Brechungen des ästhetischen Scheins distanziert, fremd, begegnet. Entsprechend ist die Weise, wie, und das heißt immer auch: als was uns ein Objekt erscheint, nicht im strikten Sinn von uns gemacht. Man darf also den Begriff der Erfahrung im Ausdruck »ästhetische Erfahrung« nicht so hören, als meine er etwas, das von einem Subjekt »gehabt« oder »gemacht« wird. Die ästhetische Erfahrung sitzt nicht, wie der Erfahrungsbegriff vielleicht zunächst suggerieren mag, allein im Subjekt. Sie ereignet sich *zwischen* Subjekt und Objekt, und zwar auf eine von Ersterem nie vollständig kontrollierbare Weise. Nicht allein das Objekt, sondern auch das Subjekt der ästhetischen Erfahrung ist ästhetisch nur durch und als sein Ästhetisch*werden*. Subjekt wie Objekt der ästhetischen Erfahrung müssen von der sie konstituierenden ästhetischen Erfahrung her gedacht werden und können darum auch nur in ihrem Bezug aufeinander angemessen verstanden werden. So, wie die ästhetische Erfahrung aufseiten des Subjekts weder als eine das Kunstwerk intentional bestimmende Aktivität noch aber als eine die Vorgaben des Kunstwerks bloß erleidende Passivität richtig beschrieben wäre, kann ihr Objekt weder im Sinne einer schlechthinnigen, jede beliebige Interpretation zulassenden Unbestimmtheit noch aber im Sinne einer in sich stehenden Bestimmtheit gefasst werden. Die Subjekt-Objekt-Logik erweist sich im Blick auf die ästhetische Erfahrung überhaupt als wenig tragfähig.

Um das eigentümliche Implikationsverhältnis von Subjekt und Objekt der ästhetischen Erfahrung jenseits der üblichen Begriffsmechanik zu denken, betont Bubner die Kategorie des ästhetischen Scheins. Schein heißt bei ihm jenes Paradox einer Unabhängigkeit der Werke in der und aus der Abhängigkeit von seinen Interpreten (vgl. 39), dessen Dynamik sowohl Objekt wie Subjekt der Erfahrung verändert: das Objekt, indem es sich auf den Geschehnischarakter öffnet, der es zur Kunst transformiert, das Subjekt, indem es seine eigenen interpretativ-imaginativen Leistungen (wie auch die in ihnen wirksamen kulturellen Prägungen) im Schein der Objekte als fremd erfährt. Das bedeutet indes erneut auch, dass die reflexive Konfrontation des ästhetisch erfahrenden Subjekts mit sich selbst, gegen Kant, nicht als leere Selbstreflexion einer abstrakt »reinen« Subjektivität misszuverstehen ist: »Die Freiheit, ›viel Unnennbares hinzuzudenken‹«, betont Bubner, »verbleibt notwendig im Raum der konkret erfahrenden Subjekte und zielt gar nicht auf Selbsterkenntnis im Stile einer Reflexion der Reflexion. Die ästhetische Erfahrung lernt nie sich selbst begreifen, weil das hieße, sich selbst aufgeben. Sie ist daher als ästhetische Erfahrung dem Schein immer wieder ausgesetzt.« (43)

Die Kategorie des Scheins ist denn auch nach Bubner diejenige Kategorie, die es erlaubt, der herausgestellten Abhängigkeit der offenen Kunstwerke von ihren Interpreten einen genuin ästhetischen Sinn zu geben. Diese Abhängigkeit bedeutet, so haben wir gesehen, nämlich *nicht*, dass sich die Objekte ins Belic ben der Interpreten stellen. Die ästhetische Erfahrung beruht nicht auf einem Verhältnis asymmetrischer Verfügung über das Objekt, vielmehr blockiert sie ein solches, indem sie in jedem Moment bewusst hält, dass »die Kommunikation zwischen Kunstwerk und Rezipienten nie ins Stadium voller Realisierung eintreten kann« (ebd.). Die Distanz, in der uns die Kunstwerke durch ihren Scheincharakter halten, ist Bubner zufolge, wie sich dies bereits auch im Zusammenhang mit Ecos Argumentation nahegelegt hatte, die entscheidende Bedingung der Nähe zu ihnen. Und auch nach Bubner machen die offenen oder entgrenzten Kunstwerke seiner Zeit, die sich so nachdrücklich gegen die »massive Werkkategorie« wenden, nur explizit, was bereits in den der klassischen und Hochmoderne zugerechneten Werken mal mehr, mal weniger deutlich angelegt war. »Viel spricht dafür«, beschließt er seinen Aufsatz, »daß die Untersuchung mit dieser Kategorie [der des Scheins] den innersten Intentionen der Moderne selber auf die Spur kommt. Denn im Zuge der Emanzipationsbewegungen heraus aus dem klassischen Kanon und dem Reglement herkömmlicher Werkgesinnung beginnen die Phänomene geradezu verzweifelt, ihr Scheinhaftes nach außen zu kehren.« (44 f.) Im Unterschied zu Eco betont aber Bubner, dass diese Verzweiflung auch vor dem Hintergrund einer lang andauernden Fremdbestimmung durch die Philosophie, namentlich durch die Wahrheitsästhetik, verstanden werden muss. Die Entwicklung zur Entgrenzung der Kunst und der Künste muss ebenso wie die mit ihr einhergehende Aufwertung des Begriffs der ästhetischen Erfahrung als motivierte Entwicklung, als eine Form des Widerstands gegen jene Fremdbestimmung, verstanden werden. Sie geschieht also nicht allein aus externen, zum Beispiel politischen Gründen, und sie richtet sich auch nicht gegen das Ästhetische überhaupt, vielmehr wendet sie sich nicht zuletzt gegen ein verkürztes Verständnis des Ästhetischen, wie es sich auf unterschiedliche Weise in den philosophischen Wahrheitsästhetiken manifestiert. Die Tendenz zur Entgrenzung der Werke wird von Bubner mithin so gedeutet, dass sie im Namen eines anderen, eines besseren Begriffs des Ästhetischen erfolgt. Im Blick auf die jüngeren Phänomene in der Kunst muss die Philosophie das »Befremdliche und Unverständliche verstehen lernen als etwas, das nicht der schrittweisen Bewältigung harrt und auch nicht an einem utopischen Ende schlagartige Einsicht verspricht« (45), sondern das in seiner autonomen Logik selbst anerkannt werden will.

Allerdings ist dieses Verständnis der Entwicklungen in der jüngeren und jüngsten Kunst trotz der kunsttheoretischen und philosophischen Evidenzen, die für es sprechen, noch weiter erläuterungsbedürftig. So könnten Skeptiker an dieser Stelle erneut einwenden, dass der kunstkritische Diskurs durch die theoretische Umakzentuierung vom Werk auf die Erfahrung auf unhaltbare Weise vernachlässigt wird. Tatsächlich haben wir es aber nicht mit einer Abschaffung des ästhetischen Urteils zu tun, sondern mit einer Verschiebung in unserem Verständnis desselben. Wie jüngst insbesondere Christoph Menke betont hat[28], würden wir das ästhetische Urteil missverstehen, wenn wir es unmittelbar mit dem kritischen Unterfangen der Beschreibung und Analyse verwechselten, das zu einem Urteil über das Gelingen oder Misslingen einer bestimmten künstlerischen Arbeit führte. Denn diese Redeweise setzt voraus, dass das ästhetische Urteil wie unsere sonstigen Urteile als ein (weiteres) bestimmendes Urteil verstanden werden muss. Was das ästhetische Urteil jedoch zum Ausdruck bringt, ist der Umstand, dass der Akt der Bestimmung, der Akt des Urteilens also, selbst reflexiv thematisch – und auf eine als lustvoll erfahrene Weise problematisch – wird. Das ästhetische Urteil zeichnet Objekte aus, die sich den Bestimmungen, die sie provozieren, immer auch wieder entziehen und die dadurch mehr als bloße Objekte für uns sind: Kunstwerke. Das so verstandene ästhetische Urteil, so haben sowohl Bubner als auch Eco gezeigt, erfolgt indes weder jenseits von Beschreibung und kunstkritischer Analyse noch in einem Raum jenseits aller Normativität oder, was das Gleiche ist, von subjektiver Willkür. Es impliziert vielmehr den normativen Begriff einer genuin ästhetischen Rationalität – einer »Rationalität der Irrationalität«[29], wenn man so will – von Kunst, der sich mindestens latent bereits in den vielfältigen künstlerischen Verfahren der Moderne, explizit aber in den offenen Kunstwerken unserer spätmodernen Gegenwart geltend macht.

Das zu sagen heißt auch, dass die (spät-)moderne Konzeption des Werks die Reflexion auf die Historizität von Kunst in seine Formbildung eintreten lässt. Alle Kunst konfrontiert uns mit den historischen und kulturellen Dimensionen unserer Urteilspraxis, indem sie in keiner unserer Bestimmungen je ganz aufgeht. Zugleich behauptet sie damit ihr eigenes historisches Leben, ihre Autonomie. Dieses Leben ist stets konkret (die Rezeptionsgeschichte von Kunstwerken verweist auf konkrete historische Erfahrungen, die sie informieren), erhält sich aber im gleichen Zug eine gewisse Potenzialität, die sie auf eine Zukunft hin offenhält. Dass dieses Spannungsverhältnis von der Ebene der Vogelperspektive auf die Rezeptionsgeschichten einzelner Kunstwerke (an denen man sich klarmachen kann, dass die Qualität eines Werks nicht zuletzt darin besteht, dass es höchst unterschiedliche, ja widerstreitende, aber gleichwohl evidente Interpretationen auf sich zu ziehen vermag) auf eine nicht mehr zu ignorierende Weise bereits in die Erfahrung jeweiliger Werke eingetragen wird, wie dies bei den offenen Kunstwerken der Fall ist, ist dann Zeichen einer tiefen Einsicht in die Eigenlogik, die Autonomie des Ästhetischen selbst.

Darüber hinaus konnte, gegen Kant, deutlich werden, dass das ästhetische Urteil nicht auf die transzendentale Erfahrung von Erkenntnis überhaupt bezogen, sondern als ein Prozess aufgefasst werden sollte, in dem jede konkrete Bestimmung, und zwar aufgrund der mitlaufenden Erfahrung der Potenzialität des Gegenstands, in ihrer Implikation in die sehr konkreten, historisch und kulturell spezifischen Parameter unserer jeweiligen Welthabe thematisch wird. Dann aber stellt sich die weitere, nicht gerade kleinformatige Frage, was aus der impliziten Universalität des ästhetischen Urteils wird, die Kant mit ihm verbunden hatte. Denn die kantische Idee, nach der wir unser ästhetisches Urteil deshalb allen anderen »ansinnen«[30] können, weil diese – wie wir – erkennende Wesen sind, erweist sich dann als zu wenig komplex. Sofern nämlich die ästhetische Erfahrung im Bann des Scheins bleibt, bedeutet dies auch, dass wir uns in der ästhetischen Erfahrung nicht – oder zumindest nie rein – als transzendentale Subjekte thematisch werden, die sich abstrakt in ihren Erkenntnisvermögen erfahren, sondern als je konkrete, und das heißt immer auch: als historisch und kulturell je unterschiedlich situierte Subjekte. Wenn das aber richtig ist, was wird dann aus der sozialen, auf Gemeinschaft bezogenen Dimension des ästhetischen Urteils?

Diese Frage erscheint umso dringlicher, als ein bedeutender Teil der Diskussionen um die Gegenwartskunst das Problem der Gemeinschaft ins Zentrum rückt. Dieses Problem fokussiert nun vorderhand weniger die Frage nach dem Verhältnis von Kunst und Epistemologie als vor allem die nach dem Verhältnis, das die Kunst zu Ethik und Politik unterhält – und dies sind für den Begriff von Kunst natürlich ebenfalls keine bloßen Zusatzfragen. Sie betreffen vielmehr, wie die Frage nach dem Verhältnis von Kunst und Erkenntnis, erneut das Existenzrecht von Kunst überhaupt, ihr Wozu. Unter dem Schlagwort »Partizipation« steht eine aktuelle Diskussion, die durch die Erfahrung von Kunst hindurch ein intersubjektives, ein soziales Moment geltend machen will, das sie für ethische und politische Fragen öffnen soll, in deren Perspektive auch das bislang diskutierte Modell der ästhetischen Erfahrung unter Rechtfertigungsdruck gerät. Denn dieses fokussiert auf Erfahrungen, die je Einzelne mit Kunstwerken machen. Das nächste Kapitel widmet sich sehr unterschiedlichen Diskussionsbeiträgen, denen gemeinsam ist, dass sie die Frage nach der Teilhabe an Kunst als eine doppelte verstehen: erneut als die Frage nach dem Verhältnis von erfahrendem Subjekt und (wie auch immer offenem) Werk, aber zugleich immer auch als die Frage, wie in diese Relation intersubjektive Verhältnisse eingelassen sind, wie solche Verhältnisse hier thematisch oder gar konkret eingefordert werden können.

II. Formen der Partizipation

Das Problem des Bezugs der ästhetischen Erfahrung auf die Dimension des Intersubjektiven ist nicht neu. Neu ist die Weise, wie dieses Problem formuliert wird. Weder nämlich geht es im gegenwärtigen ästhetischen Diskurs – nach kantischem Vorbild – um eine Allgemeinheit, die jedem ästhetischen Urteil deswegen implizit wäre, weil es sich auf eine Erfahrungsweise bezieht, die wir ihrer Struktur nach prinzipiell bei allen anderen erkenntnisfähigen Wesen voraussetzen können. Noch aber geht es hier – nach dem Vorbild der Wahrheitsästhetik – darum, dass wir in der Erfahrung des distinkten Werks an einer Wahrheit von universaler Geltung teilhaben. Wie die erste, die kantische Perspektive, sieht nämlich auch die zweite, die wahrheitsästhetische Perspektive von aller konkreten Subjektivität ab. So ist der ideale Künstler für Adorno einer, der im Werk ein Moment hervortreibt, das es aus seiner Bindung an die Individualität des Künstlers (ihren Ausdruck) heraustreten lässt. Durch die Verpflichtung auf das Projekt, die Kunst in ihre Autonomie gegenüber aller konkreten und also auch der eigenen Subjektivität zu entlassen, soll der »Artist« zum »Statthalter des Gesamtsubjekts«[1] werden. Aus Kunst, schreibt Adorno entsprechend in seiner *Ästhetischen Theorie*, spricht »ein Wir [...] und kein Ich, und zwar desto reiner, je weniger es äußerlich einem Wir und dessen Idiom sich adaptiert«[2]. Partizipation an Kunst heißt aus dieser Perspektive, dass der Betrachter, Hörer, Zuschauer oder Leser im Verhältnis zum Werk ebenfalls seine empirische Situiertheit überwinden und im entäußerten Verhältnis zur Sache an etwas Universalem teilhaben soll.[3] Und sofern diese Teilhabe zugleich als Teilhabe an einem »reinen Wir« verstanden wird, gewinnt das Verhältnis zum Werk überdies eine utopische Färbung. Eine ästhetische Erfahrung machen heißt dann, mit Adornos Formulierung, am »Vorschein von Versöhnung«[4] teilzuhaben.

Die Gegenwartskunst hingegen kehrt sich indes nicht nur, wie wir uns bereits im letzten Kapitel (vor allem in Abschnitt I.2) klargemacht haben, gegen die diesem Gedanken vorausgesetze Idee des distinkten Werks, sondern zugleich auch – und zwar wiederum verstärkt seit den 1960er Jahren, wodurch sich erneut auch die Frontstellung der entsprechenden Entwicklungen gegen das wahrheitsästhetische Verständnis der künstlerischen Moderne bestätigt – gegen die Überfrachtung der Kunst mit dem Projekt, das reine Subjekt einer utopischen »Gesamtgesellschaft«[5] zu antizipieren. Dieses Projekt erscheint vielen Künstlerinnen und Künstlern heute vielmehr ebenso korrumpiert wie die Hoffnungen, die in dieser Hinsicht in die vermeintlich universale Sprache der Abstraktion gesetzt wurden: Ob nun die Randstellung von Frauen in der Kunst des *High Modernism*, die Abgehobenheit dieser Kunst gegenüber proletarischen und anderen Subkulturen oder die weitgehend weiße und westliche Prägung der zu ihr gehörigen Kunstwelt (die sich freilich nicht zuletzt auch und gerade in exotistischen Bezugnahmen auf ihr Anderes manifestiert) jeweils zum Stein des Anstoßes wird – in zu vielen Hinsichten hat sich der wahrheitsästhetische Universalismus als Partikularismus erwiesen. Diese Einsicht ist es nun, vor deren Hintergrund die Frage nach dem Verhältnis der ästhetischen Erfahrung zur Dimension des Intersubjektiven neu formuliert werden muss. Denn diese Dimension kann dann nicht mehr als reine oder abstrakte vorgestellt werden. Vielmehr muss sie auf die jeweilige, das heißt konkrete, kulturell und sozial geprägte Gestalt der Subjektivitäten zurückbezogen werden.

Freilich sehen die theoretischen Antworten auf die Herausforderung einer Neuformulierung der Frage, wie die ästhetische Erfahrung mit der Dimension des Intersubjektiven zusammenzudenken sei, wie sich also die Teilhabe am (offenen) Werk und die am Sozialen zueinander verhalten, sehr unterschiedlich aus. Die unter dem Titel »Partizipation« sich gruppierenden Diskussionsbeiträge befinden sich sogar in offenem Streit miteinander: Während die eine Seite programmatisch vertritt, dass Kunst konkrete Gemeinschaften herstellen und so die unmittelbar politische Leistung sozialer Integration erbringen soll (Abschnitt 1), sieht die andere Seite das ethisch-politische Potenzial der Kunst gerade in der Infragestellung jeweiliger Gemeinschaften (Abschnitt 2). Während die erste Seite das Problem des ästhetischen Urteils zugunsten einer unmittelbaren Gemeinschaftserfahrung suspendieren will, stellt es sich vor dem Hintergrund einer ästhetischen Infragestellung von Gemeinschaft neu.

1. Sozialintegration durch Kunst

Für die erste Position, der zufolge Kunst sich an der Herstellung konkreter Gemeinschaften beteiligen soll, steht seit den späten 1990er Jahren vor allem der Name des Kurators und Kritikers Nicolas Bourriaud. Seine »relationale Ästhetik«[6] richtet sich nicht nur ausdrücklich gegen die wahrheitsästhetische Bestimmung der Kunst zum Statthalter der Utopie, sondern zugleich gegen die Idee der Autonomie von Kunst überhaupt. Statt, wie der wahrheitsästhetische Modernismus, die Kunst vom Leben zu isolieren und die Utopie von der Politik, gelte es, beide in den Raum des hier und jetzt Möglichen, nämlich in eine kommunikative

Praxis zu überführen, die sich als unmittelbar intersubjektive der Standardisierung und Kommodifizierung sozialer Beziehungen entgegenstellt (vgl. Bourriaud, 9). Statt die direkte Erfahrung sozialer Verbundenheit dadurch zu verhindern, dass sie Repräsentationen des Sozialen an dessen Stelle treten lässt, soll die Kunstwelt vielmehr selbst einen Raum für »soziale Experimente« bereitstellen, die die »Uniformität« der üblichen »Verhaltensmuster« sprengt (ebd.). Im Bezug auf das Kunstwerk, oder besser, in der von ihm kreierten Situation soll ein zwischenmenschlicher Austausch stattfinden, der sich von den verdinglichten sozialen Verhältnissen außerhalb der Kunstwelt unterscheidet. Die konkrete Ausstellungssituation soll so zu einer spielerisch realisierten Utopie werden (vgl. ebd.): Statt ihre Betrachter im vereinzelten, weil individuellen Bezug auf einen Gegenstand voneinander zu isolieren, sollen die Betrachter miteinander in Kontakt gebracht und auf diese Weise in soziale Akteure verwandelt werden.

Diese Idee der Produktion sozialer Beziehungen durch Kunst unterscheidet sich in ihrer Selbstbescheidung auf das der künstlerischen Praxis hier und jetzt immer schon erreichbare Publikum freilich eklatant von dem gesellschaftspolitisch weit größeren Anspruch früherer Kunstprogramme. So hat die Gemeinschaft, auf die hier abgezielt wird, nichts mehr mit der Totalität eines politischen Gemeinwesens zu tun. Der Gemeinschaftsbegriff der relationalen Ästhetik ist als temporär beschränkter, partikularer und konkreter dezidiert postutopischer Natur: Kunst soll keine ganz anderen Welten mehr vorstellen, sondern praktisch dazu beitragen, die gegebene Welt *»auf bessere Weise zu bewohnen«* (13). »Es scheint dringlicher«, notiert Bourriaud, »in der Gegenwart mögliche Beziehungen zu unseren Nachbarn zu erfinden als auf ein glücklicheres Morgen zu wetten.« (45) In diesem Geist soll Kunst operieren, sie soll Modelle für konkrete soziale Beziehungen erfinden. Nicht mehr das Verhältnis zwischen Einzelnem und

Werk, Subjekt und Objekt ist hier also entscheidend, sondern das zwischen Subjekt und Subjekt (vgl. 22). Das Werk soll sich dabei auf die Rolle der Vermittlung solcher Inter-Subjektivität zurücknehmen. Entsprechend soll es auch nicht mehr um die Form eines Objekts, sondern um die Formierung einer Situation (vgl. 21), nicht mehr um den Raum der Ausstellung, sondern um die Zeit des Sozialen (vgl. 15), nicht mehr um individuelle Reflexion und ästhetisches Urteil, sondern um kollektive Teilhabe und ergebnisoffene Begegnung gehen (vgl. 22).

Allerdings sind gegen Bourriauds Konzeption engagierter Kunst inzwischen einige ernst zu nehmende Einwände erhoben worden. Bourriauds relationale Ästhetik nämlich ist, erstens, erschreckend blind für die soziale Dimension ihrer eigenen institutionellen Voraussetzungen.[7] So soll die spielerische Realisierung der Utopie sozialer Integration, wie Bourriaud ausdrücklich schreibt (9), im institutionell geschützten Raum der Kunstwelt stattfinden. Sofern aber der Begriff des Spiels hier gerade nicht mehr eine Eigenlogik des Ästhetischen anzeigen, sondern im Sinne eines sozialen Experiments verstanden werden will, das Modellcharakter für das Restsoziale annehmen soll, wiegt der Vorwurf der Institutionenvergessenheit schwer. Denn dadurch zieht sich hinter dem Rücken der Akteure die alte Differenz zwischen Kunst und Leben wieder ein, die die relationale Ästhetik überwunden zu haben glaubt. Jetzt aber nicht mehr als die Differenz des Ästhetischen zum Nichtästhetischen, sondern als soziale Differenz: Zwischen der wie auch immer gelungenen Herstellung sozialer Verhältnisse in den Kunstinstitutionen und den desintegrierten Verhältnissen draußen liegt der Abstand des Privilegs. Dieser Einwand erhält umso mehr Gewicht, als die postutopische Selbstbeschränkung auf kleine, temporär begrenzte Publica mit dem Anspruch gerechtfertigt wird, das utopisch Mögliche von seiner falschen Abstraktion zu befreien und – modellhaft (18) – in eine konkrete Praxis zu überführen. Zwar mag das utopisch Mögliche im Rahmen der modernen Wahrheitsästhetik wirklich zu abstrakt gefasst, zu sehr ins Unmögliche entrückt worden sein, um eine Kraft zur Veränderung in der Wirklichkeit entfalten zu können. Aber es gibt auch das umgekehrte Problem, und dies scheint das der relationalen Ästhetik zu sein: Ihr Mögliches ist immer schon so ins Erreichbare übersetzt, dass es Gefahr läuft, die Wirklichkeit bloß zu perpetuieren.[8] Während die neuen Menschen, die die alten Utopien entwarfen, in der Regel ins Unwirkliche entrückt waren, sind die konkreten Betrachter, an deren soziales Potenzial die relationale Ästhetik appelliert, immer schon da – und zwar als in der Regel privilegierte Mitglieder der internationalen Kunstwelt. Das Modell der Partizipation erweist sich aus dieser Perspektive als höchst problematische »Karikatur der gleichnamigen demokratischen Forderung«[9].

Dazu kommt, zweitens, dass Bourriauds kritische Intuition, der zufolge schematisierte und kommodifizierte Interaktionsformen, wie sie außerhalb der Kunstwelt vorherrschen sollen, durch soziale Experimente in der Kunstwelt aufgesprengt werden müssen, eigentümlich veraltet erscheint – und zwar im Lichte eines einflussreichen Strangs zeitgenössischer Kultur- und Gesellschaftskritik. Denn die entsprechenden Gegenwartsdiagnosen liefern ein ganz anderes Bild als noch diejenigen der 1950er und 1960er Jahre, für die beispielhaft Guy Debords Manifest gegen die *Gesellschaft des Spektakels*[10], auf das sich Bourriaud explizit beruft, aber auch die Kritik an der Kulturindustrie von Adorno und Horkheimer[11] zu nennen wären. So betonte die frühere Kulturkritik, dass die Passivierung und Indoktrination des Kulturkonsumenten und seine Disziplinierung im Arbeitsleben in einem internen Zusammenhang zu sehen sind: Nur derjenige, der sich in seiner Freizeit von schematischen Selbst- und Weltdeutungen überwältigen und auf diese Weise zugleich sozial verarmen lässt, wird seine Arbeitskraft den Anforderungen gemäß einsetzen. In den Bereichen der westlichen Gesellschaften, für die heute von einem Übergang von der Disziplinar- in die Kontrollgesellschaft gesprochen werden kann[12], sind hingegen Originalität, Kreativität, Beweglichkeit, Eigeninitiative und Konnektivität zu entscheidenden Forderungen geworden. Der Einzelne kann unter diesen Bedingungen nur dann am gesellschaftlichen Reproduktionsprozess teilnehmen, wenn er permanent vernetzt, aktiv und autonom agiert. Im Rahmen einer solchen Gesellschaftsformation können Aktivierung, Partizipation, Experiment, Regelbruch aber offenkundig nicht mehr unmittelbar als Widerlager identifiziert werden, im Gegenteil: Es legt sich der Verdacht nahe, dass wir es mit einer grundsätzlich neuen Konstellation von Kultur und Arbeit zu tun haben, in deren Licht der Partizipationsimperativ in der Kunst ebenso wie die Flüchtigkeit und Unbestimmtheit des von ihm produzierten Sozialen zugleich als Effekt wie Modell jenes neuen Anforderungsprofils erscheint.[13] Die Klage über die schematisierenden, passivierenden und isolierenden Effekte der Gesellschaft des Spektakels läuft angesichts dieser Situation jedenfalls tendenziell ins Leere: »Für den heutigen, aktiven Konsumenten, den Zwangsvernetzten, der dauernd aktiv präsent ist, beurteilt, einstuft, antwortet und als networkender Soft-Skills-Virtuose in der heutigen Freizeit-, Service- und Kulturarbeitswelt einem Terror der surrogat-demokratischen Partizipation ausgesetzt ist, wäre ein neuer Begriff überfällig: Partizipation ist das neue Spektakel.«[14]

Nun könnte man Bourriaud jedoch zugutehalten, dass seine relationale Ästhetik auf eine unmittelbare Erfahrung sozialer Beziehungen zielt, die sich auch noch der Kommodifizierung sozialer Verhältnisse unter den Bedingungen des soeben skizzierten »neuen Geists des Kapitalismus«[15] entgegenstellen soll. Der von der Kunst initiierte »zwischenmenschliche Austausch« soll sich von den »Kommunikationszonen« unterscheiden, die uns von außen auferlegt werden (16). Hier tauchen jedoch weitere politische Probleme auf: Bourriaud scheint nicht nur die physische Unmittelbarkeit sozialer Situationen per se schon so positiv einzuschätzen, dass er ihrer wie auch immer flüchtigen Erfahrung emanzipative Sprengkraft zutraut, vielmehr vertraut er ebenso unbedingt der positiven Energie von Gruppen und Gemeinschaften – und seien sie auch noch so klein. Aber, so lautet der dritte gewichtige Einwand, nichts ist unpolitischer als die Forderung nach Gemeinschaft, ohne nach deren je spezifischer Qualität zu fragen[16]; schlimmer noch: Das unpolitisch generalisierte Lob sozialer Verbundenheit birgt selbst ein politisches Problem, und zwar aus der Perspektive der neueren Demokratietheorie, die festhält, dass demokratische Politik nicht zuletzt dort statthat, wo sie sich selbst spaltet, wo also Gemeinschaften in ihrer jeweiligen politischen Gestalt durch ihr Anderes politisch infrage gestellt und zu einer Veränderung gezwungen werden. Im Rahmen solcher Überlegungen hat denn auch die Wendung gegen die großen politischen Utopien eine ganz andere Pointe als bei Bourriaud. Denn in dieser Perspektive zeigt sich ein Problem, das Bourriaud in seinem Glauben an die positive Kraft unmittelbarer und darin, wie er offenbar meint, authentischer Gemeinschaft nicht sieht. Bourriaud erweist sich in diesem Zusammenhang vielmehr – seinem postutopischen Gestus zum Trotz – den alten Utopien gegenüber als nicht kritisch genug.

Denn aus der Perspektive der neueren Demokratietheorie sind die großen politischen Utopien keineswegs nur an ihrer unidealen Umsetzung und also an der korrupten Realität gescheitert. Vielmehr ist die diesen Utopien zugrunde liegende Idee sozialer Authentizität selbst problematisch. Problematisch ist diese Idee, weil sie auch dort, wo sie sich als demokratische versteht, latent oder manifest Züge autoritärer Vergemeinschaftung trägt. Rousseau und Marx sind dafür die wohl einschlägigsten Beispiele. Dieses Problem ist in der Reflexion auf die totalitäre Erfahrung im 20. Jahrhundert ausdrücklich erkannt worden und steht im Zentrum jüngerer Demokratietheorien. In der Linie dieser Theorien stellt sich denn auch das Problem der Demokratien gerade nicht als eines der – durch Repräsentationen verursachten – Teilung der politischen Gemeinschaft in Spekakel und Publikum dar, wie Bourriaud unter Bezugnahme auf Debord argumentiert (9). Während Bourriaud, anscheinend ungerührt von dem eben genannten Stand politischer Reflexion, in der Nachfolge Debords[17] den alten Traum einer sozialen Authentizität jenseits aller Vermittlung weiterträumt[18], geht es in einschlägigen Beiträgen zur politischen Theorie der Gegenwart gerade um die Verteidigung von Vermittlungen, von Repräsentationen und damit einhergehenden Teilungen. Wahre Demokratie, so etwa Jacques Rancière[19], beginnt erst mit dem Ende der mehr oder weniger latent totalitaristischen Vorstellung einer authentischen Identität des demos, des Volkes, mit sich selbst. Denn es gibt den demos nie jenseits seiner politischen Repräsentationen, die ihm erst eine konkrete Gestalt und einen einheitlichen Willen geben. Dies bedeutet aber zugleich, dass das Volk nie vollständig und abschließend mit seinen politischen Repräsentationen zusammenfallen kann. Die Demokratie beginnt deshalb mit der Einsicht, dass die Möglichkeit, die politischen Repräsentationen des demos und seines Willens infrage zu stellen, nicht das geringste unter den Gütern der Demokratie ist. Tatsächlich ist die Demokratie die einzige Regierungsform, in der es erlaubt ist, alles öffentlich zu kritisieren, alles öffentlich infrage zu stellen – einschließlich der jeweiligen Gestalten der Demokratie selbst. Die Geschichte der Demokratie kann dann aber nicht mehr als die einer asymptotischen Annäherung an eine letzte Utopie sozialer Authentizität erzählt werden, in der der demos schließlich so mit sich übereinkäme, dass alle Vermittlung, alle Repräsentation überflüssig wäre, vielmehr muss sie im Sinne einer Dynamik verstanden werden, in der sich die Demokratie immer wieder neu nur im und durch den Streit um die konkrete Bedeutung ihres Begriffs gewinnt.[20]

Bourriaud, so die Kritik, die in dieser Linie argumentiert[21], verkennt nicht nur die ebenso notwendige wie produktive Rolle, die der Konflikt für das Leben der Demokratien spielt, er ist sich auch zu wenig über das problematische Erbe bewusst, das seine Utopie sozialer Authentizität mit sich trägt. Dieser Punkt hält auch noch dann, wenn man einräumt, dass Bourriaud nicht von Versöhnung, sondern von ergebnisoffenem Dialog spricht. Denn die Emphase der ergebnisoffenen Begegnung übergeht gerade denjenigen Punkt, der aus der Perspektive der politischen Philosophie nicht übergangen werden darf: dass wir nämlich immer wieder Bestimmungen vornehmen müssen, um politisch zu handeln – und zwar im besten Wissen und Gewissen *und* im vollen Bewusstsein der Fallibilität unserer immer nur endlichen und daher prinzipiell streitbaren Bestimmungen.

Aus dieser Perspektive legt sich ein zu Bourriaud geradezu entgegengesetztes Verständnis der Politik der Kunst nahe. Kunst stünde dann nicht mehr im Zeichen einer – wie auch immer mikrotopisch auf das Soziotop »Kunstwelt« heruntergebrochenen – Utopie sozialer Authentizität, vielmehr stünde sie nun im Zeichen eines tatsächlich postutopischen, aber gleichwohl keineswegs resignativen, sondern auf Pragmatismus wie Zukunftsoffenheit gleichermaßen verpflichteten Denkens der Demokratie. Kunst und Politik wären in dieser Perspektive lediglich verbunden durch eine Affinität in der Haltung, die ihnen jeweils (und auf je eigene Weise) korrespondiert – eine Haltung selbstreflexiver Abstandnahme und Infragestellung der endlichen Rechtfertigungshorizonte, innerhalb deren wir unsere Bestimmungen des Guten vornehmen. Auf ihre Weise arbeitete die Kunst dann an einer Wahrnehmung aufs Gegebene, die sie mit der emphatisch politischen teilt: Statt bei der scheinbaren Evidenz des unmittelbar Gegebenen stehenzubleiben, wird ihr dies Gegebene zum Problem, einem Problem der Deutung. Die ethisch-politische Funktion der Kunst bestünde dann nicht zuletzt darin, dass sie uns daran erinnert, dass das, was ist, nicht alles ist.

Ironischerweise lassen sich auch einige der von Bourriaud für sein Programm einer relationalen Ästhetik vereinnahmten Positionen in diesem Sinne verstehen. Denn, und dies ist der vierte Einwand, Bourriauds Programm verkennt die ethisch-politische Logik der Arbeiten, die es für sich reklamiert.[22] Schaut man sich die Arbeiten von Rirkrit Tiravanija oder auch von Felix Gonzalez-Torres, beides sind für die relationale Ästhetik paradigmatische Künstler, näher an, so zeigt sich schnell, dass es hier gar nicht, oder zumindest nicht nur, um direkte Partizipation geht – und zwar weder im Sinne einer Teilnahme am Sozialen noch aber um die am Werk –, sondern um die Problematisierung oder Thematisierung von Partizipation oder Teilnahme. Was auch immer man von diesen hinsichtlich ihrer Komplexität überschaubaren Arbeiten im Einzelnen halten mag, sie wollen einfach nicht so recht zu Bourriauds Programm passen, nach dem es die Aufgabe der Kunst sein soll, unmittelbar erfahrbare soziale Situationen zu kreieren.

Dies gilt noch nicht einmal für diejenigen Arbeiten, die vorderhand noch die meisten Kriterien der relationalen Ästhetik erfüllen. So stehen die Aktionen von Rirkrit Tiravanija aus den frühen 1990er Jahren in dem Ruf, wesentlich darauf abgezielt zu haben, Leute zusammenzubringen. Statt Objekte auszustellen, kochte und servierte Tiravanija Ausstellungsbesuchern Suppe. Allerdings erschöpften sich diese Aktionen keineswegs darin, dass die Kunstwelt gemeinsam Suppe löffelte. Wenn dem so gewesen wäre, wären die Arbeiten tatsächlich von einer nachgerade unfassbaren Trivialität und Dürftigkeit – sowohl in politischer wie in ästhetischer Hinsicht. Tiravanija ging es indes offenkundig nicht zuletzt um die soziale Struktur der sich konkret versammelnden Kunstwelt, sie wurde sich hier potenziell selbst zum Gegenstand (welche Positionen werden eingenommen – konkret im Raum und im übertragenen Sinne?); und es ging ihm zugleich darum, die faktische Partikularität einer sich als universal setzenden westlichen Kunstwelt anhand des von ihr Ausgeschlossenen sichtbar zu machen: Es wurde – so denn auch bezeichnenderweise der Titel der Serie dieser Aktionen – *Pad Thai* gereicht. Wovon sind wir also unter diesen Bedingungen Teil? Und wie nehmen wir teil?

Felix Gonzalez-Torres' Arbeiten unterlaufen noch deutlicher als Tiravanijas Aktionen den vordergründigen Impuls zum Mitmachen: Wenn seine aus aufgeschütteten Bonbons bestehende Installation *Untitled* (*Lover Boys*) von 1991 beispielsweise Besucher dazu einlädt, sich einen Bonbon zu nehmen, dann ist diese Einladung im Kontext der verstörenden Information zu sehen, dass das (immer wieder aufgefüllte) Gewicht der Bonbon-Aufschüttung dem des Künstlers und seines Partners Ross Laycock entspricht. Die Arbeit entstand kurz nachdem Laycock an den Folgen einer HIV-Infektion gestorben war. Und auch Gonzales-Torres selbst starb 1996, wie so viele seiner Freunde und Bekannten zuvor, an AIDS. Ob man sich einen Bonbon nimmt oder nicht, ist in diesem Horizont für die Wirkung der Arbeit sekundär. Die unmittelbar praktische Bedeutung von Partizipation wird hier vielmehr gerade untergraben.[23] Stattdessen wird die *Möglichkeit* der Partizipation selbst zum Material einer Reflexion, durch die sich der Besucher in einer Weise mit dem Werk verstrickt, die ihn weit intensiver berühren kann, als es die Reduktion ästhetischer Erfahrung auf praktische Partizipation zu fassen vermag. Auch Bourriaud sind die abgründigen Dimensionen im Werk von Gonzalez-Torres nicht entgangen, tatsächlich hat er von ihnen treffende Beschreibungen gegeben (vgl. 55). Doch stehen diese in einem Spannungsverhältnis zu jenen Passagen, in denen er versucht, aus dem Publikum eines solchen Werks eine wie auch immer temporäre oder fragile Gemeinschaft zu konstruieren. Gerade im Blick auf die Suggestion, am Werk zu partizipieren, ist jedoch hier jede und jeder mit ihm allein.

Während Bourriaud die Auseinandersetzung mit dem Kunstwerk auf eine »private Konsumption« (16) reduziert, um an deren Stelle Prozesse der intersubjektiven Bedeutungskonstitution zu setzen, geht es weder dem Inhalt noch der Struktur nach um die Produktion von Intersubjektivität, sondern um deren reflexive Thematisierung. Die Intersubjektivität, die solche Werke ansprechen, ist weniger die konkrete und zufällige Konstellation des Publikums, das sich zu einem bestimmten Moment vor der Arbeit einfindet; reflexiv thematisch wird, für jede und jeden einzeln, vielmehr jene Intersubjektivität, die unsere Erfahrungen immer schon prägt: der dynamische Horizont unserer kulturellen und sozialen Hintergrundannahmen. Ethisch-politisches Potenzial entfaltet eine solche Arbeit mithin nicht in der Bildung von Zufallsgemeinschaften, sondern in der reflexiven Problematisierung jener intersubjektiv gebildeten Überzeugungen, die uns – auf je unterschiedliche Weise – als historisch und gesellschaftlich situierte Subjekte ausmachen. Gerade weil hier kein temporäres Soziales produziert wird, dem gegenüber die konkrete Ausstellungssituation zurücktritt, sondern vielmehr durch dieselbe temporär eine reflexive Distanz zum Sozialen eingezogen wird, von dem wir bereits Teil sind, unterhält eine solche Kunst Verbindungen zu möglichen Politisierungen dessen, was es heißt, an einer sozialen Praxis teilzunehmen, Mitglied zu sein. Auch im Horizont der zeitgenössischen Norm permanenter Verfügbarkeit in immer neuen sozialen Konstellationen mögen Erfahrungen solcher Distanznahme mehr Sprengkraft entfalten als die der (Selbst-)Aktivierung im Rahmen von weiteren Schauplatzen experimenteller »Relationalität« – mehr Sprengkraft aber wohl auch als die bloße Konfrontation mit sozialen Antagonismen, deren Produktion in undialektischer Reaktion auf die Bourriaud'sche Gemeinschaftsemphase von einigen ihrer Kritikerinnen ebenso von der Kunst gefordert wird wie eine der Harmlosigkeit der relationalen Ästhetik entgegengesetzte Ästhetik der Drastik.[24] Nicht nur ist die Forderung nach einer Produktion sozial antagonistischer Situationen durch Kunst als solche politisch ebenso leer wie die nach sozialer Integration; sie tendiert, wie diese, dazu, die Funktion der Kunst auf die Herstellung sozialer Situationen zu verkürzen.

Sofern mit Blick auf die eben geschilderte Erfahrung von Sprengkraft gesprochen werden kann, wäre es die Sprengkraft einer – nachkantisch verstandenen – ästhetischen Erfahrung, die sich aufgrund ihrer reflexiven Struktur kaum auf private Konsumption reduzieren lässt. An einer Arbeit wie *Untitled* (*Lover Boys*) wird überdies noch einmal anschaulich, dass die reflexive Konfrontation des ästhetisch erfahrenden Subjekts mit sich selbst nicht die leere Selbstreflexion einer abstrakten Subjektivität ist, die sich ihrer Erkenntnisvermögen vergewissert. Vielmehr wird hier einmal mehr evident, was Bubner über die Struktur der ästhetischen Erfahrung festgehalten hatte: Das Subjekt wird hier auf eine von ihm nie vollständig kontrollierbare Weise mit den eigenen Vorurteilen konfrontiert, die sich an den Objekten selbst hervorzukehren scheinen, ohne doch je am Kunstwerk (oder dessen Elementen) einfach objektiv vorhanden oder aber vom Betrachter intentional hineingelegt worden zu sein. Was sich hier zwischen Subjekt und Objekt ereignet, ist ein Prozess, in welchem dem erfahrenden Subjekt am Objekt seine eigenen kulturellen und sozialen Prägungen im Modus des ästhetischen Scheins so entgegentreten, dass es sich reflexiv selbst fremd wird. Es bestätigt sich mit anderen Worten ausgerechnet im Blick auf jene Arbeiten, die nach dem Programm der relationalen Ästhetik für einen Ausstieg aus der vermeintlich überkommenen Logik des Ästhetischen stehen sollen, die erfahrungstheoretisch verstandene Eigenlogik, die Autonomie des Ästhetischen.

Sofern dennoch an der vorsichtigen Rede von einem ethisch-politischen *Potenzial* der ästhetischen Erfahrung festgehalten werden kann, ist dieses gerade aus der Eigenlogik des Ästhetischen, der ästhetischen Differenz zu bestimmen. Dies ist der gemeinsame Einsatz all jener theoretischen Beiträge, die das Soziale weniger als Ziel denn als *Gegenstand* ästhetischer Operationen verstehen. In ihrem Rahmen stellt sich auch das Problem des dem ästhetischen Urteilen impliziten Gemeinschaftsbezugs neu, das Bourriaud durch die Unmittelbarkeit der ergebnisoffenen Begegnung nicht der Einzelnen mit dem Werk, sondern der Einzelnen miteinander ersetzen wollte.

2. Der Doppelcharakter der Teilhabe an Kunst

Die Differenz zwischen dem Programm der relationalen Ästhetik, nach dem die Kunst die Funktion haben soll, soziale Beziehungen zu produzieren, und Ansätzen, nach denen Kunst das Soziale auf spezifische Weise thematisiert, kann sicher am besten anhand von im weitesten Sinne performativen Arbeiten deutlich werden, welche die Ko-Präsenz, die gemeinsame Anwesenheit aller Teilnehmenden an einem Ort für eine bestimmte Zeit voraussetzen, die also ein soziales Moment bereits ihrer Struktur nach einschließen. Dies gilt bereits für traditionelle Theateraufführungen, hat aber, wie vonseiten der Theaterwissenschaft in unterschiedlichen Zusammenhängen Erika Fischer-Lichte[25] und

Hans-Thies Lehmann[26] ausgeführt haben, seit den 1960er Jahren eine neue Qualität angenommen. Denn die Entwicklungen zum offenen Kunstwerk haben auch das Theater erfasst. Immer weniger geht es im Theater der Gegenwart darum, dem Publikum eine geschlossene Welt (die des Dramas) vorzustellen, als vielmehr darum, die *»Theatersituation«* als eine »Ganzheit aus evidenten und verborgeneren kommunikativen Prozessen« (Lehmann, 13) in Formen zu reflektieren, durch die die alten, für das dramatische Theater bestimmenden Gegensätze von Fiktion und Wirklichkeit, Bühne und Zuschauerraum destabilisiert werden: In performativen Anordnungen, in denen es eine deutliche Trennung zwischen Bühne und Zuschauerraum ebenso wenig gibt wie die klare ontologische Unterscheidung zwischen wirklicher und fiktionaler Welt, wird sich nicht nur die (immer auch körperliche) Präsenz der Akteure intensivieren, sie wird auch auf den Zuschauer zurückwirken. Denn der Zuschauer ist dann nicht mehr ein sich im Dunkel versteckender Konsument oder Voyeur, sondern ein – ebenfalls körperlich – Anwesender, der selbst, wenn auch nicht auf gleichberechtigte Weise, auf den theatralen Vorgang Einfluss nimmt. Das geschieht schon durch seine Position im Raum und zu den anderen Anwesenden oder durch geräuschvolle Reaktionen. Jeder Zuschauer wird hier notwendig zum Mitakteur; er kann, schreibt Hans-Thies Lehmann, »gar nicht anders, als durch sein Eintreten in den theatralen Raum für die anderen Besucher zum ›mitspielenden‹ Teil des Theaters zu werden« (223). Gerade weil seine Bewegungen und seine Stellung zu anderen für die Situation und für das Geschehen selbst relevant werden, ist er zugleich aber auf sich zurückgeworfen. Jeder Einzelne wird dann nämlich, so Lehmann weiter, zum *»einzigen Zuschauer*, für den die Spieler und der Rest des Publikums ›sein‹ Theater sind« (ebd.). Hier wird also eine wesentlich individuelle »Reflexion auf Verhaltensformen und interpersonelle Kommunikation« (ebd.)

dadurch erzeugt, dass die Grenzen des ästhetischen Gegenstands – in diesem Fall der Aufführung oder Performance – im Unklaren gehalten werden, wodurch eine Zone der Unbestimmtheit entsteht, die auf die Situation ausgreift, in der das Ereignis stattfindet.

Sofern die alte Trennung zwischen Bühnen- und Zuschauerraum mit der Unterscheidung zwischen fiktivem Bühnengeschehen und realem Zuschauerraum einherging, impliziert die Verunsicherung jener Trennung auch die Destabilisierung dieser Unterscheidung: Alles, was sich hier ereignet, ereignet sich immer auch wirklich und nicht bloß fiktiv – und bleibt dennoch Teil eines Darstellungszusammenhangs. Auch dies gilt bereits für traditionelle Theateraufführungen. Ein Schauspieler, der auf der Bühne hinfällt, tut nicht nur, als ob er hinfiele, er lässt sich wirklich hinfallen (vgl. Fischer Lichte, 297). Aber ein solcher Fall bedeutet im Rahmen des dramatischen Theaters zugleich etwas anderes: den Selbstmordversuch von Gloucester im *King Lear* beispielsweise. Während die für alles Theater konstitutive Gegebenheit einer »fortwährend ›mitspielenden‹ Ebene des Realen« (Lehmann, 171) im traditionellen dramatischen Theater jedoch zumeist überspielt und in der Latenz gehalten wird, wird sie im postdramatischen Theater, in dem keine geschlossene dramatische Welt mehr dargestellt wird, eigens akzentuiert. So, wie jedoch bereits im dramatischen Theater die Ebene des Realen, ohne die es kein Inszeniertes gibt (vgl. Lehmann, 175), wie auch immer latent präsent bleibt und daher auch jederzeit in den Fokus der Aufmerksamkeit rücken kann – etwa wenn momentweise die Leistung der Schauspielerin oder ihr Charisma wichtiger wird als ihre Rolle –, so ist umgekehrt von den postdramatischen Theater- und Performancepraktiken die Inszenierung nie ganz abzuziehen. Es geht hier nicht darum, den Raum der Inszenierung zugunsten einer realen Situation zu überwinden, sondern darum, das Reale, das immer schon Teil der Inszenierung war, ausdrücklich so in die Inszenierung eintreten zu lassen, dass das – latent bereits im traditionellen dramatischen Theater vorhandene – *Spannungsverhältnis* zwischen Realem und Inszenierung betont wird. Dies geschieht besonders deutlich dort, wo die Grenze zwischen Inszeniertem und Realem selbst im Unklaren gehalten wird. Solche Grenzgänge des Theaters lassen reale und inszenierte Momente fortwährend ineinander umschlagen – ohne je deren Spannungsverhältnis zugunsten einer Seite aufzulösen.

Dadurch, dass die Inszenierung im postdramatischen Theater und in der Performance-Praxis der Gegenwart stets ihre eigene materielle Realität mit vorzeigt, wodurch eine gewisse Unentscheidbarkeit zwischen Inszeniertem und Realem erzeugt wird, taucht hier nun auch, anders als im dramatischen Theater, für den Zuschauer die Möglichkeit auf, direkt ins Geschehen zu intervenieren. Der Abbruch des Geschehens ist der äußerste Horizont der Verantwortung, die dem Zuschauer für die Theatersituation nun zugemutet wird. Performances, die es den Zuschauern überlassen zu entscheiden, wann die Situation »kein Spiel« mehr ist und abgebrochen werden muss, dramatisieren das.

2000 stellte der spanische Künstler Santiago Sierra beispielsweise in den Berliner Kunst-Werken dem Vernehmen nach illegal in Deutschland sich aufhaltende Personen in Kartonboxen aus; bei anderen Aktionen ließen sich Vertreter des Prekariats von ihm gegen Geld eine Linie auf den Rücken tätowieren oder die Haare färben.[27] Die Möglichkeit, die Arbeiten nicht in erster Linie moralisch und/oder politisch mit Bezug auf die Lebensbedingungen der in ihnen auftretenden Statisten, sondern als letztlich inszenierte – und also im weitesten Sinne fiktive – Werke zu sehen, ist von ihnen ebenso wenig abzulösen wie ihr Zusammenhang mit der körperlichen und sozialen Realität der Darsteller. Dieser Umstand hat bei Sierras Publikum moralisches Unbehagen ausgelöst. Man warf ihm die Ausbeutung der Darsteller zugunsten eines medienwirksamen Spektakels vor, dessen vermeintlich aufklärerischer Aspekt de facto auf dem Niveau jener heute fürs Privatfernsehen massenweise produzierten Schadenfreudepornografie anzusiedeln sei, in der die *Reality* und *Liveness* der Elenden nur mehr als Schauwert fetischisiert werden.[28] Nun könnte man sich natürlich fragen, ob eine Kunst, die sich selbst so offensichtlich den Zynismus-Stempel aufdrückt, faktisch auch zynisch ist. Man hat den Künstler deshalb mit dem Argument zu verteidigen versucht, dass dieser dem Zynismus der Gesellschaft lediglich den Spiegel vorhält – und also selber gerade nicht zynisch ist. Das allein spräche Sierras Kunst jedoch nicht frei von dem Vorwurf, dass dies auf eine Weise geschieht, die eher Teil des Problems der Ausbeutung denn Teil seiner Lösung ist. Doch übersieht dieser Vorwurf einen entscheidenden Faktor, nämlich den, dass seine Arbeiten durch die Verunsicherung der Grenze zwischen Fiktion und Realität, Kunst und Nichtkunst – anders als die Realityshows im Fernsehen – die Position des Zuschauens oder Betrachtens selbst zum Problem werden lassen. Der Betrachter oder Zuschauer ist hier Teil des Geschehens, ihm kommt mithin eine gewisse Mitverantwortung für die Situation zu. Die moralische Handlung der Befreiung der Illegalen aus ihrer unwürdigen Position unter den Pappkartons liefe allerdings zugleich Gefahr, einen Kategorienfehler der Sorte zu begehen, wie Stanley Cavell ihn im Blick auf den Fall eines hinterwäldlerischen Zuschauers beschreibt, der im Theater die Bühne stürmt, um Desdemona vorm schwarzen Mann zu retten.[29] Aber der Hinweis darauf, dass es sich hier »nur« um Kunst handelt, ist offenkundig ebenso wenig instruktiv. Die Pointe der Arbeit ergibt sich vielmehr gerade aus der Unbehaglichkeit einer Situation, welche die Sicherheit der Betrachter- oder Zuschauerposition in dem Maße infrage stellt, wie die Grenze zwischen Ästhetischem und Nichtästhetischem, Kunst und Nichtkunst, Fiktion und Realität zum Gegenstand eines zweifelsohne ernsten ästhetischen Spiels wird. Dafür gibt es zahllose weitere Beispiele: Man kann etwa an Yoko Onos bekanntes *Cut Piece* denken (das sie zum ersten Mal 1964 performte), in dem sie ihr Publikum aufforderte, ihr die Kleider vom Leib zu schneiden – und dieses auch entscheiden ließ, wie weit es dabei gehen wollte. Ein weiteres, in der Theaterwissenschaft besonders häufig zitiertes Beispiel ist in dieser Hinsicht Marina Abramovićs Performance *Lips of Thomas*[30] (die sie 1975 zum ersten Mal ausführte), bei der Abramović unter anderem ein Glas in ihrer Hand zerbrach, sich mit einer Rasierklinge einen fünfzackigen Stern in den Bauch ritzte und so lange auf einem Kreuz aus Eisblöcken liegen blieb, bis das Publikum intervenierte. Einen nicht minder drastischen Grenzgang zwischen Ästhetischem und Nichtästhetischem, Fiktion und Realität unternahm Christoph Schlingensief (*Bitte liebt Österreich!*, 2000), als er im Rahmen der Wiener Festwochen im ersten Wiener Bezirk ein Container-Gelände errichtete, das zwölf Asylbewerber beherbergte, deren Leben nach dem Modell des Reality-TV-Formats *Big Brother* nicht nur durch sechs Kameras von der teilnehmenden Öffentlichkeit dauerobserviert werden konnte, sondern über deren Schicksal dieselbe Öffentlichkeit – ebenfalls nach dem Vorbild von *Big Brother* angeblich auch entscheiden konnte: Täglich schienen zwei Kandidaten aus dem Container gewählt und abgeschoben zu werden. (Ebendieser Teil war freilich, bei aller tatsächlichen Publikumsbeteiligung, wie allerdings erst hinterher bekannt wurde, inszeniert.)

All diesen konzeptuell sehr unterschiedlichen Arbeiten – immerhin reicht das Spektrum vom spektakulär Politischen (Schlingensief) bis zum ritualhaft Esoterischen (Abramović) – ist jedoch strukturell gemeinsam, dass sie denjenigen, der mit ihnen konfrontiert wird, in eine Krise stürzen. Denn durch die unterschiedlichen künstlerischen Strategien wird für ihn fraglich, ob er es (noch) mit einer Inszenierung zu tun hat, die er als Zuschauer beobachten kann, oder aber (schon) mit Wirklichkeit, in die es handelnd zu intervenieren gilt – wobei beide Auflösungen gleichermaßen problematisch erscheinen: Der wie auch immer moralisch motivierte Abbruch des Geschehens negierte die künstlerische Produktion; der formalistische Genuss an ihm negierte die Wirklichkeit, die hier mit auf dem Spiel steht. Worum es bei solchen Produktionen geht, ist offenbar gerade die Erzeugung einer Spannung zwischen diesen beiden Einstellungen – der praktischen und der formalistischen –, durch die der Zuschauer, wie Erika Fischer-Lichte formuliert, »*zwischen* alle hier aufgerufenen Regeln, Normen, Ordnungen« (Fischer-Lichte, 309) gerät. Ästhetische Erfahrung wird damit, so Fischer-Lichte, zur »Schwellenerfahrung« (305). Der Effekt des ästhetischen Spiels mit der Grenze ist indes nicht, wie der der Ritualforschung entlehnte Begriff der Schwellenerfahrung zunächst suggerieren mag, eine Transformation des Zuschauers in dem Sinne, dass er seine Zuschauerposition am Ende zugunsten einer anderen – praktischen – Haltung überwindet, auch wenn einige Performances, wie etwa Abramovićs *Lips of Thomas* (Fischer-Lichtes Lieblingsbeispiel), auf diesen Moment als ihr Ende kalkulieren. Ihr ästhetisch-politisch-ethisches Potenzial beziehen diese Arbeiten nicht aus der praktischen Auflösung, sondern aus der Spannung, die ihr vorhergeht. Anders als im Ritual ist die Schwellenerfahrung hier nicht bloß Übergangsmoment im Dienste eines Prozesses, an dessen Ende eine (neue) soziale Identität steht; vielmehr geht es darum, die Unsicherheit der Schwellenerfahrung selbst ästhetisch zu isolieren und ihr reflexives Potenzial freizusetzen. Denn diese Erfahrung lässt die Position des Zuschauens, wie auch das moralische Problem des Voyeurismus, das sich in außerästhetischen Zusammenhängen mit ihr verbinden kann, thematisch, wenn nicht problematisch werden. Politisch sind solche Arbeiten dann jedoch in keinem direkten Sinne, sondern eher indirekt oder potenziell – und zwar aufgrund der durch sie ermöglichten reflexiven Vergegenwärtigung von lebensweltlich konventionalisierten Haltungen und Einstellungen. Ob solche Reflexionen tatsächlich zu einer Bewusstseinsänderung führen, die in praktische Aktion übergeht, ist dann jedoch eine Frage, die nicht von der Kunst selbst entschieden wird.

Wie aber die zeitgenössischen Theater- und Performancepraktiken nur eine Spannung – die zwischen Inszenierung und »mitspielender« Realität – thematisch bearbeiten, die bereits im traditionellen dramatischen Theater, wenn auch nur latent, wirksam war, so unterstreichen sie auch nur auf besonders drastische Weise eine Paradoxie, die die Betrachtung aller dezidiert welthaltigen Kunst mal mehr, mal weniger ausdrücklich durchzieht. Alexander García Düttmann hat in seinem Buch über die Teilnahme an Kunst[31] darauf aufmerksam gemacht, dass solche Kunst genauso ein Moment des unmittelbaren Glaubens an die von ihr eröffnete Welt fordert wie eine diesen Glauben brechende Aufmerksamkeit für ihre Vermitteltheit als Kunst. Kunst ereignet sich dann, sofern die paradoxe Einheit dieser beiden Seiten anerkannt, und das heißt: deren Spannung ausgetragen wird. Teilhabe an Kunst hat aus dieser Perspektive, wie García Düttmann sagt, einen »Doppelcharakter«[32], der nach keiner seiner Pole, weder nach der Seite des Inhalts noch aber nach der Seite der Form, aufgelöst werden kann, ohne damit zugleich die ästhetische Erfahrung zu beenden.

Das zu sagen heißt auch, dass das Ästhetische im Blick auf die Kunst der Gegenwart nicht mit Formalismus kurzgeschlossen werden kann – und man mag dies durchaus erneut auch als einen Fortschritt im Verständnis des Ästhetischen werten. Die künstlerischen Praktiken der Gegenwart suspendieren nicht das

Ästhetische zugunsten des Realraums politischen oder moralischen Handelns, sondern insistieren vielmehr auf einem anti-formalistischen Verständnis des Ästhetischen: Eine ästhetische Erfahrung zu machen heißt nun, Erfahrung zu erfahren, das heißt: den lebensweltlich bekannten Erfahrungswelten im Modus einer reflexiven Distanz neu zu begegnen.[33] Diese Wirkung tritt deshalb ein, weil sich auch die realitätsgesättigste Kunst nicht einfach in Leben auflöst, als wiederholte Kunst bloß das Leben – nur ohne den Anspruch, selbst unmittelbar wirklich zu sein. Vielmehr besteht das autonome Leben der Kunst in einer Dynamik, welche die Einseitigkeiten formalistischer oder ausschließlich am Inhalt orientierter Einstellungen negiert, einer Dynamik, von der sich der Betrachter oder Zuschauer nicht ausnehmen kann. Das Kunstwerk entsteht und erhält sich dann einzig durch ein *beständiges Übergehen* zwischen Form und Inhalt. Das zeigt sich gerade an jenen Arbeiten nachdrücklich, die deren Spannungsverhältnis so zuspitzen, dass sich beide Seiten sowie die ihnen korrespondierenden Einstellungen bis zur Unerträglichkeit bestreiten, ohne sich doch je vollends voneinander zu emanzipieren. Gerade weil auch noch denjenigen Arbeiten, die ein Reales mit hervorkehren, zugleich immer ein Moment des Scheins, des Als-ob, anhaftet, wird der an ihnen Teilnehmende auf sich, sein Verhalten, seine Wahrnehmung sowie die ihnen zugrunde liegenden sozialen Deutungsschemata zurückgestoßen. An Kunst reflektiert sich unsere Teilnahme als Frage.

Diese Logik greift auch und gerade dort, wo die ästhetische Erfahrung starke Empfindungen und Gefühle involviert. So gibt es unzweifelhaft eine Reihe von künstlerischen Arbeiten, und zwar nicht nur im Bereich des Theaters und der Performance, die es geradezu darauf anlegen, beim Betrachter oder bei der Betrachterin emotionale Wirkungen wie Scham, Ekel, Furcht, Mitleid oder Ähnliches hervorzurufen. Weil aber, wie García Düttmann insistiert, die unbestreitbare Realität dieser Gefühle zugleich sich bricht am Bewusstsein des Scheins, weil also die von der Kunst geforderte Aufmerksamkeit für ihre Vermitteltheit als Kunst der Unmittelbarkeit der emotionalen Reaktion widerstreitet, die sie gleichwohl provoziert (vgl. García Düttmann, 98-111), tritt in der Erfahrung solcher Arbeiten immer auch die *Vermitteltheit* der entsprechenden Emotionen mit hervor. Man kann hier beispielsweise an die sogenannte *Abject Art* denken, eine Kunst, die unter anderem mit Materialien arbeitet oder diese evoziert, die als verunreinigend gelten (wie Kot, Urin, Blut, Erbrochenes). Entsprechend hat diese Kunst bei ihren Betrachtern nicht selten Ekelreaktionen hervorgerufen und doch im selben Zuge sozial- und kulturwissenschaftliche Diskussionen über die gesellschaftliche Konstruiertheit des Ekelhaften beziehungsweise Verworfenen (des Abjekten) ausgelöst. Ähnliches ließe sich sicher mit Blick auf die künstlerische Auseinandersetzung mit dem Gefühl der Scham sagen, wie sie etwa in Yoko Onos *Cut Piece* eine Rolle spielt. Generell gehören Emotionen, anders als Instinkte und Reflexe, so ist von der Philosophie der Emotionen zu lernen[34], keiner Schicht an, die gewissermaßen unterhalb oder vor der Ebene des Bedeutens liegt. Vielmehr sind Emotionen selbst von Bedeutung; sie sind auf vielfache Weise mit unseren Annahmen über die Welt verwoben, und das heißt: von einer normativen sozialen Praxis geprägt, die immer auch sprachlich vermittelt ist. Man hat gelernt, sich zu schämen oder Ekel zu empfinden. Und man hat dies in Bezug auf bestimmte Situationen oder Objekte gelernt. Emotionen sind nicht unabhängig von den Situationen oder Objekten, die sie auslösen – beziehungsweise von unseren Annahmen über sie. Situations- und Objektdeutungen geben den emotionalen Erregungen gemeinhin vielmehr erst einen konturierenden Sinn. Ohne ihr Worüber respektive die Interpretation dieses Worübers zu kennen, wird man kaum entscheiden können, in welcher emotionalen Verfassung sich einer befindet. Emotionen lassen sich also auf bestimmte Situations- oder Objektevaluationen zurückführen; ebenso aber ist das Umgekehrte denkbar, dass die mit Emotionen verbundenen Körperwahrnehmungen auf unsere Situations- und Objekteinschätzungen zurückwirken: Weil ich rot werde, nehme ich die Situation erst als beschämend wahr; weil ich Herzklopfen bekomme, bemerke ich, dass mein Verhältnis zu X doch nicht so neutral ist, wie ich dachte. Die Objekte unserer Emotionen sind folglich ebenso Auslöser wie auch Produkte von Emotionen. In jedem Fall aber ist ein dynamischer Zusammenhang zwischen Emotionen und einer evaluativen Dimension der Objekt- und Situationswahrnehmung, auf die diese sich beziehen, nicht zu bestreiten.

Der Zusammenhang zwischen Emotionen und den normativen Orientierungen, die unsere Wahrnehmung bis in ihre affektive Dimension hinein prägen, wird in der ästhetischen Erfahrung nun mit einer gewissen Notwendigkeit vergegenwärtigt. Aufgrund des Doppelcharakters der Teilhabe an Kunst, aufgrund der »spannungsgeladenen Gleichzeitigkeit eines doppelten Verhaltens« (García Düttmann, 100) zu ihr, bleiben nämlich unsere unmittelbaren Reaktionen auf das Dargestellte an eine dazu gegenläufige Aufmerksamkeit für die Darstellung ausgesetzt, die auch ihre Wirkungen auf uns reflexiv distanziert. Das reduziert diese Wirkungen nicht selbst zum Schein, perspektiviert sie aber in einer Weise, dass ihr Zusammenhang mit kulturellen und sozialen Deutungsmustern thematisch werden kann.[35] Ebendeshalb mögen Fälle, bei denen wir die Wirkungen der Kunst gewissermaßen am eigenen Leibe erfahren (und uns flau wird, wir Gänsehaut bekommen, rot werden oder Ähnliches), sogar in besonderem Maße zu etwas wie einem Bewusstsein über die gesellschaftliche Vermitteltheit noch des scheinbar Unmittelbaren führen.

Indem sie auf solche Erfahrungen zielt, wendet sich die Kunst der Gegenwart nun aber unabweisbar explizit gegen die Idee einer durch die Objektivität der Sache gebundenen Neutralität des Zuschauers, wie sie für die wahrheitsästhetische Konzeption ästhetischer Erfahrung zentral gewesen war. Während Teilhabe an Kunst aus der Perspektive der Wahrheitsästhetik bedeutet, dass der Rezipient durch die Versenkung ins Werk seine empirische Subjektivität überwindet, wird er in seiner Erfahrung bedeutender Stränge der Gegenwartskunst immer wieder an seine empirische Situiertheit verwiesen. Sie wird in den entsprechenden Erfahrungen weniger transzendiert denn reflektiert.

Das hat Konsequenzen auch für die Praxis des Urteilens. Man kann sich die Verschiebung, die zu denken nun notwendig wird, gut an der Figur des professionell Urteilenden, des Kritikers klarmachen. Traditionell wurde der Kritiker als jemand vorgestellt, der seine Autorität durch eine Distanz zum Objekt etabliert, die seine Neutralität garantieren soll – so, als ob die Grenzen dieses Selbst und jenes Objekts stabil wären. Der so verstandene ideale Kritiker ist nicht nur objektiv, also von Vorurteilen möglichst frei, er zeigt auch möglichst wenig affektive Reaktionen, vor allem keine heftigen wie beispielsweise Scham, Erregung, Angst oder Ekel. Neutralität ist nach dieser Vorstellung eine Voraussetzung für die kritische Urteilspraxis.[36] In den letzten Dekaden wurde dieses Modell der Kritik, wie wir gesehen haben, durch die Kunst enorm unter Druck gesetzt – sei es durch polarisierende Inhalte, durch die auf die Heterogenität der Kunstöffentlichkeit verwiesen wird, also darauf, dass die Erfahrungen, die hier gemacht, und die Urteile, die hier gefällt werden, immer schon von verschiedenen sozialen Hintergründen beeinflusst sind, sei es dadurch, dass die künstlerischen Produktionen auf einen affektiven Distanzverlust des Zuschauers zielen. Beide Strategien zwingen uns dazu, der Implikation unserer jeweiligen, stets auch körperlich konkreten, empirischen Subjektivität in die Objekte unseres Urteilens gewahr zu werden.

Dies geschieht indes genau in dem Maße, wie ein bestimmendes Urteil gerade ausgesetzt ist (etwa weil, wie in den genannten Beispielen, bereits der Status der Situation unklar gelassen wird). Das ästhetische Urteil bezieht sich auf eine Erfahrung, in der die Kategorien unseres evaluativen Weltbezugs problematisch werden. Wenn es im ästhetischen Urteil einen impliziten Bezug auf Gemeinschaft gibt, weil es den »Beitritt anderer erwartet«[37], so wäre es die Gemeinschaft derer, denen die Selbstgewissheit ihrer eigenen Urteilspraxis suspekt geworden ist; es wäre eine Gemeinschaft, die gerade keiner Figur der Einheit verpflichtet ist, sondern eine Gemeinschaft, die sich selbst auf die Möglichkeit ihrer Infragestellung überschreitet.

Nicht zufällig unterscheidet sich dieses Verständnis der Gegenwartskunst eklatant von den beiden einflussreichsten Theaterästhetiken der Moderne: der von Antonin Artaud auf der einen, der von Bertolt Brecht auf der anderen Seite. Beide sind nämlich von einer Annahme geprägt, die von der ästhetischen Operation der Reflexion außer Kraft gesetzt wird: Sowohl Artaud als auch Brecht setzen die Position des Zuschauers mit konsumistischer Passivität und voyeuristischer Distanz gleich, weshalb sie ihr – auf je unterschiedliche Weise – die Vision eines »Theaters ohne Zuschauer« entgegensetzen, wo die Anwesenden zu aktiven Teilnehmern werden sollen.[38] Während Artaud die Distanz des Zuschauers zum Bühnengeschehen durch dessen lebendige, gleichsam viszerale Beteiligung an seinem *Theater der Grausamkeit* auflösen wollte, ging es Brecht mit seinem *epischen Theater* darum, die konsumistische Distanz des Publikums in eine analytische Distanz zu transformieren und dieses damit in eine Gemeinschaft von Urteilenden. In beiden Fällen handelt es sich um Formen des Theaters, die den Schein der theatralen

Inszenierungen bekämpfen, in dessen Bann das traditionelle Theaterpublikum angeblich passiviert wird – im einen Fall (Artaud) geschieht dies im Namen einer Erfahrung kollektiver Energien, im anderen (Brecht) im Namen einer kollektiven Erkenntnis über den Zustand der Gesellschaft.

In einem im Zusammenhang mit der Diskussion um Partizipation in der Kunst vieldiskutierten Beitrag hat Jacques Rancière die unproduktive und schiefe Gleichsetzung von Zuschauen und Passivität kritisiert. Jedoch tut er dies mit einem Argument, das sich nicht aus dem Ideenreservoir der Ästhetik, sondern aus dem der Pädagogik speist: Die von Brecht und Artaud geteilte Vorstellung eines passiven Publikums, das es zu aktivieren gilt, ähnele nämlich traditionellen Vorstellungen von Pädagogik, denen zufolge es die Aufgabe des Lehrers sein soll, den Abstand zwischen seinem eigenen Wissen und dem Unwissen der Schüler aufzuheben. Doch setze diese Vorstellung erst den Abstand, dessen Überwindung sie anzustreben vorgibt. Statt die Schüler lediglich als Unwissende wahrzunehmen, müsse es einer »Praxis intellektueller Emanzipation« (Rancière, 20) aber um die Anerkennung des Umstands gehen, dass es keine Position reiner Unwissenheit gibt, weil jeder immer schon »einen Haufen Dinge weiß, die er selbst gelernt hat, indem er um sich geschaut und gehört hat, indem er beobachtete und wiederholte, sich irrte und seine Fehler ausbesserte« (19). Die Praxis intellektueller Emanzipation versteht sich denn auch nicht als asymmetrische Belehrung, sondern als ein Prozess der Übersetzung, in dem der Lehrende dem Lernenden dabei hilft, das noch nicht Gewusste zum bereits Gewussten in ein Verhältnis zu bringen. Das Verhältnis zwischen Lehrer und Schüler ist also keines von asymmetrischen Positionen, sondern verläuft über ein Drittes, »ein Buch oder irgendein Stück Schrift, [...] auf die sie sich beziehen können, um gemeinsam zu verifizieren, was der Schüler gesehen hat, was er darüber sagt und was er davon denkt« (25).

Analog argumentiert Rancière nun für die Theaterpraxis. Die moderne Theaterästhetik nimmt das Publikum als passiv und letztlich dumm an, weil es den Trugbildern erliegen soll, die das Theater ihm vorsetzt, ohne die von den theatralen Repräsentationen verstellte Wahrheit seiner eigenen Gemeinschaft zu erkennen. Weshalb ein Theater, das dieser Voraussetzung folgt, an einer Aufhebung seiner eigenen Vermittlungen (in Energie oder politische Erkenntnis) interessiert sein muss: Der im Bann des Scheins vereinzelte und passivierte Zuschauer soll so der Wahrheit kollektiver Praxis zugeführt werden – auch wenn die zeitgenössischen Protagonisten dieser Theaterauffassung vielleicht selbst nicht mehr so genau wissen, welche Form das Kollektiv in ethischer oder politischer Hinsicht wünschenswerterweise eigentlich genau anzunehmen hätte. »Je weniger der Theatermacher weiß, was das Kollektiv der Zuschauer machen soll, desto mehr weiß er, dass sie auf jeden Fall als Kollektiv handeln, ihre Zusammenhäufung in Gemeinschaft umwandeln sollen.« (26) Dabei übersieht jedoch die moderne Theaterästhetik wie die traditionelle Pädagogik einen entscheidenden Punkt – der Zuschauer sei nämlich in gewisser Weise immer schon ein Handelnder: »Auch der Zuschauer handelt, wie der Schüler oder der Gelehrte. Er beobachtet, er wählt aus, er vergleicht, er interpretiert. Er verbindet das, was er sieht, mit vielen anderen Dingen, die er gesehen hat, auf anderen Bühnen und an anderen Arten von Orten.« (23 f.) Statt davon auszugehen, dass man das Publikum aktivieren muss, indem man ihm seine Rezeptionsweise vorschreibt, müsse eine emanzipative Theaterpraxis mit der Anerkennung des Publikums als einer Zusammenhäufung von freien Interpreten beginnen. Jeder Zuschauer mache sich vor dem Hintergrund seiner eigenen Biografie interpretierend eine eigene Version des Theaters, das er sieht, und sei also immer schon aktiv (vgl. 24 f.).

Jedoch bleibt dieses Argument, das zweifellos zu Recht die Freiheit des Interpreten gegenüber den Intentionen des Theatermachers hervorhebt, selbst eigentümlich dem kritisierten antitheatralen Diskurs verpflichtet. Denn es negiert, wie dieser, die ästhetische Differenz, die das Dritte, das eine Theateraufführung ist, von einem theoretischen Text oder einem politischen Ereignis unterscheidet. Konsequenterweise rückt Rancière die Theateraufführung denn auch neben alle möglichen anderen Gegenstände, denen wir nun einmal aus unterschiedlichen Perspektiven begegnen: »[I]n einem Theater, vor einer Performance, ebenso in einem Museum, einer Schule oder auf einer Straße, gibt es immer nur Individuen, die ihren eigenen Weg durch den Wald der Dinge, Handlungen und Zeichen gehen.« (27) Entsprechend ist aber mit dem Hinweis, dass die Aufführung wie alles andere auch als ein Bezugspunkt verstanden werden sollte, auf das sich ein Kollektiv aus irreduzibel differenten Individuen beziehen kann, für das *ästhetische* Verständnis des Theaters wenig gewonnen.[39] Tatsächlich spielt der theatrale Schein, gegen den sich die von Rancière kritisierten Theaterästhetiken gewendet hatten, im Rahmen dieser Argumentation gar keine Rolle mehr. Verteidigt wird von Rancière nämlich nicht der ästhetische Schein, sondern die Urteilsfähigkeit des heterogenen Publikums. Die Distanz, um deren Verteidigung es Rancière zu tun ist, ist mithin auch nicht die ästhetische Distanz, sondern die aufgrund unterschiedlicher Erfahrungshintergründe immer und überall gegebene Distanz zwischen den Einzelnen, eine Distanz, die nie aufgehoben, sondern lediglich in einem Prozess der Übersetzung produktiv gemacht werden kann. Wie Brecht bestimmt auch Rancière das Theater als einen Ort des Lernens und Urteilens – mit dem Unterschied seiner Annahme, dass es hier statt einer vom Theatermacher intendierten Wahrheit viele individuelle Wahrheiten zu erkennen gibt.

Partizipation an Kunst, so hat sich in diesem Abschnitt jedoch gezeigt, bedeutet weder bloß passives Konsumieren, noch aber ist sie aufgrund ihrer reflexiven Struktur schlicht dessen Gegenteil: ein aktives Lernen, eine wie auch immer emanzipierte Aneignung des Gezeigten. Vielmehr bricht sich die interpretierende Wahrnehmung der Situation oder des Objekts immer wieder an einer Aufmerksamkeit für deren formale Vermittlung, steht der unmittelbare Bezug aufs Dargestellte immer in einem Spannungsverhältnis zu einem Bewusstsein für die Mittel der Darstellung, wodurch wir nicht nur gegenüber dem Gegenstand unserer Wahrnehmung in einer Distanz gehalten werden, die spezifisch für ästhetische Gegenstände ist, sondern auch reflexiv auf unsere individuellen Erfahrungshorizonte und die sie prägenden evaluativen Kategorien zurückgestoßen werden, vor deren Hintergrund wir die Welt (immer schon interpretierend) wahrnehmen. Weil sie – wie dies auf besonders drastische Weise in den genannten performativen Praktiken der Gegenwart der Fall ist – offenlassen, wie wir ihnen begegnen sollen, wird an ihnen eine Dynamik zwischen Form und Inhalt in Gang gesetzt, in der sich jede Selbstgenügsamkeit des Urteilens zersetzen muss. Damit steht die ästhetische Erfahrung in einem gewissen Spannungsverhältnis auch noch zu Rancières Verständnis einer »kollektiven Macht« der Zuschauer, einer Macht nämlich, »die jeder oder jede hat, das, was er/sie wahrnimmt, auf seine/ihre Weise mit den intellektuellen Abenteuern zu verbinden, die sie jedem ähnlich macht, insofern dieses Abenteuer keinem anderen gleicht« (27). Denn die ästhetische Erfahrung unterbricht den Automatismus, mit dem wir solche Verbindungen vornehmen, um uns auf diese Weise an die Notwendigkeit einer Übersetzungsarbeit zu verweisen, die nicht nur unsere verschiedenen Perspektiven auf den Gegenstand betrifft, sondern auch noch die Kategorien, von denen diese geprägt sind.

Eine solche Erfahrung, so haben wir gesehen, stellt sich potenziell dort ein, wo Partizipation durch künstlerische Interventionen reflexiv thematisch wird. In den performativen Arbeiten der Gegenwart vollzieht sich dies häufig durch offene Formen, die, wie Lehmann es ausgedrückt hatte, auf die »*Theatersituation*« als eine »Ganzheit aus evidenten und verborgeneren kommunikativen Prozessen« (Lehmann, 13) ausgreifen, und zwar in einer Weise, die das traditionelle Guckkastentheater hinter sich lässt – nicht um das Zuschauen zugunsten einer vermeintlich lebendigeren, einer energetischen Beteiligung gänzlich zu überwinden oder um die Asymmetrie zwischen Produzenten und Rezipienten außer Kraft zu setzen, sondern um das Zuschauen als eine Form der Partizipation neben anderen ins Bewusstsein zu heben. Erreicht wird dies nicht zuletzt durch die Doppelstellung, die dem Publikum nun zukommt, denn es ist ein Publikum, von dem sich jeder Teil in Zuschauer und Statist spaltet, insofern jeder die Situation als sein Theater wahrnimmt, zugleich aber für die anderen Teil der theatralen Situation ist. Neu ist dabei freilich nicht der Anspruch, die Beziehung von Bühnengeschehen und Publikum (das Problem der sogenannten vierten Wand) einer künstlerischen Bearbeitung zu unterziehen – das gilt bereits für die modernen Theaterästhetiken –, neu ist vielmehr die Weise, wie dies geschieht: Denn das Publikum wird hier in die Spannung – zwischen Inszeniertem und Realem – einbezogen, die auch den Gegenstand ihrer Betrachtung durchzieht. Sofern es, wenn auch nicht auf gleichberechtigte Weise, an der *Produktion* einer Aufführung teilnimmt, geschieht dies folglich ebenfalls auf doppelte Weise: Es konstituiert die Aufführung als Publikum, das ihr beobachtend gegenübersteht (andernfalls höbe sich die Aufführung als Aufführung auf) und ist doch zugleich selbst Teil und *Medium* derselben.

Die Performance-Theoretikerin Shannon Jackson hat darauf hingewiesen, dass die performativen Praktiken der Gegenwart damit auch in einem Zusammenhang mit Diskussionen um die Erweiterung des Medienbegriffs zu sehen sind, wie sie vor allem im Kontext der bildenden Kunst seit den späten 1960er Jahren geführt werden.[40] Während der Modernismus der Nachkriegszeit von einem Medienbegriff geprägt war, der sich auf die jeweiligen Spezifika der in den traditionellen Künsten gebräuchlichen Darstellungsmittel bezog, hat sich dieser im Blick auf die Gegenwartskunst radikal entgrenzt. Als »Trägermedium« von Kunst gelten nun nicht mehr allein die traditionellen künstlerischen Darstellungsmittel, vielmehr wird nun, wie der Kunsthistoriker W. J. T. Mitchell anmerkt, ein ganzes »Träger-System« (*support system*)[41] – bestehend aus Atelier, Galerie, Museum, Sammlern, Händlern und Kritikern – ausgemacht, das der Kunst keineswegs äußerlich ist, sondern auf die eine oder andere Weise ins künstlerische Phänomen selbst fällt und die Rezeption beeinflusst. Es ist deutlich, dass der Begriff des Trägers beziehungsweise *supports* damit bereits weit ins Soziale hineinragt, und es ist nur konsequent, dass Shannon Jackson die Überkreuzung der sozialen und politischen Bedeutung des Begriffs mit der medientheoretisch-formalen für einen wichtigen Einsatz der Gegenwartskunst hält. In der Tat ließe sich die Geschichte der Entwicklungen, die zu dem heutigen Stand der Kunst geführt haben, als eine Geschichte der – immer weiter reichenden – künstlerischen Aufmerksamkeit für die materiellen Bedingungen erzählen, welche die Kunst tragen – von den Darstellungsmitteln über die räumlichen Aufführungs- oder Ausstellungsgegebenheiten zu den institutionellen und schließlich den weiteren sozialen und kulturellen Rahmenbedingungen von Kunst. Freilich sind all diese Dimensionen immer schon miteinander verschränkt. Aber unter ihnen verbergen sich auch jeweils für sich genommen so komplexe Diskussionen, dass es sich lohnt, sie getrennt zu betrachten. Das nächste Kapitel (III.) wird sich deshalb zunächst der im engeren Sinne medienästhetischen Diskussion um die Frage widmen, welche Bedeutung den Darstellungsmitteln für den Begriff von Kunst heute noch zukommt und was das für die traditionelle Einteilung der Kunst nach Künsten bedeutet, bevor dann – im letzten Kapitel (IV.) – verschiedene Aspekte zu besprechen sein werden, unter denen Kunst sich auf ihre weiteren Rahmen und auf das bezieht, was als ihr Anderes hinter diesen liegt.

III. Der Plural der Kunst

Das Projekt einer Gattungstheorie der Künste steht heute unter einem enormen Rechtfertigungsdruck. Erstens haben sich die traditionellen Kunstgattungen intermedial aufeinander geöffnet. Die Gegenwartskunst ist voll von hybriden Werken, die sich nicht mehr hinreichend aus der Entwicklungslogik einer Kunst erklären lassen. Solche Werke situieren sich vielmehr zwischen den Künsten und sperren sich damit ganz offensichtlich der gattungstheoretischen Einteilung der Kunst nach Künsten. Darüber hinaus aber hat die Kunst auch, zweitens, traditionell eher kunstfremde Elemente – industriell Gefertigtes, Dinge des Alltags, neue Technologien – in sich aufgenommen, so dass der Status der alten Kunstgattungen mit ihren Darstellungsformen und -medien für den Begriff von Kunst überhaupt fraglich wird. Blickt man auf den gegenwärtigen Stand der bildenden Kunst, so kann, wie es scheint, alles Kunst werden: Treibholz am Straßenrand (Olafur Eliasson, *Berliner Treibholz*, 2009-10) ebenso wie der Sound schnurrender Katzen (Terry Fox, *The Labyrinth Scored for the Purrs of 11 Different Cats*, 1977), kommunikationsfreudige Museumswärter (Tino Sehgal, *This Is So Contemporary*, 2005) oder auch – und dieses frühe, anachronistisch auf die Gegenwart vorgreifende Beispiel ist in der kunsttheoretischen Diskussion dieses Problems bekanntermaßen zum Klassiker avanciert – ein Urinoir (Marcel Duchamp, *Fountain/Fontaine*, 1917).

Durch diese Situation werden zwei miteinander verbundene Grundsatzfragen aufgeworfen. Erstens: Was definiert die Kunst, wenn sie nicht mehr durch die Gattungen definiert wird? Und zweitens: Welcher Status kommt den traditionellen Kunstgattungen noch zu, wenn die Produktion von Kunst nicht mehr notwendig in ihrem Rahmen stattfindet? Stellt sich die Gegenwartskunst tatsächlich, wie die Kunsthistorikerin Rosalind Krauss argumentiert hat, in das Zeichen des »Postmedialen«[1]? Ist Kunstproduktion heute wirklich schlicht adisziplinär? Gesetzt, es wäre etwas Wahres dran an derart zugespitzten Diagnosen, bedeutete dies zugleich, dass eingetreten ist, was die modernistische Ästhetik als »nominalistische Situation«[2] kritisiert hat – dass nämlich Kunst herunterkommt auf das, was willkürlich Kunst genannt wird? Dies wäre eine Situation jenseits von begrifflicher Bestimmung, historischer Entwicklung und kritischem Diskurs: eine ästhetische Posthistoire.

Nun haben wir in den vorstehenden Kapiteln bereits Ansätze kennengelernt, die diesen kulturpessimistischen Bedenken den Wind aus den Segeln nehmen. Wie wir gesehen haben, hat die philosophische Kunsttheorie und Ästhetik, und zwar unter anderem in Reaktion auf die Entwicklungen zu offenen Werkformen, eine Wende vollzogen, nach der die Spezifik der Kunst, ihre Autonomie, erfahrungstheoretisch gefasst wird. Das hat, wie wir gesehen haben, keine Abwendung von der Kategorie des Werks zur Folge, vielmehr impliziert es deren Neufassung im Sinne einer Prozessualisierung: Das Werk erscheint erst in der und als die Dynamik, die sich zwischen ihm und einem auf es bezogenen Subjekt entfaltet. Das erfahrungstheoretische Verständnis ästhetischer Autonomie impliziert folglich ebenso wenig eine Abkehr von Überlegungen über die Verfasstheit ästhetischer Gegenstände. Denn es hat sich gezeigt, dass die zeitgenössische Kunst die Bedingung der konstitutiven Funktion, die der Erfahrung nach diesem Verständnis zukommt, anerkennt und an ihren – nicht zuletzt deshalb offenen – Formen ausdrücklich reflektiert. Damit bringt sie indes nur eine Bedingung *aller* Kunst heraus, deren Anerkennung überdies, worauf insbesondere Umberto Eco und Rüdiger Bubner hingewiesen haben, bereits die Poetik der bedeutungsoffenen modernen Kunst bestimmt. Die Entgrenzungstendenzen, die der Kunst seit den 1960er Jahren ihr entscheidendes Gepräge geben, halten, so könnte man auch sagen, der künstlerischen Moderne durch die Kritik von deren wahrheitsästhetischer Theorie die Treue. Die entgrenzte Kunst der Gegenwart erschließt damit zugleich andere Anfänge (in) der Moderne: Sie macht sichtbar, dass bereits in der modernen Kunst Impulse zur Entgrenzung zu verzeichnen sind, die man heute wohl nur deshalb einer mit der Moderne brechenden Postmoderne zuzuschlagen geneigt ist, weil sie von einflussreichen Strängen der modernistischen Kunsttheorie verstellt oder zumindest marginalisiert wurden.

Dieser Zusammenhang ist nun auch in Bezug auf die Entgrenzung der Kunstgattungen näher in den Blick zu nehmen. Denn vor dem Hintergrund des genannten theoretischen Paradigmenwechsels stellt sich die Frage nach dem Status der alten Kunstgattungen und ihrer Theorie nur umso nachdrücklicher. Welche Bedeutung kommt der gattungstheoretischen Aufmerksamkeit für die Verschiedenheit der künstlerischen Darstellungsmittel und -medien heute noch zu? Diese Frage ist deshalb von systematisch zentraler Bedeutung, weil die gattungstheoretische Aufteilung der Kunst nach Künsten und deren medienspezifische Reflexion für den Kunstbegriff der modernistischen Kunsttheorie und Ästhetik absolut unhintergehbar scheint. Es ist deshalb zunächst ein kurzer Abriss über die gewichtige Position nötig, welche die Frage der Medienspezifik in jenen modernistischen Ansätzen einnimmt, bevor nach der Gestalt gefragt werden kann, die das Problem der Medienspezifik im Zeichen der Entgrenzung der Künste, also im Blick auf die Gegenwartskunst, annimmt (Abschnitt 1).

Die den gattungstheoretischen Rahmen sprengende Vielfalt der zeitgenössischen Produktionen bedeutet indes freilich eine Herausforderung nicht nur im Blick auf die Frage, wie medien- und gattungstheoretische Probleme heute formuliert werden müssen, sondern auch eine im Blick auf den Status der Gattungstheorie für den Kunstbegriff überhaupt. Während weite Teile der modernistischen Kunsttheorie auf der Überzeugung basieren, dass es Kunst nicht als abstrakt allgemeine, sondern nur als konkrete, und das heißt für sie: im Rahmen der *jeweiligen* Künste mit ihren verschiedenen Darstellungsmitteln respektive -medien geben kann, stellt sich die Frage nach dem Verhältnis von Allgemeinem (der Kunst) und Besonderem (ihrer jeweiligen konkreten Gestalt) heute nicht mehr im Rahmen der Gattungstheorie, sondern im Blick auf die Singularität der einzelnen Werke. Dies aber heißt nichts Geringeres, als dass auch der Plural der Kunst heute grundsätzlich neu gedacht werden muss (Abschnitt 2).

1. Medienspezifik, Verfransung, Intermedialität

Nicht zufällig fällt der Name des US-amerikanischen Kunstkritikers Clement Greenberg besonders häufig, wenn es darum geht, die Gegenwartskunst entschieden vom Modernismus abzugrenzen. Nicht nur ist der Einfluss von Greenberg bis heute enorm, auch erweisen sich seine Urteilskriterien als besonders inkompatibel mit dem Entwicklungsstand der zeitgenössischen Kunst. Umso schlimmer für die Gegenwartskunst, hätte Greenberg vermutlich gesagt, und einige in seiner Tradition stehende Kunstkritiker argumentieren auch tatsächlich so – weshalb es zunächst gilt, Greenbergs Argument ernst zu nehmen, will man die Gegenwartskunst gegen dieses verteidigen.

Denn auch Greenberg antwortet zunächst einmal auf ein für alle Kunsttheorie und Ästhetik zentrales Problem, nämlich auf die Frage, ob – und wenn ja: wie – sich die Autonomie der Kunst begründen lässt. Diese Frage wird natürlich erst in der Moderne wirklich dringlich, also in dem Moment, in dem sich die Kunst von ihrem Dienst an Kirche und Staat entbunden sieht. Mit ihrem funktionalen Autonomwerden tritt nämlich der beunruhigende Gedanke auf, dass der Kunst damit ebenso gut die Existenzberechtigung genommen sein könnte. Man muss jetzt den Nachweis erbringen, dass die Kunst einen eigenständigen Wert besitzt, den es zu verteidigen lohnt. Und das muss man vor allem, wie Greenberg nicht anders als Adorno überzeugt war, gegen die Gefahr tun, dass Kunst zu einem Konsumartikel unter anderen verkommt, dass sie zur Unterhaltung wird.

Nun hat Greenberg die Frage nach dem Eigenwert der Kunst in einer bestimmten Weise verstanden, nämlich als die Frage, ob es einen rein ästhetischen, nur der Kunst vorbehaltenen Gegenstandsbereich gibt, der sich von allem anderen abgrenzen lässt. Die sehr berühmte Antwort, die er auf diese Frage gegeben hat, lautet, dass es einen solchen, genuin ästhetischen Gegenstandsbereich nur hinsichtlich der *spezifisch* künstlerischen Medien beziehungsweise Darstellungsmittel geben kann, wie es sie in jeder Kunst, aber in jeder Kunst anders gibt – weshalb Greenberg die Geschichte des Autonomwerdens von Kunst als eine Geschichte der zunehmenden Besinnung der einzelnen Künste auf die Spezifik ihrer jeweiligen Darstellungsmittel erzählt hat.[3] In diesem Zusammenhang steht sein berühmtes Diktum, dass die Essenz der Malerei letztlich im Ausdruck der Flächigkeit der Leinwand bestehen muss, weil sie sich damit von der Dreidimensionalität der Skulptur ebenso absetzt wie von der Narrativität der Literatur. Jeder Kunst ist es damit aufgegeben, die Spezifika ihrer Darstellungsmittel zum Ausdruck zu bringen, und zwar mit dem

Ziel, ihre eigene Identität gegenüber den anderen Künsten und gegenüber ihrem nicht-künstlerischen Außen zu festigen. Festzuhalten ist hieran, dass Greenberg die Autonomie der Kunst mit der unverwechselbaren Identität der einzelnen Künste identifiziert. Die durch die Künste je gesondert zu leistende Reflexion auf ihre Medien erfolgt dann im Namen ihrer Autonomie und steht strikt im Dienst der Sicherung der jeweiligen Gattungsidentität. Konsequenterweise lehnte Greenberg jede Form intermedialer Kunst ab.[4]

Einwenden ließ sich gegen Greenbergs Position, dass es zu großen Verkürzungen führt, wenn man die Essenz der Malerei mit bestimmten Eigenschaften ihrer Darstellungsmittel oder ihrer, wie Greenberg auch sagt, »Trägermedien« (*support*) – also zum Beispiel mit der Flächigkeit der Leinwand – kurzschließt. Denn ein solcher Ansatz muss selbst noch aus derjenigen Malerei, die er für seine Theorie reklamiert, wie der Malerei Jackson Pollocks, Dimensionen ausschließen, die für diese ebenso konstitutiv sind wie der die Flächigkeit der Leinwand betonende *Overall*-Effekt: So eröffnet sich in Pollocks *Drip Paintings* etwa aufgrund der Farbschichtungen durchaus auch eine zur Betonung der Bildoberfläche gegenläufige Raumillusion, auch ist das Spiel zwischen Linie und Fläche ein wichtiges Thema dieser Arbeiten, die überdies abstrakt nur in einem Sinne genannt werden können, der nicht schlicht das Andere der Figuration meint, sondern auf diese bezogen bleiben. Wenn es tatsächlich das Projekt der modernen Malerei gewesen wäre, allein die Flächigkeit der Leinwand zum Ausdruck zu bringen, wäre dies Projekt vermutlich bereits mit dem von Greenberg geschätzten Maler Morris Louis an ein Ende gekommen. Louis' (ebenfalls nicht auf diesen Aspekt reduzierbare) Malerei ist dafür bekannt geworden, verflüssigte Farbe so in die Leinwand einsickern zu lassen, dass man kaum noch von Farbe auf Leinwand sprechen kann. Flacher malen lässt sich kaum.

Jedoch ist nicht nur die Konsequenz eines solchen Endpunkts der Malerei an Greenbergs Fassung der Autonomie der Kunst problematisch.[5] Es wird mit ihr auch begrifflich unterschätzt, dass die malerischen Darstellungsmittel durch die Künstler immer wieder neu erschlossen werden. Welche Aspekte der Darstellungsmittel, die Pinsel, die Leinwand, die Farbe, die für die Malerei wesentlichen sind, variiert mit der Malerei, die mit diesen Mitteln umgeht.[6]

Aber auch dort noch, wo die modernistische Kunsttheorie, anders als Greenberg, die jeweilige Essenz der Künste statt in bestimmten Eigenschaften ihrer Medien, in der Geschichte des künstlerischen Umgangs mit ihnen gesucht hat, ist sie seiner Intuition gefolgt, dass es Kunst nur *innerhalb* der Künste geben kann.[7] Wie die von Greenberg beeinflusste modernistische Kunstkritik in den USA hält auch die nachkriegsmodernistische Kunsttheorie und Ästhetik in Deutschland am System der Künste fest. So standen die Abwehrschlachten, die der in der Tradition Greenbergs sich verstehende Kunsthistoriker und -kritiker Michael Fried und der Philosoph Theodor W. Adorno auf den entgegengesetzten Seiten des Atlantiks Ende der 1960er Jahre gegen die Entgrenzung der Künste führten, im Zeichen der Überzeugung, dass es Kunst nur im Rahmen der traditionellen Kunstgattungen, durch eine wie auch immer kritische Fortschreibung ihrer *jeweiligen* Traditionen geben kann.

Adornos diesem Problemzusammenhang gewidmeter Aufsatz »Die Kunst und die Künste«[8] nimmt hier indes eine sehr interessante Position ein, weil die dort vertretenen Thesen zunächst einem Gattungspurismus Greenberg'scher Prägung zu widersprechen scheinen. So wird die Autonomie der Kunst bei Adorno, ganz anders als bei Greenberg, nicht zuletzt gebunden an die Idee ihres Widerstands gegen die konventionellen Erwartungen, die über das entscheiden wollen, was noch Kunst ist und was nicht. Und in dieser Perspektive erscheint ihm gerade die Einteilung der Kunst nach Künsten als eine besonders hartnäckige Konvention, von der sich die Kunst um ihrer Autonomie willen befreien muss (vgl. Adorno, 434f.).

Das ist der Hintergrund für Adornos Verteidigung dessen, was er die »Verfransung« der Kunstgattungen nennt. Man kann sich gut klarmachen, was mit diesem Begriff gemeint ist, wenn man an zwei nebeneinander liegende Teppiche denkt, deren Fransen sich so miteinander verwickelt und verknotet, eben verfranst haben, dass ein Übergang zwischen ihnen entsteht. Dennoch bleibt es für Adorno entscheidend, dass die Verfransung, die an ihren Rändern entsteht, nicht gleich auch die Teppiche mit auflöst. Denn Adorno verteidigt eine Entwicklung, die aus der Auseinandersetzung mit den medialen Spezifika je einer Kunst hervorgeht. Und hier nähert er sich der Position Greenbergs wieder an. Anders als Greenberg ist Adorno zwar nicht daran interessiert, den Gattungen eine festumrissene Identität zu sichern. Vielmehr geht er davon aus, dass die Ausdifferenziertheit der Künste als *Ausgangspunkt* authentischer, was bei ihm so viel heißt wie ernst zu nehmender, künstlerischer Produktion unhintergehbar ist. Diese Überzeugung wurzelt in der geschichtsphilosophischen Annahme, dass die Ausdifferenziertheit der Künste und das Prinzip der Arbeitsteilung in der bürgerlichen Gesellschaft in einem internen Verhältnis zueinander stehen. Denn dieses Prinzip trenne nicht nur die Menschen voneinander, sondern zerlege auch jeden Einzelnen noch einmal für sich – je nach Stellung innerhalb einer arbeitsteilig organisierten Gesellschaft würden nämlich nicht zuletzt die Sinnesorgane der Einzelnen je unterschiedlich entwickelt.[9] In diesem Zusammenhang steht auch Adornos Kritik am Gesamtkunstwerk. Das Gesamtkunstwerk erzeugt Adorno zufolge einen im Blick auf die Realität der bürgerlichen Gesellschaft *falschen* Eindruck von Einheit – der Künste wie der ihnen korrespondierenden Sinne –, einen Eindruck, der die faktischen Differenzen zwischen den historisch ausdifferenzierten Künsten und den bei den Einzelnen je unterschiedlich disparaten Entwicklungsstand der Sinne bloß verdeckt – ohne doch diese Inhomogenitäten tatsächlich aufheben zu können. Zu diesem geschichtsphilosophischen Argument tritt aber noch ein weiteres, kunstkritisches, hinzu. Denn die historische Ausdifferenzierung der Künste impliziert für Adorno, dass es Materialgerechtigkeit nur dort geben kann, wo die Künstler sich auf die je anders gelagerten Probleme einlassen, die sich innerhalb einer Kunst stellen. Nur eine solche Spezialisierung versetze den Künstler in die Lage, sich schließlich in der Logik der Sache selbst zu überschreiten und das Kunstwerk auf eine Dimension von universaler Geltung zu öffnen.[10] Deshalb ist Adorno am Ende, wie Greenberg, der Meinung, dass es Kunst nur innerhalb der Künste geben kann (vgl. 448). Beide Positionen sind in dieser Hinsicht absolut modern zu nennen.

Folglich sollten Adornos ausnehmend freundliche Kommentare zu den Verfransungstendenzen der Kunst seiner Zeit keinesfalls als Bruchstücke für eine affirmative Ästhetik intermedialer Phänomene insgesamt missverstanden werden.[11] Denn er stellt an die Kunstproduktion, wie Greenberg, den Anspruch einer höchst spezialisierten Auseinandersetzung mit den medialen Eigenschaften je einer Kunst; mit dem Unterschied, dass diese Reflexion hier nicht mehr in erster Linie der Abgrenzung gegenüber den anderen Künsten dient, sondern durchaus auch Übergänge zwischen ihnen sichtbar machen soll. Allerdings geht es dann ausschließlich um solche Übergänge, die in den jeweiligen Medien selbst angelegt sind. Beispiele für Verfransungsphänomene in Adornos Sinne wären die Reflexion auf die grafische Qualität von Schrift durch die konkrete Poesie oder die grafische Qualität musikalischer Notationen durch die dann auch so genannten grafischen Notationen, die Betonung des klanglichen Aspekts der Sprache bei James Joyce sowie etwa die Thematisierung der immer auch dreidimensionalen und also latent skulpturalen Qualität der aufgespannten Leinwand durch Frank Stellas *Shaped Canvases*. Mit seinem Fokus auf derartige Phänomene geht es Adorno offenkundig keineswegs um eine Verabschiedung der Gattungslogik, sondern um deren umfassenderes Verständnis. Aus einer Analyse der Interaktion *zwischen* den Künsten soll ein genaueres Verständnis ihrer *Unterschiede* gewonnen werden. Es geht um intermediale Beziehungen, die für die infrage stehenden Gattungen grundlegend, oder wie Martin Seel im Anschluss an Adorno formuliert hat: *konstitutiv*, also für ihre jeweiligen Eigenarten wesentlich sind.[12] Dabei zeigt sich, dass solche Beziehungen der Künste untereinander nicht beliebig sind; nicht jede Kunst übernimmt für jede andere dieselbe konstitutive Funktion. Denkt man noch einmal an das Bild der miteinander verfransten Teppiche, erhält man nun eine bestimmte Anordnung, in der keineswegs jeder Teppich mit jedem anderen verbunden ist. Es ergibt sich eher so etwas wie eine Landkarte der Künste in ihrer Stellung zueinander, die deren jeweilige Identität nicht bestreitet, sondern im Gegenteil genauer charakterisiert.

So interessant solche Phänomene sind, so sehr muss man doch sehen, dass sie im Horizont des traditionellen Künstesystems verbleiben, das von der Gegenwartskunst verstärkt infrage gestellt wird – und mit ihm die es stützende modernistische Kunsttheorie. Denn die Kunst hat sich, wiederum verstärkt seit den 1960er Jahren, in einer Weise entwickelt, dass sie die frühen Verfransungsphänomene weit hinter sich lässt: Sie springt mit der Inszenierung von Alltagsdingen (Readymades) oder der Inszenierung von Ideen (Konzeptkunst) ganz aus dem System der Künste heraus, sie montiert aufgefundene Elemente der weiteren visuellen Kultur mit traditionellen Darstellungsformen, sie bedient sich außerkünstlerisch genutzter Technologien, und sie stellt intermediale Hybride her, bei denen sich nicht mehr angeben lässt, welche der angespielten Gattungslogiken und korrespondierenden Sinne die jeweils dominanten sein sollen.

Bereits im Blick auf die zuletzt genannte Entwicklung, und das ist der hier zunächst wichtige Punkt, kommt die modernistische Theoriebildung, sofern sie noch am System der Künste festhält, an eine Grenze. So kritisierte Michael Fried die Minimal Art unter anderem dafür, dass ihre einfachen Formen sich einerseits auf die Tradition der Malerei, andererseits auf die der Skulptur beziehen lassen, ohne sich eindeutig einer Seite zuzuschlagen.[13] Tatsächlich spricht die Minimal Art eine optische Erfahrung ebenso an wie eine taktile, ohne das Spannungsverhältnis beider Erfahrungsmodalitäten aufzuheben. Noch deutlicher als bei dem von Fried besprochenen Kubus von Tony Smith (*Die*, 1962/1968) wird dies Spannungsverhältnis vielleicht bei den minimalistischen Faden-Installationen von Fred Sandback, die sich häufig als bildhafte Konstellation zarter Linien auf neutralem Grund ebenso anblicken wie als Intervention in die Architektur des Ausstellungsraums taktil[14] erfahren lassen.

Bereits an diesem Beispiel wird indes deutlich, dass die intermedialen Produktionen der Gegenwartskunst nicht nur das System der Künste unterlaufen, sondern auch den Einheitsanspruch des Gesamtkunstwerks. Während das Gesamtkunstwerk die Integration der Künste in eine geschlossene Einheit nur durch eine Unterdrückung der Differenzen zwischen ihnen erreichen konnte, steht die zeitgenössische Intermedialität im Zeichen des offenen Kunstwerks, sie wendet sich damit geradezu programmatisch gegen solche Schließungen. Die meisten der heute hybridintermedial arbeitenden Künstlerinnen und Künstler sind nicht auf die Herstellung eines einheitlichen Gesamteindrucks aus, sondern im Gegenteil interessiert daran, Differenzen zwischen den jeweiligen Medien sowie den von ihnen angesprochenen Sinnen und Erfahrungsdimensionen in ihren Arbeiten hervorzutreiben.

Auch solche Arbeiten stehen nun aber einer Reflexion auf die jeweils involvierten Medien keineswegs entgegen. Die Frage der Medienspezifik erneuert sich an ihnen vielmehr in dem Maße, wie sie nicht mehr an die Voraussetzung gebunden bleibt, dass ihre Reflexion strikt innerhalb des Terrains je nur einer Kunst zu verbleiben hat. Gerade im Blick auf Arbeiten, bei denen die Frage der Zuordnung zu einer der angespielten Künste nicht mehr entscheidbar ist, kommt es zu einer Konfrontation der jeweiligen Eigenlogiken und unterschiedlichen Traditionen, die für deren Verständnis gewinnbringend sein kann. Das alte System der Künste bleibt hier als Interpretationsfolie präsent, ohne dass seine identitäre Logik jedoch noch die Kunstproduktion selbst bestimmen könnte. Sofern die Arbeiten gerade aufgrund ihrer Hybridität einen neuen Blick auf die in ihnen verwendeten Medien und aufgerufenen Traditionen ermöglichen, kann sich freilich auch der umgekehrte Effekt einstellen, dass die Folie selbst zum Gegenstand der Interpretation wird. Von den intermedialen Produktionen her wird mit anderen Worten neues Licht auf den Begriff der alten Künste geworfen. Um dieser Herausforderung kunstwissenschaftlich gerecht werden zu können, muss freilich der erhabene Standpunkt eines philosophischen Systems aufgegeben werden, von dem her sich gewissermaßen vorab die Identität der Künste und entsprechend auch die der Werke angeben lassen soll. Vielmehr bedarf es nun einer in die Dynamiken der künstlerischen Praxis involvierten und dabei wesentlich auf einen interdisziplinären Austausch zwischen den Kunstwissenschaften angewiesenen Kunst-Komparatistik.

Einer solchen liefert die Gegenwartskunst allerdings reichhaltiges Material: ob durch die Konfrontation unterschiedlicher künstlerischer Medien und gattungsspezifischer Traditionen in neuen Hybridbildungen oder durch die Thematisierung älterer Darstellungsmittel in neueren (der Malerei im Film beispielsweise). Tatsächlich ist die Rolle der Technologien und neuen Medien in diesem Zusammenhang nicht zu unterschätzen. So hat bereits die Aufnahme von Fotografie und Film in den Verbund der Künste die alte Gattungstheorie erheblich irritiert, denn mit den Möglichkeiten dieser Bildmedien verbindet sich auf der Ebene ihrer Nutzung keineswegs selbstverständlich ein Kunstanspruch. Gleiches gilt für das Medium der Digitalität, durch dessen Vermittlung Sprache und Musik ebenso wie (bewegte und unbewegte) Bilder und neuerdings sogar – mit Hilfe von 3D-Druckern – dreidimensionale Objekte produziert werden können. Mit diesen Entwicklungen lockert sich der enge Zusammenhang, den die modernistische Kunsttheorie zwischen Trägermedium und Kunstproduktion behauptet hatte. Das, was medial gegeben ist, steht hier nicht mehr notwendig in einem internen Zusammenhang mit dem, was künstlerisch relevant ist. Für eine theoretische Beschäftigung mit der Gegenwart der traditionellen Künste bedeutet dies zum einen, dass sie nicht mehr ohne ausdrückliche Thematisierung auch der medientechnologischen Formate auskommen kann, in denen sich die alten Künste heute neu begegnen. Zum anderen betont diese Konstellation einmal mehr, dass sich die auf die jeweiligen Medien beziehungsweise Darstellungsmittel bezogene Theorie der Künste und die Theorie der Kunst nicht mehr wechselseitig *absichern* können, wie dies noch für die modernistische Kunsttheorie der Fall war.

So ist bereits die hybride, zwischen Skulptur und Malerei changierende Minimal Art einem Kunstverständnis verpflichtet, das die Autonomie der Kunst weder, wie Greenberg, mit der Identität der alten Kunstgattungen noch aber mit der Adorno'schen Idee kurzschließt, nach der es authentische Kunst deshalb allein innerhalb der traditionellen Künste geben soll, weil deren Ausdifferenzierung geschichtsphilosophisch als direkter Spiegel einer arbeitsteilig organisierten Gesellschaft gedeutet werden müsse. Der Umstand, dass sich die intermediale Gegenwartskunst nicht mehr in diesen geschichtsphilosophischen Rahmen einspannen lässt, bedeutet allerdings nicht zwangsläufig, dass damit auch der Gedanke der Materialgerechtigkeit hinfällig wird, vielmehr spielt der kenntnisreiche Bezug auf die verschiedenen Traditionen der Künste und die Möglichkeiten ihrer Medien auch für die intermedialen Produktionen der Gegenwartskunst eine wichtige Rolle. Jedoch ist er nicht mehr allein für deren Kunststatus entscheidend. Denn die Eigenlogik, die Autonomie des Ästhetischen, die aus einem Objekt ein Werk macht, so noch einmal die Überzeugung der Kunsttheorie und Ästhetik, die die Entgrenzungstendenzen in der Kunst ernst nimmt, lässt sich weder mit dem Hinweis auf die Beschaffenheit künstlerischer Darstellungsmittel noch auf eine bestimmte Weise ihrer Bearbeitung begründen, sondern muss ganz anders, nämlich erfahrungstheoretisch gefasst werden. Ihr Widerstand gegen objektivistische Bestimmungen ästhetischer Autonomie, von denen die gattungstheoretische freilich eine besonders markante Spielart ist, verbindet die intermedialen Produktionen mit jenen, die sich gänzlich aus dem System der Künste herausbewegen. Wie wir im nächsten Kapitel (IV.) noch verschiedentlich sehen werden, bedeuten auch deren Grenzgänge keineswegs, dass die Auseinandersetzung mit der gesellschaftlichen Dimension der sie tragenden Bedingungen ausgesetzt wird, vielmehr wird sie nun radikal über die Thematisierung der künstlerischen Darstellungsmittel und -medien hinaus erweitert.

Aufgrund seiner geschichtsphilosophischen Prämissen hat Adorno jedoch diese Entwicklungen nicht mehr in seine Ästhetik integrieren können. Auch im Blick auf Adornos Begründung einer Unhintergehbarkeit der Gattungslogik scheint vielmehr zu greifen, was Bubner im Blick auf die künstlerischen Entgrenzungstendenzen insgesamt festgestellt hatte, dass diese nämlich der philosophischen Fremdbestimmung der Kunst einigen Widerstand entgegensetzen. Alles deutet darauf hin, dass auch die Entwicklung zur Entgrenzung der Künste, anders als dies von den Verfallsdiagnosen der modernistischen Kritiker nahegelegt wird, nicht aus einer Frontstellung gegen die Autonomie des Ästhetischen, sondern aus Einsicht in seine spezifische Logik erfolgt. Allerdings treten in diesem Zusammenhang nun neue Gesichtspunkte in den Blick – Gesichtspunkte, an denen erneut deutlich wird, dass die Gegenwartskunst nicht mit der modernen Ästhetik insgesamt bricht, sondern allein mit jenen Strängen, die die Eigenlogik des Ästhetischen verstellen.

2. Das ästhetische Recht der Singularität

Eines der vielleicht auffälligsten Charakteristika der Gegenwartskunst ist die Vielfalt ihrer Erscheinungsformen, eine Vielfalt, der durch gattungstheoretische Einordnungen offenkundig nicht mehr, oder nur sehr bedingt, beizukommen ist. Zwar gibt es noch die mal mehr, mal weniger stabilen Felder der traditionellen Künste, aber mit dem Begriff der Gegenwartskunst verbinden wir gemeinhin einen Stand der Kunstproduktion, der sich in sie nicht mehr harmonisch eingliedern lässt. Das stimmt auch dann noch, wenn man der Komplikation Rechnung trägt, dass der genannte Stand aufgrund institutioneller und ökonomischer Logiken noch an die Organisationsformen ebendieser Felder zurückgebunden bleibt, wo er sich je unterschiedlich geltend macht. So sind es vor allem die Institutionen der bildenden Kunst, die mit dem Label »Gegenwartskunst« und deren Entgrenzungen assoziiert werden, auch wenn die anderen Felder sich diesen

Entwicklungen ebenfalls nicht verschlossen haben. Die Festivalkultur auf dem Feld der Musik hat beispielsweise längst auf Produktionen reagiert, die sich nicht nur nicht mehr in den klassischen Konzertmusikbetrieb integrieren lassen, sondern die sich aufgrund ihrer intermedialen Verfasstheit auch nicht mehr allein vor dem Hintergrund der musikalischen Traditionen verhandeln lassen. Die Institution des Theaters hat sich im Zeichen des Postdramatischen auf performative und installative Formen geöffnet, die die traditionellen Theatersäle hinter sich lassen. Und auch ein Film-Festival wie die *Berlinale* hat inzwischen das sogenannte *Forum Expanded* integriert, ein Ausstellungsformat für intermediale Arbeiten, die nicht mehr im Kino präsentiert werden können und dennoch, in kunst-komparatistischer Perspektive, für ein zeitgemäßes Verständnis des Kinematografischen einschlägig sind.

Die gleichwohl herausragende Stellung der bildenden Kunst – schließlich finden sich hier die ausdrücklich auch so genannten Institutionen der Gegenwartskunst – erklärt sich in diesem Zusammenhang, wenn ich richtig sehe, jedoch nicht ausschließlich aus ihren Geschäftsmodellen; wiewohl es offensichtlich ist, dass das Galeriensystem und auch die Projektförderung im Rahmen großer Museumsausstellungen nicht zuletzt in ökonomischer Hinsicht für Künstlerinnen und Künstler, die ursprünglich nicht in der bildenden Kunst beheimatet gewesen sind, attraktiv geworden sind. Dennoch erklärt die Ökonomie die Rolle der bildenden Kunst in diesem Zusammenhang nicht hinreichend. Ein nicht unbedeutender Grund für ihre Sonderstellung liegt nämlich darüber hinaus darin, dass die radikalsten Infragestellungen des Systems der Künste initial auf dem Terrain der bildenden Kunst erfolgten, und zwar durch die Diskussionen um das Readymade zum einen und die Konzeptkunst zum anderen. Durch die Präsentation von Alltagsgegenständen und Ideen als Kunst trat die grundsätzliche Frage »Was ist Kunst?« in den Fokus der Auseinandersetzung. Wo es aber um den Begriff von Kunst überhaupt geht, kann es nicht mehr sinnvoll sein, die Auseinandersetzung nur innerhalb der zuvor gattungstheoretisch abgesteckten Felder zu führen. Nicht zuletzt deshalb halten sich die Institutionen der bildenden Kunst heute mit großer Selbstverständlichkeit für intermediale Experimente offen, die ursprünglich aus anderen Künsten hervorgegangen sind.

Sofern die These richtig ist, dass die Entgrenzung der Künste in einem Zusammenhang mit der Frage nach dem Begriff von Kunst im Allgemeinen gesehen werden muss, wie sie sich besonders nachdrücklich im Kontext der Readymade- und Konzeptkunst-Diskussionen stellte, tritt indes sofort das weitere Problem auf, was diese Konstellation nun näher für das Verhältnis von Allgemeinem und Besonderem bedeutet, das die modernistische Kunsttheorie mit dem Verhältnis der Kunst (im Allgemeinen) zu den Künsten (im Besonderen) identifiziert hatte. Tatsächlich wirken die vielfältigen Produktionen der Gegenwartskunst der alten gattungstheoretischen Einteilung der Kunst nach Künsten nicht bloß in dem Sinne entgegen, dass sie nach deren Erweiterung um zusätzliche, neue Gattungen verlangen. Vielmehr scheinen sie sich in ihrer unabsehbaren Vielfalt der Gattungslogik überhaupt zu sperren. Gerade in dieser Hinsicht aber lassen sich die Entwicklungen zur Gegenwartskunst auch als eine Radikalisierung von Motiven verstehen, die bereits in der (nachkriegs-) modernistischen Ästhetik eine wichtige Rolle spielen, dort jedoch gattungslogisch beschränkt werden.

So betont bereits Adorno, was später etwa auch die Philosophen Jean-François Lyotard oder Jean-Luc Nancy in ihren Texten zur Ästhetik betonen werden: dass es aller Kunst, die den Namen verdient, eignet, sich gegen ihre eigene Konventionalisierung zu kehren, also gegen die Kontexte ästhetischer Erwartungen zu rebellieren und die Kategorien, mit denen wir sie zu fassen versuchen, außer Fassung zu bringen. Entsprechend hat Adorno stets den Widerstand unterstrichen, den die Kunstproduktion – im Sinne einer Produktion von Dingen, »von denen wir nicht wissen, was sie sind«[15] – zu bereits etablierten Regeln, Konventionen und Kategorien unterhalten muss, die zur Einordnung der Kunst bereitstehen. Denn die Autonomie der Kunst zeigt sich gerade in ihrem Widerstand gegen die Logik der Identifikation selbst. Ganz ähnlich spricht Lyotard in einem einflussreichen Text über das Erhabene bei Barnett Newman davon, dass Kunst als das Ereignis des Unbestimmbaren verstanden werden muss[16], und hält Nancy in einer Meditation über die Kunst der Poesie fest, dass diese niemals mit sich identisch ist, dass sie vielmehr mit Bezug auf ihre Fähigkeit bestimmt werden muss, sich gegen sich selbst zu wenden. Poesie finde sich allein dort, wo unsere Kategorien an eine Grenze kommen und sich das Problem des Zugangs stellt, wo sich also eine Distanz eröffnet zwischen uns und dem, was uns bewegt.[17]

Mit all diesen Bestimmungen ist die bekannte Erfahrung angesprochen, dass sich Arbeiten, die sich auf etablierte Konventionen und Formate der Kunstproduktion verlassen, besonders schnell als Kunst diskreditieren – sie nehmen die Qualität des Kunstgewerblichen oder auch die des bloß Dekorativen, ja des Kitschigen an, wenn man Kitsch mit Adorno unter anderem als Symptom eines ästhetischen Spannungsverlusts deutet.[18] Kunst, die ihren Begriff verdient, geht nie in ihrem Begriff auf, sie lässt sich nie einfach aus einer allgemeinen Definition, Regel, Technik ableiten. Sie entzieht sich solchen Verallgemeinerungen, um in ihrer jeweils singulären Gestalt gleichwohl Anspruch auf den allgemeinen Begriff von Kunst zu erheben. Sofern die Autonomie der Kunst den genannten Autoren zufolge (deren Argumente sich darin bezeichnenderweise denen von Eco und Bubner assoziieren) wesentlich über den Rätselcharakter der Werke, ihre Bedeutungsoffenheit oder Unbestimmtheit verstanden werden muss, besteht sie notwendigerweise immer auch in dem und als der Austrag dieser inneren Paradoxie.

Nicht zufällig transzendiert dieses wichtige Motiv den Unterschied zwischen Positionen der modernistischen und solchen der jüngeren ästhetischen Theorie. Denn es bleibt auch für die Entwicklungen relevant, die sich gegen die konventionelle Einteilung der Kunst nach Künsten wenden. Tatsächlich erscheint die Entwicklung zur intermedialen Entgrenzung der Werke in diesem Zusammenhang weniger als Bruch mit der ästhetischen Theorie Adornos denn als deren Radikalisierung. So hat Adorno in »Die Kunst und die Künste« einerseits klar gesehen, dass das Spannungsverhältnis zwischen Allgemeinem und Besonderem gerade nicht mit dem Verhältnis der Kunst zu den Künsten kurzgeschlossen werden kann, wenn doch die Einteilung der Kunst nach Künsten selbst eine Konvention, eine allgemeine Regel ist, gegen die die Kunst sich um ihrer Autonomie willen kehren muss. Aufgrund seiner geschichtsphilosophischen Prämissen hat er daraus allerdings nicht die Konsequenz ziehen können, die Entgrenzung der Kunstgattungen zu verteidigen. Wenn man jedoch diese Prämissen zurückweist, tritt an der Gegenwartskunst hervor, dass sie die Singularität betont, als die allein uns Kunst begegnet. Wir haben heute lauter Werke vor uns, die ganz eigene Gattungen begründen, aber doch zugleich nur für dieses jeweilige Werk: Nirgends geht es mehr darum, Prototypen fürs Kunstmachen im Allgemeinen zu generieren. Indem die entgrenzten Werke heute nicht nur immer neue Gattungen schaffen, sondern diese zugleich auch in sich aufheben, zeigen sie, dass jedes Werk, um zu gelingen, nicht nur einer Dimension bedarf, die sich als Technik, Konzeption, Verfahren verallgemeinern lässt, sondern ebenso eines Zugs, durch den es, als singuläres, über diese Dimension hinausweist. Das Spannungsverhältnis zwischen Allgemeinem und Besonderem wird heute von jedem Werk einzeln ausgetragen. Das Besondere ist nicht mehr das der abzählbaren Künste, sondern das der unabsehbar mannigfaltigen Werke.

Das zu sagen bedeutet, dass man die Tendenzen zur Entgrenzung der Kunstgattungen nicht als eine Entwicklung missverstehen sollte, die vom Besonderen zum Allgemeinen verläuft; das stimmte nur dann, wenn man das Besondere, wie die modernistische Kunsttheorie, mit dem Spezifischen der traditionellen Kunstgattungen identifizierte, so dass diejenigen Werke, die sich der Einordnung in dieselben verweigern, um je für sich einen Anspruch auf den allgemeinen Begriff von Kunst zu erheben, als »generisch« zu bezeichnen wären. Eine derartige Beschreibung, wie sie Thierry de Duve in seinem Buch *Kant After Duchamp* gegeben hat[19], ist jedoch gerade im Blick auf den von de Duve selbst betonten Umstand irreführend, dass solche Arbeiten keineswegs schlicht mit einem allgemeinen Begriff von Kunst zusammenfallen, sondern vielmehr ein prekäres Spannungsverhältnis zu einem Kontext ästhetischer Erwartungen etablieren, der sich aus der Institutionalisierung ästhetischer Urteile und den ihnen jeweils zugrunde liegenden allgemeinen Urteilskriterien ergibt. Die ästhetische Logik, der diese Arbeiten folgen, die ästhetische Meta-Norm, der sie gehorchen, ist die, nach der die Autonomie des Ästhetischen sich nur dort geltend macht, wo der Akt der Bestimmung, der Akt des Urteilens selbst problematisch wird.

Kunst besteht dann ihrem paradoxen Wesen gemäß per definitionem in einer Differenz zu ihrer eigenen Definition. Sofern der Kollektivsingular Kunst nicht zuletzt auf die selbstdifferenzielle Logik bezogen werden muss, die dieser Paradoxie entspringt, bedeutet dies auch, dass kein Werk mit einer allgemeinen Bestimmung von Kunst zusammenfallen kann, ohne sich dadurch

– als Kunst – zu betrügen. Es gibt nie »die Kunst«, es gibt nur Kunst. Der Plural der Kunst muss im Zeichen ihrer Entgrenzung mithin als ein, wie Jean-Luc Nancy in einem anderen Zusammenhang formuliert: »singulärer« verstanden werden, so dass der Begriff Kunst ein Allgemeines nennt, das in seiner Allgemeinheit »ununterschieden« ist, jedoch »fassbar nur in der paradoxen Simultaneität [...] der verstreuten Singularität«[20] der Werke, von denen jedes einzelne eine Herausforderung an unser Urteil stellt – und zwar im doppelten Sinne.

Eine Herausforderung an unser Urteil bedeuten die mannigfaltigen Werke der Gegenwartskunst nämlich erstens in dem Sinne, dass sie sich nicht mehr im Rahmen traditioneller – etwa werk- oder gattungstheoretischer – Kategorien als Kunst klassifizieren lassen. Der Kunststatus eines Objekts lässt sich nun nicht mehr schlicht aus bestimmten Objekteigenschaften ableiten. Jedoch geschieht dies, zweitens, gerade umwillen einer genuin ästhetischen Logik, nach der wir erst dort beginnen, eine ästhetische Erfahrung zu machen, wo sich das Problem des Zugangs stellt, wo also die automatische Anwendung unserer Urteilskategorien ins Straucheln gerät und unsere Urteilskraft für ihr reflexives Spiel frei wird. Dies ist, wie wir uns schon weiter oben klargemacht haben, keineswegs das Ende der Kunstkritik. Indes beurteilen wir eine Arbeit dann nicht mehr auf der Basis bestimmter Objekteigenschaften, die ihren Kunststatus vorab garantieren, um dann eine ästhetische Erfahrung von ihnen zu erwarten. Wir beurteilen ein Objekt vielmehr auf der Basis der Erfahrung, die wir mit ihm machen (oder nicht machen) – und zwar einer Erfahrung, in der die Akte unserer Bestimmung selbst reflexiv thematisch werden. Anders gesagt: Nur durch künstlerische Operationen, die die Selbstdifferenz der Kunst durch ihre je singuläre Gestalt austragen, werden wir überhaupt in eine Situation versetzt, in der sich das Problem des Zugangs zu ihnen stellt, so dass unsere Urteilskraft in ein Spiel versetzt werden und sich das Werk in der Dynamik seiner Erscheinungen entfalten kann. Noch vor den, wie wir im nächsten Kapitel genauer sehen werden, sehr unterschiedlichen Problemen, die von den Werken der Gegenwart auf diese Weise inhaltlich zur Reflexion freigegeben werden, steht mithin ihre Insistenz auf dem Recht der Singularität gegenüber dem Allgemeinen der Begriffe.

Wenn es aber so ist, dass das ästhetische Urteil Objekte als Kunst auszeichnet, die durch ihre exzentrische, ihre singuläre Existenz eine Erfahrung ermöglichen, in der die Logik des bestimmenden Urteils gerade reflexiv distanziert wird, dann müssen auch die Entwicklungen zur Entgrenzung der Gattungen vor diesem Hintergrund als Entwicklungen gerechtfertigt werden, die die Gattungsidentitäten nicht aus kunstfremder Willkür, sondern aus Einsicht in das Wesen des Ästhetischen selbst hinter sich gelassen haben. Zugleich folgt aus diesen Verschiebungen eine Neubestimmung der Aufgabe der Kunstkritik. Denn sofern Kunstkritik nun nicht mehr darin bestehen kann, polizeilich zu überprüfen, ob die singulären Produktionen der Gegenwartskunst noch mit den überkommenen werk- oder gattungstheoretischen Kategorien übereinstimmen, sondern vielmehr darin bestehen muss, das je singuläre Ereignis der Kunst selbst auszuzeichnen, ergibt sich ein ganz anderes Set von Schwierigkeiten für den Kritiker. Wie Jean-François Lyotard bereits in den 1980er Jahren klar gesehen hat, besteht die nicht geringe kunstkritische Aufgabe nämlich nun darin, das singuläre Ereignis, als das sich ein Werk behauptet, von anderem abzugrenzen – dem bloß Unverständlichen, dem bloßen Rauschen beispielsweise oder der weniger ästhetisch denn ökonomisch gebotenen Logik des Neuen, der Innovation.[21]

Die erste Abgrenzung ist heute nicht zuletzt deshalb dringlich, weil die Einsicht in die singuläre Pluralität der Kunst bereits der Gefahr ihrer Trivialisierung ausgesetzt ist. Was wir nicht verstehen, so lautet die Trivialisierung der ästhetischen Ereignislogik, ist im Zweifelsfall Kunst: »Ist das Kunst oder kann das weg?« Gegen diese Trivialisierung muss noch einmal an ein Argument erinnert werden, das bereits im Abschnitt zu Eco vorgestellt worden ist, nämlich dass eine ästhetische Erfahrung nur macht, wer den Werken der Kunst gegenüber nicht indifferent bleibt, wer interpretierend in ihren Kosmos einsteigt und sich mit ihnen vertraut macht. Die Erfahrung des spezifisch ästhetischen Rätselcharakters der Kunst ist eine Implikation der Verstehensvollzüge, zu denen sie uns provoziert, nicht das Ergebnis von deren Blockade. Das Ereignis der Unbestimmtheit ist das einer Negativität, die unsere Bestimmungen gleichsam von innen aushöhlt[22], nicht die Verdinglichung des Unbestimmten als solchem. Diese Beschreibung hat durchaus eine kunstkritische Pointe, denn vor ihrem Hintergrund müssen all jene künstlerischen Produktionen kritisiert werden, die den Rätselcharakter der Kunst in eine Unbezogenheit ihrer Elemente oder in eine bloße Undeutlichkeit übersetzen und so eine Selbstmystifikation betreiben, die das Denken beendet, bevor es beginnen konnte.[23]

Auch die zweite Abgrenzung, die Lyotard anspricht, die des ästhetischen Ereignisses von der kommerziell erfolgreichen Innovation, ist für die Frage nach der Autonomie von Kunst existenziell. Wiederum verläuft die Unterscheidung, an der so viel hängt, im Blick auf die Qualität der jeweiligen Erfahrung. Denn die Logik des Kommerzes, die stets nach Neuem verlangt, zielt auf etwas ganz anderes als das ästhetische Ereignis. Das Neue soll hier in die bestehende Lebenswelt der Konsumenten integriert werden. Die entscheidende Frage, die die neue Ware an den Konsumenten stellt, ist die, ob sie zu ihm passt. Es geht darum, sich in der Wahl der Waren selbst neu anzueignen, und das heißt unter Umständen auch: sich selbst als jemand zu erweisen, zu dem dieses neue, zeitgeistige Ding passt.[24] Die kommerziell erfolgreiche Innovation verknüpft daher zumeist Bekanntes so mit Überraschendem, dass solche Anpassungen der eigenen Identität an die innovativen Waren möglich werden. »Die Innovation«, schreibt Lyotard bündig, »›läuft‹, ›funktioniert‹.« Das ästhetische Ereignis aber »unterbricht«[25] – und zwar die Logik der Identifikation selbst. Das Subjekt der ästhetischen Erfahrung wird genau in dem Maße an sich selbst zurückverwiesen, wie es sich im Blick auf die ästhetischen Objekte nicht identifikatorisch zu verorten vermag, wie der Automatismus der Aneignung unterbrochen wird. Während im Konsum jeder neue, fremde Gegenstand zu einem eigenen gemacht wird, um die eigene Identität mit seiner Hilfe neu zu justieren, ermöglicht die Begegnung mit Kunst eine dazu gegenläufige Erfahrung, in der noch die vertrautesten Gegenstände fremd werden – die Erfahrung, wenn man so will, einer ästhetischen Enteignung oder Expropriation.

Kunsttheoretisch ist diese Unterscheidung relevant, weil sie vor Augen führt, dass die Einsicht in den singulären Plural der Kunst zwar bedeutet, eine Logik mit anzuerkennen, nach der sich die Kunst um ihrer Autonomie willen immer wieder von dem abstoßen muss, was ihr zur Konvention oder zur Masche[26] gerinnt, gleichwohl aber kann ebendiese Autonomie gerade nicht auf die Produktion innovativer Formen reduziert werden. Bezeichnenderweise geht es in vielen künstlerischen Produktionen der Gegenwart weniger um die Schaffung formal neuartiger Objekte denn darum, durch verschiedenste künstlerische Verfahren, je singuläre Maßnahmen und Eingriffe, eine ästhetische Distanz zu bereits Bekanntem zu initiieren.

Nun ist es eine Implikation des Umstands, dass sich die Kunst aus den traditionellen Gattungsgrenzen befreit hat, dass sich ihre ästhetischen Operationen keineswegs mehr auf das

Feld der Auseinandersetzung mit ihren eigenen Darstellungsmitteln und -medien beschränken müssen. Vielmehr, so werden wir im nächsten Kapitel sehen, unternimmt die Kunst nun vielfältige Grenzgänge in nicht-ästhetische Felder, die sie – auf je singuläre Weise – ihrer transformativen Logik unterwirft. Das bedeutet jedoch keineswegs, dass sich die Kunst von einer selbstreflexiven Auseinandersetzung mit den sie tragenden Bedingungen verabschiedet hätte, vielmehr erweitert sie ihr Verständnis einer solchen Auseinandersetzung radikal: Es sind nun nicht mehr allein die Darstellungsmedien und die mit ihnen verbundenen Konventionen der Formbildung, an denen sich die Auseinandersetzung mit der Institutionalisierung von Kunst vollzieht; in den Blick treten jetzt auch andere – institutionelle, ökonomische, soziale, kulturelle – Konventionen und Normen, von denen die »Institution Kunst« durchdrungen ist.

IV. Grenzgänge

Nirgends wird die Vielfalt der Gegenwartskunst so evident wie im Blick auf das Spektrum der Gebiete, auf das sie sich bezieht. Es scheint schwierig, überhaupt noch einen Aspekt unserer Lebenswelt anzugeben, der nicht in der Kunst Bearbeitung gefunden hätte. Kunsttheoretisch herausfordernd ist jedoch weniger, dass – von der Sexualität zur Religion, von den Arbeits- bis zu den Freizeitwelten, von der Massenkultur bis zu den obskursten Subkulturen, von den politischen Kämpfen bis zur etablierten Parteienpolitik, vom Rechtssystem über die Wissenschaft bis zu Ökologie und Ökonomie, vom Lokalen bis zum Globalen, von der Historie bis zur (Vergangenheit und Zukunft) der Utopie – potenziell alles Thema gegenwärtiger künstlerischer Produktionen werden kann. Kunsttheoretisch relevant ist vielmehr, dass die Kunst sich auf eine Weise auf nicht-künstlerische Dimensionen der Lebenswelt bezieht, die ihren Begriff mit betrifft. Wir haben es hier mit anderen Worten nicht bloß mit Produktionen zu tun, welche die Bereiche der Nichtkunst thematisch in sich aufnehmen, sondern mit solchen, die sich selbst auch formal auf diese Bereiche öffnen, so dass sich die Frage nach der Differenz von Kunst und Nichtkunst neu stellt. Die ästhetische Differenz hat sich im Zeichen der Entgrenzung der Kunst und der Künste auf andere Weise geltend zu machen als über die (wahrheitsästhetische) Behauptung einer zweiten Wirklichkeit des monadisch geschlossenen Werks oder über dessen Gattungsidentität. Entscheidend werden nun, wie sich bereits in den vorstehenden Kapiteln verschiedentlich abgezeichnet hat, künstlerische Operationen, die auf eine spezifische Erfahrung zielen, welche sich reflexiv zu den Erfahrungen in den jeweiligen lebensweltlichen Sphären verhält, in die die Kunst der Gegenwart interveniert oder auf die sie sich bezieht.

Diese allgemeine Bestimmung erhält allerdings wesentlich mehr Fleisch, wenn man auf die sehr verschiedenen Grenzgänge blickt, die die Kunst seit den 1960er Jahren unternommen hat und weiter unternimmt. Im Blick auf die aktuelle Vielfalt und das enorme theoretische Anregungspotenzial dieser Grenzgänge erweisen sich die Grenzen dieser Einführung denn vielleicht auch am deutlichsten. Sie beschränkt sich nämlich lediglich auf diejenigen künstlerischen Entwicklungen, an die sich signifikante kunsttheoretische Grenzverhandlungen bereits angeschlossen haben, die überdies jeweils nur sehr kursorisch vorgestellt werden können: So werden die ersten beiden Abschnitte einen Einblick in kunsttheoretische Diskussionen geben, die den Skandal des Readymades einerseits (Abschnitt 1) und der Konzeptkunst andererseits (Abschnitt 2) betreffen. Um Skandale handelte es sich in beiden Fällen nicht zuletzt deshalb, weil sich hier auf je unterschiedliche Weise etwas als Kunst behauptete, was sich schlicht nicht mehr in den Rahmen der alten Gattungstheorie einordnen oder vor ihrem Hintergrund angemessen diskutieren ließ. In den Fokus der Aufmerksamkeit traten nun vielmehr die grundsätzlichen Fragen, was die Kunst von der Welt der gewöhnlichen Dinge und von der Welt der Ideen unterscheidet, wenn Kunst formal selbst den Anschein von gewöhnlichen Dingen und Ideen annehmen kann.

Einen ähnlichen Skandal, eine ähnliche Herausforderung an den Begriff von Kunst, bedeuteten für den kunsttheoretischen Diskurs der späten 1970er Jahre dann die Annäherungen der Kunst an die weitere visuelle Kultur (Abschnitt 3). Statt sich durch eigenständige Bildgebungen von der visuellen Massenkultur zu distanzieren, behaupteten sich hier nämlich nun Arbeiten als Kunst, die die Distanz, die die Kunst traditionellerweise zu dieser unterhält, auf den ersten Blick vollständig zu kassieren schienen. Vielmehr ließen sich die Künstlerinnen und Künstler dieser Zeit nun geradezu exzessiv auf deren Vorgaben ein – und dies zu einer Zeit, in der nicht mehr abzuweisen war, dass die Kunst im Blick auf die weitere visuelle (Massen-)Kultur längst nicht mehr als die privilegierte Instanz für das Herstellen von Bildern gelten kann. Dass die Kunst auf diese Entwicklungen nicht einfach mit einer trotzigen Arroganz gegenüber den Produkten der visuellen Massenkultur antwortete, sondern vielmehr mit einer ernsthaften Auseinandersetzung, durch die die alte High-Low-Differenz nachhaltig infrage gestellt wurde, versieht die Frage nach der Eigengesetzlichkeit der Kunst erneut mit einer gewissen Dringlichkeit: In welcher Weise kann sich die Kunst gegenüber der visuellen Kultur behaupten, die sie zitiert?

Der durch die Kunstproduktion selbst ausdrücklich einbekannte Verlust ihrer Selbstverständlichkeit betrifft auch das Verhältnis zu ihrem unmittelbaren Außen: den verschiedenen Kunstinstitutionen, seien es solche des Staates oder solche des Marktes (Abschnitt 4). So gilt ein wichtiger Strang der künstlerischen Auseinandersetzungen in den letzten Dekaden den verschiedenen Rahmenbedingungen – den konkreten räumlichen wie auch den weiteren ökonomischen, sozialen und kulturellen –, die ihr Publikum und dessen Wahrnehmung mit bestimmen. Weil die Kunst ihre Autonomie nicht mehr in der Stabilität einer Gattungsidentität oder der Abgeschlossenheit eines Werks findet, ist sie sensibel geworden für das, was sie immer schon heteronom bestimmt. Statt aber diese Dimensionen zugunsten einer Besinnung auf vermeintlich rein Künstlerisches abzublenden, wie dies die Greenberg'sche Variante des Modernismus vorgesehen hatte, macht sie die sie tragenden Rahmen sichtbar. In diesem Zusammenhang findet auch die bereits erwähnte Erweiterung und Politisierung des Diskurses über die Trägermedien der Kunst ihren explizitesten Ausdruck.

Es liegt in der Logik dieser zuletzt genannten Entwicklungen, dass der im Diskurs der Moderne bis dahin weitgehend westlich bestimmten Kunstwelt, verstärkt nach 1989, ebenfalls die Selbstverständlichkeit entzogen wurde (Abschnitt 5). Die Kunst der Gegenwart stellt sich nicht nur der Kolonialgeschichte der Moderne, in deren Schatten sie steht, sondern betrachtet sich auch im Widerschein multipler Modernen, und das heißt auch: multipler Kunstwelten. Die Pluralisierung sollte hier indes nicht als ein Zeichen der Indifferenz oder des Relativismus missverstanden werden. Im Hintergrund dieser Auseinandersetzungen steht vielmehr die drängende Frage nach dem Begriff und der Zukunft der einen Moderne, die sich nicht nur global ungleichzeitig entfaltet, sondern auch sehr unterschiedliche Erfahrungen hervorgebracht hat.

Diesem Stand der Diskussion, das wurde bereits in der Einleitung zu diesem Band angesprochen, entspricht freilich auch ein gegenüber modernistischen Kunsttheorien anderes Denken der Geschichte. Es kann daher nicht verwundern, dass auch die Auseinandersetzung mit Vergangenem, mit Geschichtsschreibung und Erinnerung selbst ausdrücklich zum Thema zeitgenössischer künstlerischer Produktionen geworden ist (Abschnitt 6). Die Gegenwartskunst bestimmt ihre Gegenwart nicht mehr über die Absetzung von einer abgeschlossenen Vergangenheit, vielmehr gewinnt sie ihre Gegenwart durch vielfältige Relationierungen zu einer Vergangenheit, die als etwas anerkannt und bearbeitet wird, das in der Gegenwart fortwirkt. Der in diesem Kontext entscheidende Grenzgang der Kunst ist freilich der in das Feld der Geschichtsschreibung, und die Frage, die er aufwirft, ist die nach der spezifischen Leistung der Kunst in diesem Zusammenhang.

Schließlich aber erschließt die Kunst auch ihr Verhältnis zur Natur neu, ein Verhältnis, das für die Bestimmung ihrer Identität seit jeher von großer Bedeutung gewesen ist (Abschnitt 7). Während die modernistische Kunsttheorie festgehalten hatte, dass die moderne Kunst das Naturschöne nicht mehr gegenständlich nachahmt, sondern vielmehr die Logik seines Erscheinens imitiert, wird die Natur in der Kunst der Gegenwart ausdrücklich zum Thema. Aber dies geschieht auf eine Weise, die sich weder allein in Begriffen der Nachahmung noch auch überhaupt mit der Kategorie des Naturschönen allein hinreichend fassen lässt, vielmehr mehren sich künstlerische Verfahren und Strategien, die die soziale und kulturelle Vermitteltheit der Natur ins Bewusstsein heben – Strategien also, in deren Rahmen die Kunst nicht mehr als das kulturelle Andere der Natur auftritt, sondern sich als Intervention in ein Feld der Wahrnehmung versteht, durch die die Natur sich als (immer schon) durch Kultur vermittelt offenbart.

In all diesen Grenzgängen geht es um das Verhältnis der Kunst zu verschiedenen Dimensionen unserer Wirklichkeit, so dass mal mehr, mal weniger explizit stets auch die zugleich epistemische, ethische und politische Frage nach dem Verhältnis mit verhandelt wird, das die Kunst zur Wirklichkeit einnimmt. Im Verhältnis von Kunst und nicht-künstlerischer Wirklichkeit (in ihren vielfältigen Dimensionen) stellt sich mit anderen Worten erneut auch die grundsätzliche Frage nach ihrer spezifischen Funktion für diese Wirklichkeit.

1. Die Außergewöhnlichkeit des Gewöhnlichen: das Readymade

Das Readymade, so kann man ohne Übertreibung sagen, ist für die Kunstphilosophie einer der wichtigsten Gegenstände, wenn es darum geht, näher zu bestimmen, was Kunst ist an der Gegenwartskunst. Es steht nämlich für den Skandal, dass die Kunst hier gleichsam unter dem Deckmantel gewöhnlicher Dinge auftritt – und also vorderhand negiert, was für alle Kunsttheorie und Ästhetik bis dato entscheidend war: dass sich ein Werk vom einfachen Ding unterscheiden lassen muss. Die vielleicht bekannteste philosophische Reaktion auf das Readymade erfolgte in dieser Hinsicht durch den amerikanischen Philosophen Arthur Danto. Sein 1981 erstpubliziertes Buch *The Transfiguration of the Commonplace* (dt. *Die Verklärung des Gewöhnlichen*)[1] beginnt mit dem Bericht des Besuchs einer Ausstellung im Jahr 1964, in der Andy Warhol Nachbildungen von Kartons für Topfreiniger der Firma Brillo ausgestellt hatte. Der Umstand, dass Warhol seine *Brillo Boxes* aus Sperrholz zimmerte, die er, wie der Kunsthistoriker Michael Lüthy betont, überdies in einem aufwendigen Verfahren zunächst grundierte und dann mit sechs unterschiedlichen Sieben bedruckte[2], fällt für Danto indes nicht ins Gewicht: Philosophisch, so Danto, werfen sie durch ihre Erscheinungsähnlichkeit mit den gewöhnlichen Firmenkartons dennoch die Frage auf, »ob wirklich *keine* materiellen Unterschiede das Kunstwerk vom realen Ding abgrenzen müssen« (Danto, 11). Kurz: Danto behandelt Warhols *Brillo Boxes* wie die Readymades von Duchamp – denn bei diesen handelte es sich ja tatsächlich um handelsübliche Gebrauchsgegenstände: so etwa um einen Flaschentrockner (1914), eine Schneeschaufel (*In Advance of the Broken Arm/En prévision du bras cassé*, 1915), einen Hundekamm (*Comb/Peigne*, 1916) oder ein Urinoir (*Fountain/Fontaine*, 1917). Auch im Blick auf Duchamps Readymades interessiert Danto sich indes nicht für deren jeweilige Inszenierung, sondern allein für den Umstand, dass das Readymade die Philosophie mit der Herausforderung konfrontiert, den kategorialen Unterschied zwischen Kunst und Nicht-Kunst ohne Rekurs auf bestimmte Wahrnehmungseigenschaften erklären zu müssen: Denn bei Erscheinungsgleichheit zweier Objekte, von denen das eine ein Kunstwerk ist, eben eine *Brillo Box* von Andy Warhol, das andere aber bloß ein gewöhnlicher Firmenkarton, kann die Differenz zwischen Kunst und Nichtkunst überhaupt nicht mehr »in etwas Materiellem und der direkten vergleichenden Beobachtung Zugänglichem« (12) liegen.

Daraus schließt Danto, wie er an anderer Stelle deutlich gemacht hat, nichts Geringeres, als dass das sinnliche Erscheinen, das für die gesamte Tradition der philosophischen Ästhetik, und zwar bis heute, ein wesentlicher Aspekt der Bestimmung von Kunst ist, für das Verständnis zeitgenössischer Kunst keine Rolle mehr spielen kann. Die Kunst der Gegenwart habe sich aus der »historisch zufälligen«[3] Verklammerung mit der Ästhetik – bei Danto verstanden als Wissenschaft von der sinnlichen Wahrnehmung – gelöst, und die Kunstphilosophie tue gut daran, ihrem Beispiel zu folgen und sich nicht mehr vornehmlich als Ästhetik im genannten Sinne zu verstehen. Wolle man herausfinden, worin das Wesen der Kunst bestehe, müsse man »von der sinnlichen Erfahrung auf das Denken umschalten«[4]. Entsprechend sieht Danto die eigentliche Leistung des Readymades darin, dass es den Ballast sinnlichen Brimboriums abgeworfen und die Kunst in ein Stadium des Bewusstseins ihrer selbst überführt hat, das Danto zugleich (im Sinne der Hegel'schen Geschichtsphilosophie) als das Ende der Kunst deutet: Die Kunst, vom Readymade endlich zur Reinheit einer rein ideellen Existenz geläutert, sei zu ihrer eigenen Philosophie geworden und damit an das Ende ihrer Entwicklung gelangt (vgl. 12 f., 93 f.).

Wie aber bestimmt nun Danto das ideelle Wesen der Kunst näher? Zunächst nimmt er eine Reihe von Ausschlüssen vor: Weder nämlich erkläre sich der Kunststatus eines Objekts, wie man Dantos Thesen häufig missverstanden habe (vgl. 13 f.), aus seinem institutionellen Kontext, der Kunstwelt. Eine solche »Institutionstheorie der Kunst«, wie Danto sie nennt (23), lasse nämlich unerklärt, warum ein Objekt, das einem anderen äußerlich gleicht, von den Institutionen als Kunst aufgenommen wird, das andere jedoch nicht. Auch der Rekurs auf die Konventionen, vor deren Hintergrund etwas als Kunst betrachtet wird, erkläre nicht, warum eine Konvention auf einen Gegenstand Anwendung findet, auf seinen erscheinungsgleichen Zwilling aber nicht (vgl. 59 f.). Schließlich ist auch die Theorie des Einstellungswechsels, nach dem der Unterschied von Kunst und Nichtkunst allein in der Weise bestehen soll, wie wir uns auf die jeweiligen Objekte beziehen, für Danto nicht überzeugend. Denn es sei zwar jederzeit möglich, beliebige Gegenstände der uns umgebenden Dingwelt distanziert in ihren Formen und Farben zu betrachten und also kurzzeitig aus ihrem Gebrauchskontext heraustreten zu lassen, aber gerade aus diesem Grund könne der Unterschied zwischen Kunst und Nichtkunst nicht mit dem Theorem des Einstellungswechsels geklärt werden (vgl. 46 f.).

Danto schlägt daher eine andere Bestimmung der Unterscheidung vor: Den Kunstwerken, so Danto, ist etwas eigen, das den gewöhnlichen Dingen fehlt, nämlich ihre metaphorische Struktur, ihre semantische Bezogenheit auf etwas, ihre *aboutness* (vgl. 20, 89). Danto fährt eine ganze Batterie von weiteren Beispielen visuell ununterscheidbarer Objektpaare auf, von denen ein Teil als Kunst gelten kann, der andere hingegen nicht, um zu zeigen, dass es für die Frage, welchen Objekten eine solche Struktur zugesprochen werden kann, wichtig ist, dass sie sich als Setzung im Blick auf die Kunstgeschichte auffassen lassen, die die Möglichkeit dieser Setzung – und deren potenzielle Bedeutung – mit bedingt. Anders als eine von einem Kind blau angemalte Krawatte, so eines von Dantos konstruierten Beispielen, wäre eine äußerlich ununterscheidbare, aber vom alten Picasso blau angemalte Krawatte als eine solche Setzung zu verstehen und daher nicht nur von blauer Farbe, sondern auch von semantischen Bezügen durchtränkt. Picassos Krawatte hätte eine vielfältige Bezüglichkeit, eine *aboutness*, die der vom Kind verunstalteten Krawatte des Vaters fehlten – so etwa auf die Kunstgeschichte im Allgemeinen und das Werk Picassos im Besonderen oder inhaltlich auf die kulturelle Konstruktion einer Beamten-Männlichkeit, zu der Picassos eigene bekanntermaßen in einem gewissen Spannungsverhältnis stand (vgl. 87 f.). Unter der Voraussetzung ihrer Lesbarkeit als je historisch und individuell spezifische Kunst-Behauptung erlangten die Werke folglich einen ontologischen Status, der ihren sinnlichen Träger – der sich in nichts von seinem banalen Gegenstück aus der gewöhnlichen Welt unterscheiden mag – »verklärt«.[5] Ein Kunstwerk »als Kunstwerk zu sehen« sei nämlich wie der »Übergang vom Bereich bloßer Dinge in den Bereich der Bedeutung« (192). Die semantische Tiefe, die ein Kunstwerk ausmacht, könne es indes nur in der und durch die Interpretation erhalten, die sich auf es richtet. Wie Eco betont also auch Danto zunächst, dass das Werk zu seiner vollen Entfaltung der Mitarbeit des Interpreten bedarf (vgl. 184). »In der Kunst«, schreibt Danto, »ist jede neue Interpretation in dem Sinn eine kopernikanische Revolution, daß jede neue Interpretation ein neues Werk konstituiert, auch wenn das anders konstituierte Objekt bei der Transformation ebenso unverändert bleibt wie der Himmel.« (192) Das *esse* der Werke sei ihr *interpretari* (vgl. 193) und die Kunstwelt eine »Welt *interpretierter* Dinge« (208).

Allerdings schränkt Danto die Freiheit der Interpretation in seiner weiteren Argumentation auf signifikante Weise wieder ein. Denn die mögliche Bedeutung, die ein Werk annehmen kann, sei an den historischen Kontext seiner Entstehung einerseits und die individuellen Intentionen der Künstler andererseits gebunden, wie er an weiteren ausgedachten Beispielen erscheinungsgleicher *Werke* klarzumachen versucht: Ein Bild von 1865, das einem Bild von Roy Lichtenstein aus dem Jahre 1965 bis ins kleinste Detail gliche, könnte aufgrund der unterschiedlichen historischen Umstände, in denen es entstanden ist, nicht dasselbe bedeuten (vgl. 175). Die Grafik eines Künstlers, der bei ihrer Schöpfung an Dynamik dachte, sei dem erscheinungsgleichen Werk seines Konkurrenten, der dabei an Stasis dachte, nicht vergleichbar (vgl. 186 f.). »[W]ir haben die Grenzen des Künstlers, wenn wir Kunstwerke interpretieren, als besondere Einschränkungen.« (199)

Nun ist der Rekurs auf die Künstlerintention und ihren historischen Kontext aber etwas ganz anderes als die von Eco betonte Gebundenheit der Interpretation an die je spezifische Gegebenheit eines Werks. Letztere wird durch Dantos »Galerie« (200) ununterscheidbarer Werke vielmehr systematisch heruntergespielt. Entscheidend ist für Danto also gerade nicht, wie für die im letzten Abschnitt besprochenen Autoren, die singuläre Gestalt eines Werks, an der ein Prozess der Verstehensvollzüge in Gang kommen kann, in dessen Verlauf das Werk selbst gerade deshalb in Bewegung zu geraten scheint – und so allererst eigentlich in sein Werk-Sein freigesetzt wird –, weil die Bestimmungen, die wir interpretierend an ihm vornehmen, nie abschließende Bestimmungen sein können. Entscheidend ist für Danto etwas ganz anderes: Der »logische Angelpunkt, an dem ein bloßes Ding in das Reich der Kunst erhoben« wird, ist ihm zufolge nämlich der historisch zu situierende »Akt der künstlerischen

Identifikation«, der ein Objekt als Kunstwerk setzt (193). Eine künstlerische Identifikation, so erläutert Danto diesen für ihn zentralen Begriff, setzt etwas als Metapher für etwas anderes ein – etwa wenn Roy Lichtenstein unter dem Titel *Portrait of Madame Cézanne* (1962) ein Gemälde anfertigt, das nichts anderes zeigt als ein Diagramm, das der Kunsthistoriker und Cézanne-Experte Erle Loran in einer Publikation zur Illustration der kompositorischen Struktur eines Porträts angefertigt hatte, das Cézanne von seiner Frau gemalt hatte. Das Diagramm wird bei Lichtenstein (nach Danto) zu einer Metapher nicht nur für Cézannes Frau, sondern auch für die Weise, wie Cézanne seine Frau sah (vgl. 218-220, 294).

Ein Kunstwerk verstehen heißt jetzt für Danto nichts anderes mehr, als die Metapher zu »erfassen«, die es etabliert (262). Das Kunstwerk als Metapher zu verstehen beinhaltet dabei nicht nur die Anerkennung des Umstands, dass die spezifische Darstellung – wie bei jeder Metapher – im Blick auf das durch sie Dargestellte unaustauschbar ist, sondern auch die Einsicht, dass das Verständnis der Bedeutungen, die eine Metapher generiert, immer auf einen historisch-kulturellen Rahmen verwiesen ist, in dem sie ihren spezifischen Sinn erzeugt (vgl. 286 f.). Eine Metapher zu verstehen heißt, diesen Rahmen mit zu verstehen. Beim Nachvollzug der Metapher sollen die in diesem Kontext schwerlich noch revolutionär zu nennenden Interpreten denn auch von den über die korrekten Referenzen informierten Instanzen der Kunstgeschichte und -kritik unterstützt werden. »Ihre Funktion besteht [...] darin, den Leser oder Betrachter mit der Information auszurüsten, die notwendig ist, um auf die Kraft des Werks zu antworten.« (265) Denn für diese Kraft, nach Danto: die Kraft der Metapher, kann nur empfänglich sein, wer um deren intendierte Konnotationen weiß.

Die »draufgängerische Metapher« nun, die Warhol mit seinen *Brillo Boxes* »vorschlagen« soll, ist nach Danto die folgende: der »Brillo-Karton-als-Kunstwerk« (314). Zwar veräußerlichten Warhols *Brillo Boxes*, wie andere künstlerische Metaphern zuvor, eine »Weise, die Welt zu sehen« und drückten das »Innere einer kulturellen Epoche« aus (315). Philosophisch maßgeblich ist für Danto jedoch, dass es sich hier um eine selbstreflexive Metapher handeln soll, die die »Strukturen der Kunst zum Bewußtsein« bringt (ebd.), also den Umstand, dass Kunst stets durch einen Akt künstlerischer Identifikation oder Metaphernbildung entsteht, der ihren ontologischen Status als Kunst fürderhin bestimmt. Freilich soll auch die Meta-Metapher des Readymades, eine Metapher für die metaphorische Struktur der Kunst selbst, nur in einem bestimmten historisch-kulturellen Rahmen verstehbar sein. Es bedurfte, schreibt Danto, »einer gewissen historischen Entwicklung [...], bevor diese Metapher möglich wurde« (ebd.). Die Metapher der *Brillo Box* in ihrer philosophischen Dimension zu erfassen heißt in diesem Zusammenhang nach Danto dann aber nichts anderes, als anzuerkennen, dass die selbstreflexive Metapher »*Brillo-Box*-als-Kunstwerk« das Ende der Kunst markiert. Denn das Ende der Kunst, so noch einmal Dantos hegelianisches Argument, ist dann eingetreten, wenn die Kunst zu ihrer eigenen Philosophie geworden ist, wenn sie ihr eigenes Wesen zum Ausdruck bringen kann. Das deutet Danto freilich nicht so, dass nach diesem Ende keine Kunstproduktion mehr möglich sein kann. »In einem gewissen Sinne«, schreibt Danto vielmehr, »beginnt das Leben erst richtig, wenn die Geschichte zu Ende ist, so wie jene, an der sich Liebespaare immer wieder ergötzen können: wie sie einander gefunden haben und dann ›glücklich bis an ihr Lebensende‹ sind.«[6] Nach dem Ende ihrer Geschichte soll die Kunst also ein posthistorisches Leben führen, in dem sie nicht nur frei von der Last ihrer eigenen Historizität, sondern auch frei zu Beliebigem ist.[7]

Nun hängt die Frage, ob man diese fröhlich gewendete Posthistoire-These akzeptieren muss, natürlich an der vorgeschalteten Frage, ob man Dantos Definition der Kunst als Metapher akzeptiert.[8] Mit ebendieser Definition aber unterschätzt Danto, erstens, die Freiheit und Produktivität der Interpretation, die Bedeutungen an den Werken freisetzen mag, die von den ursprünglichen Künstlerintentionen und Entstehungskontexten nicht gedeckt sind oder sich sogar gegen sie wenden. Wiewohl das Wissen um Künstlerintention und Entstehungskontext sicher bei der Interpretation eines Werks eine Rolle spielen mag, geht doch die Bedeutung eines Werks nicht in einem solchen Wissen auf. Der je neu zu bestimmende historische Gehalt der Werke, und dies gilt gerade für die sogenannten großen Werke, »überstrahlt« vielmehr die »Blindheit der Epoche«, der sie entstammen.[9] Die Freiheit der Interpretation anzuerkennen heißt nicht nur, der produktiven Rolle Rechnung zu tragen, die die je unterschiedlichen historisch-kulturellen Erfahrungshintergründe *der Interpreten* für die Konstitution der Bedeutung der Werke spielen, sondern im selben Zug auch, den Werken ein für ihre Schöpfer selbst unabsehbares, ein autonomes historisches Leben zuzugestehen, das sich in der und als die Geschichte ihrer Interpretationen zeigt, die die Werke – und zwar auch in ihrem historischen Gehalt – immer neu erschließen.

Umberto Eco und einige der anderen bislang diskutierten Autoren konnten überdies überzeugend zeigen, dass bereits die Kunst der Moderne, besonders ausdrücklich aber die Kunst der Spätmoderne die produktive Rolle der Interpretation für das autonome Leben aller, also auch der traditionellen, Werke in (bedeutungs-)offenen Werkformen reflektiert. Dies bedeutet für Dantos Analyse aber, zweitens, dass er zwar damit recht hat, dass sich die Gegenwartskunst nicht mehr in den Rahmen einer eindimensionalen »Meistererzählung der Kunst des Abendlandes«[10] einspannen lässt, dass er aber völlig die Pointe dieses Sachverhalts verkennt. Denn die künstlerische Anerkennung des Umstands, dass das Sein der Werke in ihrem Interpretiertwerden besteht, impliziert, dass Kunstgeschichte *insgesamt*, also auch und gerade die der Vergangenheit, nicht adäquat in einer eindimensionalen Meistererzählung gefasst werden kann. In dieser Perspektive erweist sich Dantos letzte Meisterzählung, die die Kunst im Jahre 1964 enden lässt, als eigentümlich kunstfremd. Tatsächlich offenbart sich Dantos Geschichte vom »philosophischen Mündigwerden der Kunst«[11] in dieser Hinsicht selbst als eine Variante der »philosophischen Entmündigung der Kunst«[12], gegen die er in anderen Hinsichten zu Recht polemisiert. Ebenso wenig wie die potenzielle Bedeutung eines Werks auf eine Metapher beschränkt werden kann, die ein Künstler zu einem bestimmten Zeitpunkt »vorschlägt«, lässt sich das Leben des Werks auf die Rolle reduzieren, die es im Rahmen einer bestimmten Fortschrittsgeschichte spielen soll. Das macht die Arbeit der Geschichtsschreibung nicht etwa überflüssig, sondern erweitert sie im Blick darauf, dass die Kunst nicht nur der Geschichte unterliegt, sondern Geschichte auch selbst immer wieder neu zu lesen gibt.

Aus demselben Grund muss, drittens, auch Dantos Diagnose zurückgewiesen werden, die Kunst der Gegenwart sei in eine posthistorische, postnarrative Periode[13] eingetreten: Die Kunst ist nach 1964, als Danto zufällig eine Warhol-Ausstellung besuchte, nicht in einen posthistorischen Zustand des Anything goes übergegangen. Sie insistiert vielmehr seit den 1960er Jahren, hierin eine Entwicklung radikalisierend, die bereits, wie Eco gezeigt hat, viel früher beginnt, auf einem anderen, angemesseneren Begriff ihrer eigenen Historizität. Das bedeutet denn auch keineswegs ein Ende der historischen Erzählung, sondern im Gegenteil eine Vervielfältigung historischer Narrative, die in ein Verhältnis zueinander gebracht werden müssen.

Schließlich, viertens, erweist sich Dantos Theorie des Verstehens von Kunstwerken auch hinsichtlich ihrer Implikationen für die von ihm beständig heruntergespielte Dimension des sinnlichen Erscheinens von Kunst dann als kurzschlüssig, wenn man nicht davon ausgeht, dass sich die Interpretation eines Werks im Nachvollzug einer metaphorischen Bedeutung erschöpft, die durch die Künstlerintention und ihren historisch-kulturellen Kontext festgesetzt ist. In dieser Fluchtlinie muss Dantos Austreibung der Ästhetik aus der Theorie der Gegenwartskunst vielmehr als höchst irreführend zurückgewiesen werden.[14] Sinnliche Erfahrung und Denken stehen nämlich auch im Blick auf die jüngsten Werke keineswegs in einem Ausschlussverhältnis zueinander. Denn in dem Maße, wie die Bedeutung einer Arbeit eben nicht einfach vorausgesetzt werden kann, wird jedes Detail an ihr potenziell bedeutsam. Weil aber die Bedeutungen, die solche Details für uns annehmen können, nie vom Werk selbst verbürgt werden, sondern uns – deshalb – auf unsere eigene imaginative Leistung zurückverweisen, müssen sie sich immer wieder auch in das Material zurücknehmen, aus dem sie hervorgegangen sind. Dadurch tritt aber die Materialität des Werks erst als solche hervor. Der sinnliche Effekt der Kunst ist mithin ein Effekt ihres gespannten Bezugs auf Bedeutung, nicht deren bloßer Gegensatz. Die in der sinnlichen Anschauung hervortretende Materialität des Kunstwerks ist vielmehr ein Aspekt des spezifisch ästhetischen Erscheinens, sie ist das Korrelat einer ästhetischen Erfahrung, die gerade auch anhand der triftigsten Interpretation einer Potenzialität des Werks mit gewahr wird, die in solchen Bestimmungen nie restlos aufgeht. Wie wir uns bereits im ersten Kapitel klargemacht haben, trifft dies bereits auf die Erfahrung kanonischer Werke zu, die wir kaum interpretieren können, ohne uns zugleich bewusst zu halten, dass sie auch anders interpretiert worden sind und werden könnten, erst recht aber gilt dies im Blick auf jene neueren Werke, die das Moment der Bedeutungsoffenheit aller Kunst in ihre Form haben eintreten lassen.

Die Dimension des Erscheinens ist indes, dies wurde ebenfalls bereits verschiedentlich deutlich – so am Beispiel der von Heimo Zobernig inszenierten Stühle (in Kapitel 1, Abschnitt 2), so am Beispiel der Arbeiten von Santiago Sierra (in Kapitel 2, Abschnitt 2) –, auch von denjenigen Arbeiten nicht abzuziehen, die in der Tradition des Readymades mit Realitätsstücken arbeiten, die sie durch unterschiedliche Verfahren ihrem gewöhnlichen Gebrauchskontext entfremden. Zwar weist Danto an einer Stelle darauf hin, dass ein Werk, das aus einem einfachen Wäschebeutel bestünde, bereits durch eine Etikettierung mit der Aufschrift »Wäschebeutel« eine eigentümliche Fremdheit annehmen würde: »Ein so banales und bekanntes Objekt mit einem Etikett zu versehen heißt, es aus seinem Ort zu verrücken und die Umgebung zu verzerren.« (204) Doch schenkt er solchen künstlerischen Maßnahmen aufgrund seiner Fixierung auf visuell ununterscheidbare Paare keine weitere Aufmerksamkeit – ebenso wenig dem Umstand, dass er in der Warhol-Ausstellung 1964 nicht nur eine, sondern eine ganze Installation von *Brillo Boxes* gesehen hat, die in ihrer skulpturalen Anordnung und Massierung auch einige Hinweise auf den Umstand mitgeliefert haben dürften, dass es sich hier nicht um Kartons, sondern um siebbedruckte Holzkisten handelte. Auch Duchamps Readymades sind ohne solche verrückenden Eingriffe nur unvollständig zu verstehen. So ist die Schneeschaufel etwa mit dem enigmatischen Titel *In Advance of the Broken Arm/En prévision du bras cassé* versehen, zu deutsch »In Erwartung des gebrochenen Arms«. In den Hundekamm (*Comb/Peigne*) ist folgender nicht minder enigmatischer Satz eingraviert: »3 ou 4 gouttes de hauteur n'ont rien à voir avec la sauvagerie«, was übersetzt etwa heißt: »3 oder 4

Tropfen Höhe haben nichts mit Wildheit zu tun«. Das Urinoir hat ebenfalls bekanntermaßen einen Titel (*Fountain/Fontaine*) und ist überdies signiert (von Duchamps Pseudonym R. Mutt).[15] Im Fall des Flaschentrockners schien es aufgrund seiner bizarren Form offensichtlich bereits ausreichend, ihn schlicht von seinem Gebrauchskontext freizustellen. Es sind solche Eingriffe oder Verrückungen, die für die ästhetische Erfahrbarkeit der Gebrauchsgegenstände entscheidend sind. Durch solche Eingriffe nämlich werden sie sich selbst – ihrer Identität als Gebrauchsgegenstand – unähnlich: Sie werden zu Objekten der Interpretation, an denen jedes Element ihres sinnlichen Erscheinens, aber auch jedes Element ihrer Inszenierung potenziell bedeutsam wird. Während Danto freilich der Meinung ist, dass eine solche Aufmerksamkeit für das sinnliche Erscheinen des Readymades der Geste des Künstlers (sprich: den immer gleichen künstlerischen Identifikationen »Schneeschaufel-als-Kunstwerk«, »Hundekamm-als-Kunstwerk«, »Urinoir-als-Kunstwerk«, »Flaschentrockner-als-Kunstwerk«) nicht angemessen sein kann (vgl. 147 f.), ist es doch genau das Rätselhaftwerden des gewöhnlichen Dings – und im selben Zug: das Auffälligwerden seiner sinnlichen Erscheinung –, dem selbst eine philosophische Pointe zugesprochen werden kann. Denn die künstlerischen Verfahren der Verfremdung, der Dekontextualisierung, der spezifischen Markierung, wie minimal sie auch sein mögen, zielen darauf, uns in ein verändertes Verhältnis zur Welt der Gebrauchsgegenstände zu setzen. Besonders augenfällig wird diese Operation dort, wo wir es mit Gegenständen zu tun haben, die uns, anders als diejenigen Objekte, die wir im emphatischen Sinne unter den Titel »Design« stellen würden, zu alltäglich, zu banal, zu nah sind, als dass uns ihre spezifische Gestaltung auffallen würde. Kunst zielt dann darauf, den gewöhnlichen Dingen ihre Vertrautheit zu nehmen, durch die sie unserer Wahrnehmung unauffällig geworden sind, um gewissermaßen unterhalb der Aufmerksamkeitsschwelle fortzuexistieren. Kunst bewirkt hier, könnte man auch sagen, den Eindruck der »Unheimlichkeit des Gewöhnlichen«[16].

Der Philosoph Stanley Cavell, von dem diese Formulierung stammt, assoziiert sie mit einem Verlust des Gewöhnlichen, der just in dem Moment eintritt, in dem wir seiner durch eine Verrückung gewahr werden. In dem Maße, wie die Kunst an einer solchen Verrückung arbeitet, provoziert sie die Erfahrung, dass die Welt genau dann entweicht, wenn man sich darum bemüht, sie sich gegenwärtig zu *machen*.[17] Man hat zwar gemeint, sich der Welt durch die Sinne vergewissern zu können. Aber, und das ist die abgründige Erfahrung des Readymades, »›was den Sinnen gegenwärtig ist‹, ist nicht die Welt«[18]. Die Kunst verlässt sich mit anderen Worten hier gerade nicht auf die historisch-kulturellen Kontexte, die für alles Weltverstehen konstitutiv sind, sondern setzt uns in ein reflexives Verhältnis zu ihnen. Ihre Tiefe ist nicht die einer nachzuvollziehenden künstlerischen Metapher, die der sinnhaft erschlossenen Welt einen weiteren, besonders originellen Sinn hinzufügt, sondern die Tiefe des Abgrunds, in den wir blicken, wenn uns die Automatismen unseres Verstehens, die Automatismen unserer gewöhnlichen Welthabe entzogen sind. Durch eine solche Erfahrung hindurchgegangen, vermag das Gewöhnliche durchaus wiederzukehren, allerdings nicht als Zustand der Gewissheit, sondern als ein Gewöhnliches, das sich seine eigene Kontingenz und Fragilität, kurz: seine Außergewöhnlichkeit eingestehen muss. Das Gewöhnliche erscheint nämlich jetzt als das Produkt einer prinzipiell veränderlichen Praxis. Deutlicher noch als die frühen Readymade-Künstler haben jüngere Künstler das politische Potenzial des ästhetischen Entautomatisierungseffekts entdeckt. Mit Nachdruck stellen sie die Frage, wie wir das Gewöhnliche der modernen Welt mit ihren Schneeschaufeln, Hundekämmen, Brillo Boxes und Designerstühlen, aber auch ihrer Massenkultur, ihren Geschlechterverhältnissen, ihren Flüchtlingen, Arbeitslosen und sonstigen Alltagsrealitäten verstehen wollen, das wir Tag für Tag wiederkehren lassen.

2. Die Materialität der Idee: Konzeptkunst

Bereits Ende der 1960er Jahre, also mehr als eine Dekade bevor Danto sein Erlebnis aus dem Jahr 1964 theoretisch verarbeitet und als sein kunstphilosophisches Hauptwerk *Die Verklärung des Gewöhnlichen* veröffentlicht haben sollte, bekannte sich der Künstler Joseph Kosuth zu einer neuen Richtung in der Kunst, von der er meinte, dass durch sie von der sinnlichen Erfahrung auf das Denken »umgeschaltet«[19] würde: der Konzeptkunst. Denn sie erbringe den ultimativen Nachweis, dass der sinnliche Träger als Bedingung von Kunst irrelevant sei.[20] Auch für Kosuth ist das Readymade von entscheidender historischer Bedeutung für diese Diagnose. Mit dem Readymade nämlich, darin nimmt seine Einschätzung die von Danto vorweg, verschiebe sich der Fokus von der Erscheinung auf das Konzept (Kosuth, 80). Allerdings verknüpft er das Readymade plausiblerweise mit dem Namen Duchamps und nicht mit dem Warhols, weshalb das Readymade nach Kosuth auch nicht erst die Entwicklungen seit den 1960er Jahren bestimmt; vielmehr markiere es den Beginn aller eigentlich modernen Kunst. Die Differenzen, die sich damit hinsichtlich der Frage ergeben, ob das Readymade nun das Ende (Danto) oder den Beginn (Kosuth) der Moderne markiert, sind indes letztlich zu vernachlässigen. Denn für Danto wie für Kosuth *vollendet* sich mit dem Readymade in gewisser Hinsicht die Geschichte der Kunst, und sofern Kosuth die Essenz der Moderne als diese Vollendung denkt, berührt sich seine These freilich mit derjenigen Dantos, die unterstreicht, dass eine solche Vollendung notwendig ein Ende enthält. Beide kommen denn auch in der Deutung überein, dass die Kunst seit dem Readymade in ein Stadium eingetreten ist, in dem sie – endlich befreit vom Darstellungsauftrag und sonstigen externen Zwecken – zu sich selbst kommt, und das heißt: zu ihrer eigenen Philosophie wird. Vor dem Hintergrund dieser Nähe kann es nicht weiter verwundern, dass Danto Kosuth die Anerkennung zuteil werden lässt, einer der ersten gewesen zu sein, die philosophische Dimension der Kunst seiner Zeit erkannt zu haben.[21] Ironischerweise hat diese Diagnose bei Kosuth jedoch die im Vergleich zu Danto umgekehrte Pointe, dass mit dem Readymade nicht die Kunst, sondern die Philosophie an ein Ende gekommen sein soll – auch wenn er für dieses Ende nicht allein die Kunst verantwortlich macht (vgl. 71-74). Die Kunst nach Duchamp ist für Kosuth jedenfalls eine »Kunst nach der Philosophie«, die die philosophische Frage nach ihrem Wesen selbst in die Hand nimmt. Diese These berührt sich im systematischen Kern jedoch ebenfalls mit derjenigen Dantos. Denn sowohl Kosuth als auch Danto koppeln ihre Diagnosen vom Philosophischwerden der Kunst an die These, dass sich die Kunst nicht nur selbst von den Äußerlichkeiten ihres sinnlichen Erscheinens, sondern damit zugleich von der auf solche vermeintlichen Äußerlichkeiten konstitutiv bezogenen philosophischen Ästhetik emanzipiert haben soll. Die »Kunst nach (dem Ende) der Philosophie« (Kosuth) soll ebenso wie die »Kunst nach dem Ende der Kunst« (Danto) eine Kunst jenseits der Fragestellungen der philosophischen Ästhetik sein (vgl. 76).

»Alle Kunst (nach Duchamp)«, schreibt Kosuth programmatisch, »ist (ihrem Wesen nach) konzeptuell, weil alle Kunst allein konzeptuell existiert.« (80) Nach Duchamp manifestiere nämlich jedes Werk nur tautologisch eine allgemeine Definition von

Kunst, es gehe letztlich um das Zum-Ausdruck-Bringen einer »Proposition« (83) – weshalb das Entscheidende auch nicht mehr die konkrete Erscheinungsweise des jeweiligen Werks, sondern vielmehr die ihm zugrunde liegende Idee oder der Begriff von Kunst sei. Denn Propositionen nennt man in der Philosophie den Inhalt von Aussagen, also das, was gegebenenfalls auf unterschiedliche Weise ausgesagt werden kann. Die Sätze »Dies ist eine Katze« und »This is a cat« bringen dieselbe Proposition zum Ausdruck. Ganz analog soll es in der Kunst nach Duchamp, glaubt man Kosuth, ebenfalls nicht um die spezifische materiale Gestaltung gehen, vielmehr sei diese gegenüber der Proposition, der jeweiligen Idee von Kunst also, um die es eigentlich gehe, beliebig.

»Reine« Konzeptkunst löst sich nach Kosuth daher nicht nur vom begrifflichen Horizont der philosophischen Ästhetik, sondern auch von der Kunstgeschichte mit ihrer Aufmerksamkeit für die Tradition spezifischer Objekte und zugehöriger Darstellungsmittel (vgl. 79, 94). Indem man – etwa als Maler – die kunsthistorische Tradition fortsetze, akzeptiere man nämlich vorab eine ebenso obsolete wie kontingente Definition von Kunst – statt sie infrage zu stellen.[22] Allerdings erfolgt die Wendung gegen die Konvention der Einteilung der Kunst nach Künsten bei Kosuth nicht im Namen der Singularität der Erscheinungen gegenüber dem Allgemeinen der Begriffe – in dem Sinne, wie wir die Entwicklungen zur Entgrenzung der Künste im dritten Kapitel (dort besonders im zweiten Abschnitt) rekonstruiert haben –, im Gegenteil: Die Kunst soll selbst mit dem Allgemeinen der Begriffe oder Konzepte identisch werden, sie soll Konzeptkunst werden. In diesem Sinne soll die »reinste« Konzeptkunst überdies die reinste, die destillierteste Form von Kunst überhaupt sein. Konsequenterweise ist für Kosuth die Konzeptkunst auch nicht bloß eine Kunstbewegung unter anderen, und sie ist auch keine »Anti-

Kunst«, die sich die Dematerialisierung des Kunstobjekts auf die Fahnen geschrieben hätte – denn eine solche Formulierung, so Kosuth, setzte noch voraus, dass Kunst eigentlich ein Objekt braucht (vgl. 94). Kunst aber, so noch einmal Kosuths Bestimmung, ist nichts anderes als ihre eigene Definition (vgl. 92). Ähnlich wie Danto reduziert auch Kosuth die Kunst auf die künstlerische Setzung »X-als-Kunst«, die zu verstehen Kontextwissen voraussetze – sowohl von der Künstlerintention als auch über den Bedeutungshorizont, auf den sich die jeweilige Setzung bezieht. Das zeige sich anschaulich, so Kosuth (zehn Jahre vor Danto) weiter, an dem Vorkommen von Boxen und Kuben im Werk unterschiedlicher Künstler. Die Differenzen zwischen diesen, wie Danto sagen würde: weitgehend erscheinungsgleichen Arbeiten erhelle sich lediglich dann, wenn man die jeweiligen Künstlerintentionen und deren Kontexte mit bedenke (vgl. 89). Wie Danto ist also konsequenterweise auch Kosuth der Meinung, dass die konkrete Form, in der sich diese Setzung verkörpert, letztlich sekundär ist: eine bloße »Tautologie« (vgl. 83, 85). Ebendies sollen nun aber jene Werke explizit machen, die Kosuth der »reinen« Konzeptkunst zurechnet. Denn dies sollen Werke sein, die gleichsam an sich selbst demonstrieren, dass ihre jeweilige materiale Konkretisierung für ihre eigentliche Bedeutung irrelevant ist.[23]

Sofern Kosuth die Konzeptkunst zugleich als die paradigmatisch moderne Kunst bestimmt (vgl. 80), verhält sich sein Verständnis der künstlerischen Moderne freilich denkbar antagonistisch zu dem von Clement Greenberg. Greenberg wird daher nicht zufällig von Kosuth als theoretischer Kontrahent genannt (vgl. 77). Denn für Greenberg, so haben wir gesehen (Kapitel 3, Abschnitt 1), kann es Kunst nur innerhalb der Künste und ihrer Traditionen und in ausdrücklicher Rückbindung an deren jeweilige Medien geben; mehr noch: der Ausdruck ihrer jeweiligen

Trägermedien wird bei Greenberg zur entscheidenden Aufgabe der Kunst. Dennoch teilt Kosuth mit Greenberg, wenn auch unter spiegelverkehrten Voraussetzungen, ein teleologisches Verständnis der Moderne. Beide nämlich begreifen die Essenz der Moderne als den Endpunkt eines Prozesses der Reinigung der Kunst von allen heteronomen Ansprüchen, in deren Verlauf schließlich das eigentliche, das in diesem Sinne autonome Wesen der Kunst rein hervortreten soll. Und beide assoziieren diesen Prozess vor allem mit einer Negation des traditionellen Darstellungsauftrags: Er erscheint so vor allem als ein Prozess der Abstraktion. Während Clement Greenberg diesen Abstraktionsprozess jedoch als einen Prozess der immer klareren Besinnung der einzelnen Künste auf ihre jeweiligen medialen Spezifika bestimmt hatte, versteht ihn Kosuth als einen Prozess der Abstraktion auch noch von der materialen Dimension der Kunst. Während der eine (Greenberg) also die Kunst mit dem Ausdruck ihrer materialen respektive medialen Bedingungen zusammenfallen lässt, identifiziert der andere (Kosuth) die Kunst mit ihrem allgemeinen Begriff. Es stehen sich hier zwei extreme Versionen einer teleologischen Geschichte der modernen Kunst entgegen, deren jeweilige Endpunkte sich genau komplementär zueinander verhalten. Beide isolieren aus entgegengesetzten Richtungen voneinander, was ästhetisch – zumindest in der Linie der in diesem Band verteidigten theoretischen Positionen – weder getrennt werden kann noch sollte: Form und Inhalt, Materialität und Bedeutung.

Dass das Ästhetische nicht in der Isolation einer der beiden Pole bestehen kann, sondern sich vielmehr als eine Dynamik zwischen diesen beiden Polen ereignet, zeigt sich denn auch ironischerweise gerade an Kosuths eigenen künstlerischen Arbeiten. Kosuths 1966 begonnene Serie *Art as Idea as Idea* sollte, den theoretischen Intuitionen des Künstlers gemäß, lediglich Ideen präsentieren, wobei sich die sinnliche Qualität der Präsentation selbst als Tautologie erweisen sollte. Entscheidend sollte also allein die Idee selbst sein – und die ist, wie Kosuth betont, notwendig sprachlich verfasst (vgl. 84). Wie um das zu unterstreichen, stellte Kosuth zunächst vergrößerte Fotokopien von Lexikoneinträgen zu Lemmata wie »Wasser« oder »Luft« aus, zu recht ungegenständlichen Konkreta also, später ersetzte er diese gleich mit Abstrakta wie »Bedeutung«, »Nichts«, »Zeit« sowie – besonders selbstreferentiell – »Definition« oder »Abstraktion«.[24] Nun ist bereits die Engführung der kunsttheoretischen Bestimmung, nach der das Wesen der Kunst in ihrer Idee bestehen soll, mit der künstlerischen Entscheidung, abstrakte Ideen zum Gegenstand von Kunst zu machen, bemerkenswert. Denn aus dem Gedanken, dass jede künstlerische Arbeit letztlich als Setzung einer Idee verstanden werden muss, folgt ja keineswegs notwendig, dass die Idee eines Werks in der Präsentation von Ideen bestehen muss. Kosuth trägt dem freilich mit dem Titel seiner Werkserie Rechnung: *Art as Idea as Idea*, Kunst-als-Idee als Idee also. Gleichwohl scheint er anzunehmen, damit einen Weg gefunden zu haben, den konzeptuellen Kern von Kunst überhaupt freizulegen: Die künstlerische Idee, philosophisch gehaltvolle abstrakte Ideen zu präsentieren (von denen indes lediglich Lexikonbestimmungen gegeben werden), soll vor allem demonstrieren, dass die sinnliche Präsentation (die konkrete Gestalt) für das, worum es eigentlich gehen soll, sekundär ist. Ob es sich aber tatsächlich so verhält, ob also Kosuths künstlerische Arbeiten tatsächlich halten, was der Theoretiker verspricht, kann sich nur in der Anschauung erweisen.

Wie Martin Seel in einer Auseinandersetzung mit Kosuth vorgeführt hat[25], zeigt sich an dessen Arbeiten jedoch, dass die konkrete Form der Präsentation einer Idee im Blick auf die Auffassung ihrer möglichen Gehalte keinesfalls beliebig ist: Die vergrößert auf schwarzen Bildtafeln in weißen Lettern wiedergegebenen Einträge setzen nicht nur hinsichtlich der in ihnen auftauchenden Begriffe und Erläuterungen ein Spiel von Assoziationen in Gang, die sich auf die Situation der Kunst beziehen lassen (und dies gilt für alle von Kosuth ausgewählten Abstrakta – vom »Nichts« über die »Bedeutung« bis hin zur »Definition« oder »Abstraktion«). Gegen die Intention des Künstlers erhalten hier nämlich nun formale Details Gewicht, die beim Lesen eines Wörterbucheintrags kaum auffällig werden würden. Denn durch die Präsentationsform werden wir notwendig auch auf die grafische, geradezu ornamentale Qualität der Schrift verwiesen. Was wir dann eher sehen denn lesen, ist eine bildliche Komposition in Schwarz und Weiß. Die durch die extreme Vergrößerung unregelmäßig erscheinenden Buchstaben treten in ihrer Materialität hervor und verselbständigen sich potenziell gegeneinander und gegenüber dem Text, den sie bilden. Was hier in Gang kommt, so Seel, ist eine »Komödie von Vertauschungen«[26], zwischen sukzessivem Lesen und simultanem Sehen, Text und Ornament, Bedeutung und Materialität, Abstraktion (des Begriffs) und Konkretion (des Schrift-Bilds). Die größte Pointe dieser Komödie ist freilich, dass sie sich im Modus des ästhetischen Erscheinens entfaltet, das ihr Schöpfer eliminiert wissen wollte. Statt uns durch den Medienwechsel vom Bild zur Sprache auf einen propositionalen Gehalt zu stoßen, ziehen Kosuths Arbeiten die Sprache durch ihre spezifische Präsentation in die Dimension des Bildhaften hinüber, wodurch noch der banalste Lexikoneintrag eine Qualität der Fremdheit annimmt, durch die wir mehr und anderes in ihm lesen und sehen als das, was dasteht.

Gegen Kosuth demonstrieren seine eigenen Arbeiten folglich, dass das Wesen der Kunst gerade nicht in der Übermittlung propositionaler Gehalte besteht. In ihrer Weigerung, »den Weg vom Werk zur Proposition zu gehen«[27], behauptet sich vielmehr, wie wir bereits im letzten Kapitel (III, Abschnitt 2) gesehen haben, die Differenz der Kunst gegenüber der Bestimmung, ihre Autonomie (und das gilt natürlich auch und gerade für diejenige Kunst, die sich ausschließlich im Medium der Sprache entfaltet: die Literatur). Im Unterschied zu seiner Theorie zeigt das intermedial zwischen Bild und Text changierende künstlerische Werk Kosuths, dass Kunst nie mit einem allgemeinen Begriff von Kunst zusammenfallen kann, ohne dadurch aufzuhören, Kunst zu sein. Es markiert denn auch keinen Endpunkt in der Geschichte der Kunst. Vielmehr haben wir es hier mit einem sehr spezifischen Werk zu tun, das uns durch seine singuläre Gestalt in die Lage versetzt, unseren Begriffen (nicht zuletzt auch hinsichtlich ihrer materialen Verkörperung) ebenso distanziert neu zu begegnen wie den Weisen, in denen wir sie (in Wörterbüchern und Lexika) üblicherweise verwalten.

Wenn das aber richtig ist, dann sollte der Begriff der Konzeptkunst nicht länger, wie dies häufig gemacht wird, gegen die Dimension des sinnlichen Erscheinens ausgespielt werden. Vielmehr ist die Weise, wie, in welcher Form, sich ein Konzept verkörpert, von entscheidender Bedeutung für die Erfahrung der sehr verschiedenen Werke, die Kosuth der »reinen Konzeptkunst« zuordnet, darunter Arbeiten von Terry Atkinson und Michael Baldwin (später Mitglieder der Gruppe Art & Language), die sich selbst dezidiert von Kosuths Reduktion des Kunstbegriffs auf die Künstlerintention distanziert haben.[28] Gleichwohl teilen Atkinson und Baldwin mit Kosuth den Impuls, die Kunst von der Bedingung ihres materialen Erscheinens zu entkoppeln[29] – und um eine Relativierung dieses Impulses geht es mir an dieser Stelle.

Ein Teil der Werke, die Kosuth als »reine Konzeptkunst« auszeichnet, sind konzeptuell in dem Sinne, dass sie die Regeln, die sie setzen, transparent machen, indem sie sie exekutieren. Das gilt für die von Kosuth genannten »Daten-Bilder« von On Kawara (im Rahmen der 1966 begonnenen *Today Series*), die nicht mehr zeigen als das Datum des Tages, an dem das Bild entstanden ist, und zwar notiert nach der jeweiligen Konvention für Datierungen, die in dem Land, in dem das Bild gemalt wurde, normalerweise Anwendung findet. Es gilt auch für die ebenfalls von Kosuth als »reine Konzeptkunst« gelobten Arbeiten von Hanne Darboven, so etwa für ihre von Hand geschriebenen Zahlenreihen (*Konstruktionen*, die ab 1967 gezeigt wurden), die sich aus Additionen oder Multiplikationen von numerischen Sequenzen ergeben, welche auf der Ziffernfolge beruhen, die nach dem gregorianischen Kalender dazu verwendet wird, Tag, Monat und Jahr anzugeben. In beiden Arbeiten geht es offenkundig um die Repräsentation von Zeit in nicht zeitbasierten Medien, jedoch eröffnen sie jeweils – und das hat mit ihren sehr unterschiedlichen Erscheinungsformen zu tun – eigene semantische Resonanzräume: So wird sich im einen Fall (On Kawara) eine Reflexion auf das Verhältnis von Ort und Zeit einstellen, im anderen (Hanne Darboven) stellt sich vermutlich durch die Obsessivität, auf welche die endlosen Zahlenreihen aus der Hand der Künstlerin schließen lassen, eine Erfahrung der Differenz zwischen subjektiver Zeitwahrnehmung und objektiv verstreichender Zeit ein. Eine durchaus humorvolle Arbeit der Künstlerin Christine Kozlov mit dem Titel *Figurative Work* (1969), die aus einer Auflistung von allem besteht, was sie in einem Zeitraum von sechs Monaten gegessen hat, wird wiederum einen ganz anderen Assoziationshorizont eröffnen. In jedem Fall aber gehen die Arbeiten nicht einfach in den Konzepten auf, die sie zugleich ausführen – eben weil sich diese jeweils in einer bestimmten Weise verkörpern. Und das gilt selbstredend auch noch für die schlichte Liste, die im Fall von *Figurative Work* gerade durch ihre Trockenheit den ganzen Kosmos der figurativen, der gegenständlichen Kunst aufruft – und mit ihm die Rolle des weiblichen Körpers als privilegiertes Sujet der entsprechenden Tradition. Und selbst die *Air Show* von Atkinson und Baldwin (1966-67) entkommt der sinnlichen Erfahrung nicht. Die Arbeit besteht zwar lediglich aus einer Reihe von Erläuterungen, die von der theoretischen Installation einer Säule aus Luft handeln, die eine Quadratmeile umfassen, aber in der vertikalen Dimension, ihrer Länge nach also, nicht näher spezifiziert werden sollte. Der Gebrauch des Wortes »Säule« mit Bezug auf eine Materie, die nicht die richtigen physikalischen Qualitäten aufweist, um etwas derartig Dichtes zu formen, wird jedoch notwendig eine erhöhte Aufmerksamkeit für die Materialität auch noch der unsichtbaren Welt provozieren, für die materiale Qualität der Luft, die wir atmen und die den Raum füllt. Gerade durch die Verweigerung des skulpturalen Objekts werden wir auf grundsätzliche Bedingungen aufmerksam – Materie, Ausdehnung, umgebender Raum –, mit denen jedes räumliche Gestalten, sei es architektonisch, skulptural oder installativ, umzugehen hat. Selbst eine Arbeit wie *Air Show* unterhält also Beziehungen zur Dimension sinnlicher Erfahrung (wobei die sinnliche Erfahrung, noch einmal, im Kontext des in diesem Band verteidigten Verständnisses des Ästhetischen nie das Andere kognitiver Prozesse ist, sondern vielmehr eine Implikation derselben darstellt). Noch das Unsichtbare wird mit anderen Worten hier zu einem Gegenstand des Erscheinens – auch wenn dies vermittels eines Objekts, nämlich des Konzepts, geschieht, das in diesem Fall weniger angeschaut denn gelesen werden will.[30] Das Konzept vermittelt hier zwar tatsächlich hauptsächlich eine Idee und wird weniger, wie Kosuths Schrift-Bilder, selbst zum Gegenstand der Erfahrung, aber es fungiert als eine Art Auslöser für eine Erfahrung der *Materialität* des Unsichtbaren. Konsequenterweise richtete sich Atkinson[31] auch gegen die Charakterisierung der Konzeptkunst durch das Schlagwort der »Dematerialisierung« des Kunstobjekts, wie sie durch die Kunsthistorikerin Lucy Lippard zu einigem Einfluss gekommen war.[32]

Eine ganze Reihe von konzeptuellen Arbeiten, die Kosuth wenn auch nicht der »reinen Konzeptkunst«, so doch immerhin deren Umfeld zuordnet, tragen dem Verhältnis zwischen dem Konzept auf der einen und seiner konkreten Materialisierung auf der anderen Seite ausdrücklich Rechnung. In solchen Arbeiten geht es, wenn ich richtig sehe, nicht zuletzt um das Problem der Übersetzung, der Erweiterungen und Brechungen, die eine Idee durch ihre konkrete Materialisierung erfährt oder erfahren würde, etwa wenn Sol LeWitt Anweisungen zur Herstellung von Wandzeichnungen notiert, die dann von anderen Leuten – mit je individueller Linienführung – in je anderen Räumen ausgeführt werden können (*Wall Drawings*, seit 1968), oder wenn Bruce Nauman einen Stapel von Plakaten auslegt, auf dem sich Handlungsanweisungen für eine minimalistische Performance befinden, die sich von jedermann an beliebigen Orten ausführen ließe (*Body Pressure*, 1974). Es handelt sich hier um offene Kunstwerke in dem Sinne, dass sie für ihre Realisierung oder Ausführung der praktischen Mitarbeit von Interpreten bedürfen, wobei der Spielraum der Interpretation in beiden Fällen – anders als bei den im ersten Kapitel (Abschnitt 1) diskutierten Beispielen – relativ eng ist; die Anweisungen sind recht präzise. Tatsächlich sind diese Anweisungen Skripten oder Notationen vergleichbar, so dass die Werke durchaus in die Kategorie allografischer Kunstformen eingeordnet werden könnten.

Allografisch nämlich nennt der Philosoph Nelson Goodman ein Kunstwerk dann, wenn es einen Kern an Information bereitstellt – etwa in Form eines Skripts oder einer Partitur –, der selbst beliebig reproduzierbar ist und es ermöglicht, das Werk von den unterschiedlichsten Interpreten aktualisieren oder verwirklichen zu lassen, ohne dass es dadurch jedoch aufhörte, als

Werk identifizierbar zu sein.[33] Die klassische europäische Musik ist nach Goodman daher eine allografische Kunst, die Malerei hingegen nennt er autografisch, weil sie nicht reproduziert werden kann, ohne dass damit die Authentizität des Werks in Mitleidenschaft gezogen würde: Es würde sich dann nämlich um eine Fälschung handeln. LeWitt, könnte man sagen, überträgt mit seinen *Proposals* für *Wall Drawings* das Prinzip der allografischen Künste auf das Feld der autografischen.[34] Bruce Nauman hingegen macht das für das dramatische Theater charakteristische allografische Prinzip für die Performance geltend, die ebenfalls nicht notwendig allografisch funktioniert, weil viele Performances nicht auf Wiederholung angelegt sind.

Schon durch diesen Zug zum Allografischen entfernen sich beide Künstler von Kosuths Begriff der Konzeptkunst, dem zufolge sich die Kunst auf einen propositionalen Gehalt, nämlich auf die ihr zugrunde liegende Idee respektive Künstlerintention reduzieren lassen soll. Denn als Vorschriften antizipieren die Konzepte von LeWitt und Nauman ein von ihnen selbst nicht vollständig zu kontrollierendes Moment der Interpretation durch diejenigen, die sie realisieren. In beiden Fällen existiert das Werk nicht bereits im Konzept, sondern in dem Verhältnis zwischen Konzept oder Vorschrift auf der einen und seinen Realisierungen auf der anderen Seite – wobei sich die jeweiligen Realisierungen, die Wandzeichnungen (LeWitt) oder die Performance (Nauman), dezidiert nicht auf die ihnen zugrunde liegenden Skripte reduzieren lassen. Sofern der Bezug auf Letztere in der Erfahrung der Produkte präsent gehalten wird, wird dies folglich mit dem Gewahrwerden eines »Abstands zwischen der Wahrnehmungswirkung und ihrer Vermitteltheit durch die ihnen zugrunde gelegte linguistische Struktur«[35] einhergehen. Das Konzept in seinem technischen Sinn zu erfassen ist nicht dasselbe, wie interpretierend – in einem zugleich kognitiven wie sinnlichen

Prozess – die Erfahrung seiner Realisierung zu machen (sowohl auf der Ebene der Produktion wie auf der der Rezeption).

Rückblickend erweist sich also die radikale These, die man gemeinhin mit dem Begriff der Konzeptkunst verbindet, die These nämlich, nach der diese die Kunst endlich von der Bedingung des sinnlichen Erscheinens emanzipiert und auf ihren vermeintlichen Kern einer sprachlich artikulierbaren Idee zurückgeführt haben soll, als ungenau, ja als falsch. Doch dies relativiert nicht den radikalen Einschnitt, den die Konzeptkunst im Blick auf den modernistischen Diskurs bedeutet. Denn wir haben es hier mit einer Kunst zu tun, die aus dem System der Künste ausschert. Allerdings erfolgte auch dieser Schritt, wie die Arbeiten – wenn auch zum Teil gegen die theoretischen Selbstverständnisse der Künstler – zeigen, nicht als eine Abwendung der Kunst von der Ästhetik insgesamt, sondern als eine Wendung gegen die Reduktion des Ästhetischen auf das überkommene Vokabular der traditionellen Künste. Gegen das von Kosuth und Art & Language vertretene Programm einer weitgehend ikonophoben »analytischen« Konzeptkunst zeigt sich in dieser etwas milderen Beleuchtung, dass auch das Visuelle von der Konzeptkunst nicht einfach zugunsten anschauungsfreier Kognition verbannt, sondern in verschiedenen Hinsichten neu erschlossen wurde.

In diesem Zusammenhang hat der Kunsthistoriker und Kurator John Roberts auf die wichtige Rolle hingewiesen, die die Fotografie von Anfang an im Kosmos der Konzeptkunst gespielt hat.[36] Das Interesse der Konzeptkünstler an der Fotografie erklärt sich sicher zunächst im Blick auf die ambivalente Stellung derselben im Blick auf das System der Künste. Die historischen Debatten zeugen von den Schwierigkeiten, die neue Bildtechnologie zu den traditionellen Bildkünsten ins Verhältnis zu setzen.[37] So erwiesen sich etwa die bemühten Annäherungen der Fotografie an Malerei und Zeichnung schnell als unbefriedigend, weil die Ambition der vergleichsweise konventionellen Formgebung, wie insbesondere Roland Barthes[38] und Siegfried Kracauer[39] insistiert haben, gerade verstellt, was das spezifische Potenzial der Fotografie ist: nämlich eine Wirklichkeit zu bezeugen, die hier gewissermaßen in ihrem verrückten Detailreichtum, also ohne durch den Formwillen und die Wirklichkeitsdeutung eines Künstlers gefiltert zu werden, zur Erscheinung kommt. Gerade ein solches »Lob der Fotografie als Nicht-Kunst«[40] entsprach nun aber einer künstlerischen Praxis, der es darum ging, überkommene künstlerische Bildsprachen ebenso infrage zu stellen wie die Rolle der mit ihnen verbundenen handwerklichen Fertigkeiten.[41]

Dennoch erweist sich dieses Verständnis der Fotografie im Blick auf den Gebrauch, den Konzeptualisten wie Bruce Nauman, Douglas Huebler oder Robert Barry selbst von ihr machten, nämlich dezidiert nicht im Sinne einer Erneuerung sozialrealistischer Kunst, als unterkomplex. Obwohl die fotografische Konzeptkunst den Look des Amateurhaften pflegte – es ging auch in diesem Kontext darum zu demonstrieren, dass der Begriff von Kunst nicht an konventionellen künstlerischen Fertigkeiten hängt –, wendete sie sich auf der anderen Seite durchaus gegen die Reduktion der Fotografie auf ihre realistische Tendenz. Naumans *Self Portrait as a Fountain* (1966) beispielsweise, so Roberts, nutze die Fotografie in einer offen allegorischen und weniger in einer deskriptiven Weise.[42] Mit der, wie der Fotokünstler Jeff Wall formuliert hat, konzeptkünstlerischen »Subjektivierung«[43] der Fotografie, die diese gleichwohl in ihrem Eigenrecht bestehen lässt und also nicht den Konventionen der etablierten Bildkünste unterwirft, positioniert sich die fotografische Konzeptkunst jenseits der unfruchtbaren Entgegenstellung von »Realismus *oder* Kunst, Reproduktion *oder* Formgebung, Fotografie *oder* Malerei«[44]. Zwar ist bereits diese doppelte Frontstellung gegen den Modernismus einerseits und den Fotojournalismus andererseits bemerkenswert. Der eigentliche Einsatz der Konzeptkunst auf dem Feld der Fotografie aber liegt noch an einem anderen Punkt. Wie Roberts zeigt, stellt sich die konzeptuelle Fotografie nämlich der Herausforderung, die darin besteht, dass es sich bei der Fotografie um eine Bildtechnologie handelt, die auch massenkulturell Verwendung findet. Und im Blick auf *diese* Frontstellung – die der Kunst zur Massenkultur – reicht es nicht schon aus, eine dritte Position zwischen Modernismus und Fotojournalismus einzunehmen, indem man das Verhältnis betont, in dem mechanische Wiedergabe und Ausdruck, Maschine und Mensch in der Fotografie immer schon stehen. Denn ebendies gilt auch für die kommerzielle Fotografie.

Was es dann zu denken gilt, ist die Beziehung, in der die Kunst zu der sie umgebenden visuellen Kultur steht. Spätestens in den 1970er Jahren war nämlich unabweisbar geworden, dass Bilder zu »Sachverhalten der visuellen Kommunikation und damit einer Massenkultur [geworden waren], für die Kunst nur eine marginale Tatsache ist«[45]. Auf diesen Tatbestand galt es nun nicht mehr allein ästhetisch, sondern auch politisch zu reagieren. Nicht zufällig verschiebt sich bei Künstlern wie John Baldessari, Victor Burgin oder John Stezaker das konzeptkünstlerische Interesse in diesem Zusammenhang von der Herstellung eigener Fotografien auf den analytischen Umgang mit bereits bestehenden fotografischen Bildern, die hier nicht als authentisches Dokument akzeptiert, sondern im Gegenteil in Bezug auf ihre rhetorischen Strategien, auf die ihnen zugrunde liegenden sozialen Ideologien sowie auf die Bedingungen ihrer Konsumption thematisch werden.

Diese Wendung der fotografischen Konzeptkunst aber markiert zugleich ihr Ende als Konzeptkunst im engeren Sinne.[46] Denn sie öffnet die – in der »analytischen« Konzeptkunst durchaus ebenfalls politisch, nämlich anti-imperialistisch, kapitalismus- und spektakelkritisch begründete – Geste eines Entzugs der Bilder auf eine dekonstruktive Arbeit an den Bildern, die weit über die Diskussionen hinausführt, die gemeinhin unter dem Titel Konzeptkunst geführt werden. Vielmehr berührt sich die Konzeptkunst hier mit künstlerischen Praktiken der Appropriation bestehender Bildwelten, die für die Diskussion um eine künstlerische Postmoderne paradigmatisch werden sollten.

3. Arbeit an der visuellen Kultur: die *Pictures*-Generation

1977 kuratiert der US-amerikanische Kunsthistoriker und -kritiker Douglas Crimp im New Yorker Kunstraum *Artists Space* eine Ausstellung mit dem Titel *Pictures*. Sie sollte, nicht zuletzt aufgrund der theoretischen Überlegungen, mit denen Crimp die Ausstellung begleitete, zu einem der wichtigsten Referenzpunkte in den kunstkritischen Debatten werden, die in den USA um die Bedeutung der Postmoderne geführt wurden. Der Titel, *Pictures*, so erläutert Crimp im Vorwort zu einem auf dem ursprünglichen Katalogtext beruhenden Aufsatz gleichen Titels[47], sei Programm: Denn der Begriff »Picture«, Bild, gebe keinen Aufschluss über das Medium der Bildhervorbringung, es handele sich vielmehr um einen medienindifferenten Begriff. Von Bildern spreche man im Blick auf Fotografien ebenso wie angesichts von Gemälden oder Zeichnungen. Gerade der Umstand, dass der Begriff des Bildes medienunspezifisch ist, macht ihn aber für Crimps Projekt, die ästhetische Sensibilität der 1970er Jahre auf einen handlichen Begriff zu bringen, interessant: Die künstlerischen Positionen, die Crimp in der *Pictures*-Ausstellung zeigte, haben alle gemeinsam, dass ihnen die Frage der Medienspezifik offenbar nicht mehr als das alleinige und auch nicht mehr als das entscheidende Problem gilt. Es handelt sich um fotografische und filmische Arbeiten, die nicht nur hinsichtlich ihrer technischen und überdies außerkünstlerisch genutzten Medien quer zu den traditionellen Künsten stehen, über deren mediale Autonomie der von Greenberg beeinflusste modernistische Diskurs wachte. Die entscheidende Differenz zum modernistischen Paradigma besteht vielmehr darin, dass diese Arbeiten die selbstreflexive Auseinandersetzung mit ihren medialen Bedingungen überhaupt nicht primär zu setzen scheinen, sondern vielmehr auf ein ganz anderes Problem fokussieren – ein Problem, das die modernistische Kunsttheorie schon längst überwunden zu haben glaubte: das der Repräsentation. *Pictures*, das sind gewöhnlich Bilder *von etwas*. In dieser Hinsicht heben sich die von Crimp gezeigten Arbeiten denn auch auf den ersten Blick gerade nicht von den zu Unterhaltungszwecken massenproduzierten Bildwelten ab, vielmehr scheinen sie sie zu wiederholen. Man erkennt Bekanntes in ihnen wieder – visuelle Klischees, gebräuchliche Bildrhetoriken, massenkommunizierte historische Ereignisse.

Aus der Perspektive modernistischer Kunsttheorie scheint eine derartige Kunst damit die Ambition auf Autonomie aufgegeben zu haben. Nun ist zwar evident, dass die Differenz zwischen den in Crimps *Pictures*-Ausstellung versammelten Arbeiten und der elaborierten visuellen Kultur der 1970er Jahre nicht mehr mit dem Hinweis auf die Eigenheiten der ästhetischen Medien begründet werden kann, auf deren Bedeutung für den Autonomiegedanken Greenberg nicht zuletzt deshalb gekommen war, weil er die Kunst vom traditionellen Darstellungsauftrag endgültig entbunden sah. Doch sollte man den Umstand, dass sich die Kunst der *Pictures*-Show nicht mehr im Rahmen des modernistischen Dispositivs als autonome Kunst deklarieren lässt, nicht bereits für eine Abkehr der künstlerischen Produktion von der Idee ästhetischer Autonomie überhaupt halten. Denn obwohl er diesen Begriff nicht verwendet, gibt Crimp einige Hinweise darauf, dass es den von ihm kuratierten Künstlerinnen und Künstlern nicht um eine Verwerfung der Eigengesetzlichkeit von Kunst zugunsten ihrer restlosen Verschmelzung mit der sie umgebenden visuellen (Massen-)Kultur geht. Vielmehr fordern sie in dezidierter Absetzung von der modernistischen Autonomiekonzeption, wie Crimp zeigt, ein ganz anderes Verständnis der spezifischen Operationslogik von Kunst ein – und das heißt: ein ganz anderes Verständnis ihrer Autonomie.

Der erste Hinweis, den Crimp in dieser Hinsicht gibt, ist der auf die Mehrdeutigkeit der Verbform »to picture« (vgl. Crimp, 175). »To picture something« kann nämlich ebenso heißen, etwas abzubilden, wie sich etwas vorzustellen oder auszumalen. Tatsächlich argumentiert Crimp im weiteren Text auf zwei Ebenen: auf der Ebene des künstlerischen Umgangs mit Problemen der Repräsentation einerseits und auf der Ebene der von den entsprechenden Arbeiten provozierten Erfahrungen andererseits. Die Evidenz, die Crimp seinem Verständnis des Ästhetischen zu verleihen weiß, verdankt sich detaillierten Beschreibungen der infrage stehenden Bilder und ihrer Wirkungen. Interessanterweise trifft er durch dieses kunstnahe Verfahren auf Motive, die sich zur gleichen Zeit, auf der anderen Seite des Atlantiks, im deutschen akademischen Diskurs der philosophischen Ästhetik durchzusetzen begannen. Denn was Crimp in seiner Auseinandersetzung mit den Arbeiten beschreibt, entspricht ziemlich exakt einer nachkantischen Bestimmung ästhetischer Autonomie, wie sie von Rüdiger Bubner gegen die modernistische Werk- beziehungsweise Wahrheitsästhetik konturiert worden war (vgl. Kapitel 1, Abschnitt 2): Alle *Pictures* setzen bei ihren Betrachtern, wie Crimp sagt, »mentale Prozesse« (vgl. 175) in Gang, die man ebenso gut in kantischer Terminologie als eine »Belebung der Erkenntniskräfte« beschreiben könnte – Prozesse, von denen Crimp überdies immer wieder betont, dass sie wesentlich unabschließbar sind. Nun wurde ebendiese Struktur ästhetischer Erfahrung, wie wir gesehen haben, von Bubner an ein Moment des Unbestimmten im Werk gebunden. Das Werk veranlasst in dem Maße, »viel zu denken« (Kant), wie es sich gerade nicht zu einem Begriff zusammenschließen, auf einen einzigen Gedanken reduzieren lässt. Genau dies ist es aber auch, was Crimp an den von ihm zusammengestellten Arbeiten herausarbeitet.

Nicht zufällig insistiert Crimp im Blick auf seine Exponate auf einem gegenüber dem Greenberg'schen Verständnis anderen Begriff der künstlerischen Moderne, »dessen Wurzeln auf die symbolistische Ästhetik Mallarmés zurückgehen« (186). Denn diese Ästhetik ist, wie Eco gezeigt hat, bereits deutlich davon getragen, den Werken eine Aura des Unbestimmten zu verleihen. Nun ist der Umstand, dass Crimp die *Pictures* in die Tradition einer auf Bedeutungsoffenheit zielenden Moderne einordnet, freilich nicht nur deshalb bemerkenswert, weil er damit klarstellt, wie er den Begriff der Postmoderne verstanden wissen will, mit dem er sich assoziiert: nämlich als kritische Wendung gegen bestimmte Aspekte des modernistischen Dispositivs, keineswegs aber als Bruch mit dem Projekt der ästhetischen Moderne insgesamt, im Gegenteil: Es geht hier um ein anderes, besseres Verständnis desselben. Dass Crimp die *Pictures* mit einem Verständnis der ästhetischen Moderne in Verbindung bringt, für welche die Tendenz auf Unbestimmtheit zentral ist, ist hier aber auch deshalb bemerkenswert, als es diesen gemeinsam ist, auf durchaus deutliche Weise etwas Bestimmtes, sogar Bekanntes zu zeigen. Alle Bilder, die Crimp in seinem Aufsatz bespricht, beziehen sich auf bekannte Bildwelten, seien es solche Hollywoods, seien es bekannte historische Bilder. Zum Teil handelt es sich um künstlerische Bearbeitungen vorhandender Vorlagen, zum Teil um stilistische Zitate bekannter Bilder oder ganzer Bildrhetoriken. Doch, und das ist für das Vorgehen der *Pictures*-Künstlerinnen und -Künstler entscheidend, werden die Vorlagen hier in einer Weise bearbeitet, dass der Schluss von der Repräsentation auf das Repräsentierte gestört wird. Die Künstlerinnen und Künstler, schreibt Crimp in seinem Katalogessay, subvertierten die Bedeutungsfunktion ihrer Vorlagen, um so die Möglichkeit aufscheinen zu lassen, dass die Bilder keine im Namen irgendeiner bestimmten Bedeutungsrelation erfolgenden Antworten auf die Frage ihrer eigenen Existenz bereitstellen.[48] Die künstlerischen Operationen, um die es hier geht, zielen offenbar auf den Effekt, das (allzu) Bestimmte unbestimmt zu machen.

Crimp liefert dafür eine Reihe sehr überzeugender Beispiele: So etwa ein Bild aus Cindy Shermans Fotoserie *Untitled Film Stills* (1977-1980), das eine junge Frau zeigt, die einen Damenhut, kurze Haare, Bluse und Blazer im Stile der 1950er Jahre trägt – ein *Career Girl*, könnte man meinen, vielleicht weil sie von großen Bürohochhäusern umgeben ist. Aber die Hochhäuser, so Crimp (181), isolieren die Figur auch, und die Schatten, die sie einander wechselseitig auf die Fassaden werfen, spiegeln dunkel die Angst, die sich im Gesicht der Frau abzuzeichnen scheint. Wird sie verfolgt? Wie im Blick auf die anderen höchst suggestiven Bilder der Serie, in der Sherman in wechselnden Umgebungen sehr unterschiedliche Frauenfiguren verkörpert, wissen wir auch im Blick auf dieses, so Crimp, »sicher, dass etwas passiert, und dass dieses etwas eine fiktionale Erzählung ist. Wir würden nie auf die Idee kommen, diese Fotografien nicht als inszenierte wahrzunehmen.« (Ebd.) Das Standbild oder *Film Still* ist ein Fragment, das einem größeren narrativen Zusammenhang, dem des Films, entstammt, den es als *pars pro toto* repräsentiert. Shermans *Pictures* sind indes *Film Stills* ohne Film. Sie zitieren bekannte Filmrhetoriken und rufen im Betrachter in ebendem Maße mögliche Narrative auf, wie sie ihm die narrative Auflösung gerade entziehen.

Einen ähnlichen Effekt erreicht, wie Crimp ausführt, auf ganz andere Weise Robert Longos 15-minütiger Schwarz/Weiß-Film *Sound Distance of a Good Man* (1978), der über seine gesamte Dauer nichts anderes zeigt als ein einziges Bild. Man sieht den Oberkörper eines mit schwarzem Hut, weißem Hemd und Krawatte gekleideten Mannes, der seinen Kopf zurückwirft, Momentaufnahme einer offenbar schnellen, konvulsivischen Bewegung, die Longo mit der Gravitas und Immobilität einer Löwenstatue kontrastiert, die im Hintergrund zu sehen ist. Die Figur des Mannes zitiert eine Szene aus Rainer Werner Fassbinders *Der amerikanische Soldat* (1970). Bereits zuvor hatte Longo die bei Fassbinder tanzende Figur des Mannes isoliert und in ein statisches Relief verwandelt (*The American Soldier*, 1977). Im Blick auf die filmische Arbeit entsteht durch diese Verweiskette ein Dialog – zwischen Longo (der filmischen Arbeit *Sound Distance of a Good Man*) und Longo (dem Relief *The American Soldier*), zwischen Vorlage (Fassbinder) und künstlerischer Bearbeitung (Longo), Relief und Bild, Fotografie und Film, *Film Still* und *Still Film* –, der sich gerade deshalb entspinnt, weil sich keines der miteinander kommunizierenden Elemente auf das andere reduzieren lässt. Wie im Fall der *Untitled Film Stills* von Cindy Sherman wird das Bild von seiner konkreten Bestimmtheit befreit. Es verwandelt sich durch den künstlerischen Eingriff in ein Objekt der Interpretation, das seine Betrachter in ein potenziell unbeendbares Spiel der Bedeutungen verwickelt. (Vgl. 183)

Anhand eines weiteren Beispiels, einer Arbeit des Künstlers Troy Brauntuch, macht Crimp noch deutlicher, dass es den Künstlerinnen und Künstlern der heute oftmals so genannten »*Pictures*-Generation« um Verfahren zu tun ist, welche die unmittelbare Lesbarkeit der Bilder unterlaufen. Nicht zufällig fällt in diesem Zusammenhang ein weiteres Stichwort, das in der nachkantischen Tradition der näheren Bestimmung ästhetischer

Autonomie dient: das einer Distanz, in der uns die ästhetischen Objekte gerade in dem Maße halten, wie sie uns zugleich in ihren Bann schlagen. Brauntuch hatte eine Rückenaufnahme des in einem Mercedes schlafenden Hitler von 1934, die von Albert Speer in seinen Memoiren publiziert worden war, stark vergrößert und zusammen mit einem ebenfalls stark vergrößerten Ausschnitt desselben Bildes, der ein Gebäude aus dem Hintergrund zeigt, auf ein horizontal ausgedehntes, blutrotes Farbfeld aufdrucken lassen. Gerahmt wurde diese Anordnung durch zwei rechts und links in der Vertikalen installierte abstrakte Farbverläufe, Lichtstrahlen vor dunklem Hintergrund. Auch diese abstrakten Elemente gehen auf bestehende Bilder zurück. Brauntuch vergrößerte hierfür Ausschnitte aus fotografischen Dokumenten des Nürnberger Reichsparteitags. Die Kraft dieser Arbeit besteht, wie Crimp betont, indes gerade nicht darin, uns eine Aussage über ihr Sujet zu übermitteln. Vielmehr entfaltet sie ihre Kraft gerade dadurch, dass uns eine solche entzogen bleibt und sich die Frage des Zugangs stellt. Letzteres geschieht nicht durch eine Blockierung von Bedeutung überhaupt, sondern, im Gegenteil, durch die abgründige Semantisierbarkeit dieser Bilder hindurch. Die Abgründigkeit ergibt sich dabei allerdings nicht in erster Linie aus ihrem Sujet, »Hitler«, sondern aus dem Umstand, dass sich diese Bilder für uns zu *lesen* geben: dass wir uns zu ihnen und zu dem, was sie potenziell bedeuten, in ein Verhältnis setzen müssen, gerade weil sie ein unmittelbares Verständnis verwehren. Unser faszinierter Blick begehre, formuliert Crimp, »das Geheimnis dieser Bilder zu entschlüsseln«, wodurch aber diese Bilder »nur noch bildhafter« würden (185): Die Bilder kehren ihre semantisch unauflösbare dingliche Qualität hervor. Tatsächlich ist dies, die Erfahrung ihrer Opazität, ihrer rätselhaften Details und ihrer undurchdringlichen Materialität, aber nur die andere Seite ihrer Deutbarkeit. Ihr ethisch-politisches Potenzial erwächst der Arbeit mithin aus einer Operation, die uns in dem Maße an unser Verhältnis zum Repräsentierten zurückverweist, wie sie unseren Zugang zu ihm problematisch werden lässt.

Ein weiteres Beispiel Crimps zeigt, dass sich eine solche künstlerische Arbeit an der visuellen Kultur nicht nur auf die Welt des Films oder auf historische Dokumente, sondern ebenso auch auf gewöhnliche Produkte der kommerziellen Massenkultur beziehen kann. In einer mehrteiligen Serie (1978) collagierte die Künstlerin Sherrie Levine Mutter/Kind-Bilder, die sie Modemagazinen entnommen hatte, in die Profile der US-Präsidenten Washington, Lincoln und Kennedy. Die Konfrontation der Bilder, so Crimp, sei so strukturiert, dass sie mittels des jeweils anderen gelesen werden müssen: die Präsidentenprofile begrenzen die Mutter/Kind-Motive, die umgekehrt die Profile ausfüllen (vgl. 185). An dieser Arbeit, die in ihrer höchst simplen Versuchsanordnung den gesamten Kosmos der feministischen Diskussion um die geschlechterpolitische Dimension im Verhältnis von politischer Öffentlichkeit und familialer Privatheit aufruft, wird aber auch noch einmal sehr deutlich, dass die Kunst dieser Zeit auf sehr spezifische Weise zum Problem der Repräsentation zurückkehrt.

Nun ist die Rückkehr der Kunst der 1970er Jahre zum Problem der Repräsentation selbst schon signifikant. Denn hier manifestiert sich eine Abkehr der Kunst von der formalistischen Auslegung der künstlerischen Moderne, die durch den enormen Einfluss Greenbergs den kunstkritischen Diskurs insbesondere in den USA dominiert hatte. Tatsächlich scheint das Interesse der Künstlerinnen und Künstler an Fotografie und Film nicht zuletzt durch deren konstitutive Welthaltigkeit motiviert zu sein. Durch die Aufmerksamkeit für Fragen der Repräsentation von Welt kehrt aber notwendig auch ein vom Formalismus verdrängtes Problem zurück, das für die ästhetische Moderne nicht minder bedeutend gewesen ist: das des künstlerischen Realismus.

Anders als der die Kunst auf eine selbstbezügliche Auseinandersetzung mit den eigenen Darstellungsmitteln reduzierende und auf Reinheit bedachte Formalismus ist der Realismus per definitionem unrein. Denn er ist immer schon geöffnet auf eine ethische, politische und epistemische Forderung: Realismus – als Haltung, als Projekt, als Produktion – verlangt Treue; Treue gegenüber der Wirklichkeit, der es in ethischer, politischer und epistemischer Hinsicht gerecht zu werden gilt. Realismus bezeugt Wirklichkeit; er erzeugt sie nicht. Das impliziert die Zeitgenossenschaft derjenigen, die sich auf das realistische Projekt und damit auf Wirklichkeitstreue verpflichten. Allerdings geht das realistische Projekt nicht im positivistischen oder automatischen Registrieren von Gegebenem auf – weshalb es auch ein Missverständnis wäre, die Fotografie im Vergleich zur Malerei für die »realistischere«, weil technisch überlegene Weise der Bilderzeugung zu halten. Stanley Cavell hat zu Recht darauf hingewiesen[49], dass letztere Annahme irreführenderweise nahelegt, die Malerei konkurriere mit der Fotografie um ein Projekt, das von der Fotografie besser erledigt werden konnte, und zwar mit dem Effekt, dass die ältere Kunst von dieser Aufgabe »befreit« wurde. Diese Vorstellung reduziert nämlich das realistische Projekt auf das mimetische der Herstellung von Ähnlichkeitsbeziehungen. Dass die Fotografie tatsächlich der Realität ähnlicher ist als die Malerei (weil ihre Zeichen indexikalisch auf sie verweisen), hat die Malerei keineswegs von der Auseinandersetzung mit der Frage entbunden, was Darstellung von Wirklichkeit in ihrem Fall heißen kann; weshalb »Realismus« auch ein bis heute in immer neuen Interpretationen wiederkehrender und in Teilen von der Fotografie im Allgemeinen und der *Pictures*-Generation im Besonderen inspiriertes Problem in der Geschichte der Malerei geblieben ist. Auch die Entwicklungen hin zur Abstraktion sind daher nicht, zumindest nicht nur, auf die Einführung der Fotografie zurückzuführen, als wäre die Malerei von der Fotografie aus ihrer Arbeit am Projekt des Realismus unehrenhaft entlassen worden. Denn dieses Projekt steht zwar im Gegensatz zum Formalismus, nicht aber notwendigerweise in einem zur Abstraktion. Letztere kann vielmehr unter Umständen ein angemessenes Mittel zur Darstellung der Realität sein. Der Bezug der realistischen Kunst auf Welt lässt sich von Fragen der Darstellung nicht ablösen. Realistische Kunst gibt ein *Bild* der Wirklichkeit. Damit ist das Verhältnis des Realismus zur Wirklichkeit ein dialektisches: Das Bild der Wirklichkeit entsteht erst durch die realistische Darstellung; aber das, was dargestellt wird, gilt als ein wie auch immer latent Gegebenes, sonst handelte es sich nicht um eine realistische Darstellung. Das realistische Projekt bringt heraus, macht sichtbar – realisiert –, was als Wirklichkeit gegeben ist.

Nun wurde der Realismus in den großen ästhetischen Debatten der Moderne[50] als ein dezidiert kritisches Projekt verstanden, das vom Naturalismus darin zu unterscheiden ist, dass die eben gegebene generelle Bestimmung auf die soziale Wirklichkeit zu beziehen ist. Die kritische Perspektive beinhaltet aber noch mehr. Denn das realistische Bild soll selbst einen pozentiell interventionistischen Charakter haben. Es zielt nicht allein darauf, die soziale Welt zu vergegenwärtigen, sondern zugleich darauf, sie zu verändern. Die realistische Wirklichkeitstreue erhält dadurch einen Doppelcharakter: Sie ist auf das Gegebene verpflichtet, aber nicht um des Gegebenen selbst, sondern um der Möglichkeit seiner praktischen Transformation willen.

So sehr nun das Problem des Realismus in die welthaltige Kunst der *Pictures*-Generation hineinspielt, so sehr muss allerdings auf der anderen Seite auch gesehen werden, dass es dieser ganz offenkundig nicht darum geht, ein Bild der Wirklichkeit zu schaffen, um diese in ihren Gesetzmäßigkeiten vor Augen zu stellen. Sie enthält sich vielmehr dezidiert der Suche nach dem wahren Bild. Die Wirklichkeit, auf die sich die Gegenwartskunst in diesen Zusammenhängen bezieht und die sie ins Bewusstsein hebt, ist die Wirklichkeit *der Repräsentation*.

Die Auseinandersetzung mit dem Problem der Repräsentation ist in der jüngeren Kunst von dem Bewusstsein getragen, dass Repräsentationen Wirklichkeit nicht bloß abbilden, sondern selbst machtvoller Bestandteil der sozialen Wirklichkeit sind. »Repräsentation«, so Crimp, erscheint den Künstlerinnen und Künstlern seiner Generation als eine »unvermeidbare Bedingung der Intelligibilität auch noch dessen, was unmittelbar präsent ist« (vgl. 177). Wie die Anerkennungskämpfe der neuen sozialen Bewegungen gezeigt haben, unter deren Eindruck die *Pictures*-Generation steht, ist die soziale Wahrnehmung, die durch Repräsentationen erzeugt und aufrechterhalten wird, Bestandteil der *Materialität* sozialer Wirklichkeit. Sie konstituiert eine Differenzierung im Feld des sinnlich Wahrnehmbaren, die einige ins Zentrum, andere an den Rand verweist, einigen mehr Rechte und politisches Gewicht gibt als anderen. Das Problem von Frauen, Schwarzen oder Schwulen, schrieb der US-amerikanische Kunstkritiker und -theoretiker Craig Owens in den 1980er Jahren, sei nicht etwa ein Mangel an Repräsentation. Vielmehr seien die hegemonialen Repräsentationen dieser Gruppen von solcher Art, dass die Sichtbarkeit, die ihnen hier gewährt wird, ihre politische Unsichtbarkeit verstärkt.[51]

Während die sozialen Bewegungen der 1970er Jahre aber daran arbeiteten, den hegemonialen Repräsentationen andere entgegenzuhalten, die Marginalisierten sich selbst repräsentieren, ihre Stimme artikulieren zu lassen, kurz: sie als politische Subjekte zur Erscheinung zu bringen, artikuliert sich die Kritik der Repräsentation in der Kunst dieser Zeit auf eine grundsätzlich andere Weise. Ihr geht es nicht darum, den herrschenden Repräsentationen andere entgegenzustellen, sondern darum, die Logik der Repräsentation selbst zu durchbrechen, um sie in ihrer Wirkmächtigkeit ins Bewusstsein zu heben. Und dies tut sie, wie wir an Crimps Beispielen gesehen haben, durch künstlerische Operationen, die den referenziellen Schluss von der Repräsentation auf das Repräsentierte gezielt unterlaufen. Die ästhetische Kritik der Repräsentation vollzieht sich mithin, anders als die politische, strikt negativ.

Um dem noch mehr Evidenz zu verleihen, sei ein weiteres Beispiel gegeben: *The Bowery in Two Inadequate Descriptive Systems* heißt eine recht bekannte Arbeit der US-amerikanischen Künstlerin Martha Rosler aus den Jahren 1974/75: eine Serie von Blättern, die jeweils ein Schwarz/Weiß-Foto mit einer Texttafel kombinieren, auf der ein paar Wörter im Stil konkreter Poesie angeordnet sind. Die konventionellen Fotos von heruntergekommenen Geschäften in der New Yorker Bowery zeigen nichts Spektakuläres; sie zitieren einfach nur höchst vertraute Ansichten der Gegend. Die auf den Texttafeln versammelten Wörter auf der anderen Seite entstammen ebenfalls sattsam bekannten Beschreibungen des damaligen sogenannten sozialen Brennpunkts, in denen es um den desolaten Zustand seiner daueralkoholisierten Bewohner geht. Es handelt sich offenkundig um eine Form von Montage, nicht nur von Bild und Text, sondern auch von Bruchstücken der Wirklichkeit in die Kunst. Aber die aus der Realität aufgelesenen Bruchstücke sind selbst Repräsentationen von Realität. Ihr Anspruch auf Genauigkeit, so kommentierte Rosler später ihre eigene Arbeit, richtete sich nicht »auf die Repräsentation der Wahrheit, sondern auf die Repräsentation von Repräsentationen«[52]. Wollte man hier von einem realistischen Projekt über die Bowery sprechen, so handelte es sich allenfalls um einen Realismus zweiter Ordnung. Doch auch diese Bezeichnung wäre letztlich irreführend. Ihr kritisches Potenzial entfaltet diese Arbeit nämlich dezidiert nicht in der Logik einer Idee von Realismus, der zufolge die Kunst die Aufgabe hat, über die Wirklichkeit aufzuklären, von der sie ein Bild gibt. Diese Arbeit erklärt nichts; Text und Bild kommen gerade nicht in einer Bedeutung zur Deckung. Vielmehr können wir, die Betrachterinnen und Betrachter, die Verbindung von Bild und Text nur experimentell selbst herstellen. Ein über den Zustand der Welt aufklärender Zugang wird hier gerade durchkreuzt, und zwar zugunsten einer reflexiven Konfrontation nicht nur mit den politischen Implikationen kulturell und sozial fabrizierter Weltbilder, sondern auch mit unseren eigenen kulturellen und sozialen Vorurteilen, mit denen wir der Welt und ihren Bildern entgegentreten. Auf ihre Weise hält eine solche Kunst damit aber dem doppelten Anspruch des alten Realismus – der Verpflichtung auf das Gegebene um der Möglichkeit seiner praktischen Transformation willen – die Treue: dadurch nämlich, dass sie die Implikationen unserer bestehenden Weltbilder – samt unserem Investment in dieselben – durch ihre Negativität einer distanzierenden Vergegenwärtigung zugänglich macht und so auf mögliche Veränderungen hin öffnet. Aber sie tut dies, im Unterschied zum alten Realismus, der die Kunst häufig auf dasselbe aufklärerische Projekt verpflichten wollte wie die Sozialwissenschaften, auf eine Weise, die der Eigenlogik, der Autonomie des Ästhetischen, ausdrücklich Rechnung trägt. Die Kunst der *Pictures*-Generation grenzt sich damit nicht nur von der formalistisch verkürzten Autonomievorstellung der modernistischen Kunstkritik ab, sondern ebenso von der realistischen Nivellierung der ästhetischen Differenz.

Gleichsam beiher verändert diese Kunst auch – auf dem Weg, der von Duchamp und der Konzeptkunst bereits vorgespurt wurde – das Verständnis des Künstlers. Ganz ausdrücklich treten die Künstlerinnen und Künstler hier nicht mehr als originelle Bildfinder auf, sondern sehen sich selbst eher, wie Craig Owens in einem

Text schreibt, der die kunsttheoretischen Diskussionen um die Postmoderne ebenfalls maßgeblich geprägt hat, in der Rolle des Allegorikers: »Allegorische Bilder sind appropriierte Bilder, der Allegoriker erfindet keine Bilder, er konfisziert sie.«[53] So sehr diese Haltung der Künstler selbst durch einen analytischen, sozial- und kulturwissenschaftlich geprägten Zugang zu der von ihnen bearbeiteten visuellen Kultur geprägt ist (worin man eine frühe Form dessen sehen mag, was heute als *Artistic Research* firmiert[54]), so sehr ist doch ihre künstlerische Arbeit nicht selbst als Kritik, Interpretation oder Kommentar der visuellen Kultur misszuverstehen. Diese Kunst konkurriert nicht mit der Wissenschaft, die sie gleichwohl informiert. Es gehe in den entsprechenden Arbeiten, so Owens, nämlich nicht darum, an den Bildern eine Bedeutung freizulegen, es gehe nicht um das Projekt der Hermeneutik. Vielmehr betont Owens wie Crimp, dass es die Künstlerinnen und Künstler darauf absehen, Elemente der visuellen Kultur durch unterschiedliche Verfahren – hinsichtlich der eben genannten Beispiele wären dies etwa die Verfahren der Supplementierung eines Bildes durch ein anderes (Levine), der De- und Rekontextualisierung (Brauntuch, Rosler) oder der Fragmentierung (Sherman, Longo) – in Allegorien zu verwandeln, die allererst zu entziffern sind.[55] Die künstlerische Arbeit zielt hier auf ein Fremdwerdenlassen des Bekannten, auf die Herstellung einer Distanz, die es uns ermöglichen soll, auf neue Weise auf es zurückzukommen. Darin verbündet sich eine solche Arbeit mit der Kritik, zu der sie zugleich um ihrer Autonomie (der Autonomie einer Politik *des Ästhetischen*) willen einen gewissen Abstand hält.

Aus der Verteidigung eines solchen Ansatzes ergeben sich freilich kunstkritische Konsequenzen. Wie Douglas Crimp in einem späteren Aufsatz darlegt, unterscheidet sich das allegorisierende Verfahren der *Pictures*-Künstlerinnen und Künstler durch seinen unterbrechenden, das jeweilig aufgefundene Material durch

Verfremdung auf Deutung und damit potenziell auf eine Vergegenwärtigung der eigenen Kultur öffnenden Impuls signifikant von einer postmodernen Zitatkultur, die noch die heterogensten Quellen in neue Einheiten verschmilzt, so dass sich mit den (historischen und kulturellen) Differenzen zwischen den Elementen auch jede Frage verliert.[56]

In ähnlicher Weise ist zwischen zwei Verständnissen von künstlerischer Aneignung oder Appropriation zu unterscheiden. Die erste Form der Aneignung vollzieht sich verdeckt – die unterschiedlichsten Quellen dienen der Herstellung eines neuen, individuellen (Meta-)Stils und treten in ihrem Eigenrecht zurück –, die zweite kehrt sich ausdrücklich als solche hervor und verhält sich somit kritisch gegenüber den verdeckten Formen der Aneignung, welche den Behauptungen künstlerischer Originalität zugrunde liegen. In ihrer ausdrücklichsten und provokantesten Form, als ausgestellte Aneignung der Werke anderer Künstler – so etwa in Arbeiten der bereits erwähnten Künstlerin Sherrie Levine, für die sie Fotografien berühmter Fotografen wie Edward Weston oder Eliot Porter abfotografierte und dann als eigene Werke präsentierte –, demontiert nämlich die dann auch explizit so genannte Kunst der Aneignung (oder *Appropriation Art*) den Mythos künstlerischer Originalität, durch den die Aneignungen der Einflüsse und Vorbilder verstellt werden, die jeder noch so individuellen Bildfindung vorhergehen.[57]

Auch diese radikale Geste aber muss in dem Zusammenhang der weitreichenden Verschiebungen gesehen werden, die mit der Entgrenzung der Kunst und der Künste zur Diskussion stehen: Die Künstlerinnen und Künstler kehren sich seit den 1960er Jahren zunehmend gegen alle Vorstellungen ästhetischer Autonomie, welche die Kunst von der Gesellschaft, in der sie entsteht, isolieren. Das gilt hinsichtlich der Greenberg'schen Reduktion von Kunst auf den von allem anderen abgeschotteten Bereich der Auseinandersetzung mit den eigenen Darstellungsmitteln, es gilt aber auch hinsichtlich der Vorstellung, die Autonomie der Kunst lasse sich mit Bezug auf den subjektivistischen Mythos des aus seinem unerklärlichen Innen schöpfenden Künstlersubjekts begründen. Die Kunst der Gegenwart ist demgegenüber eine Kunst, die in den Verhältnissen operiert, in die sie eingelassen ist. Das betrifft, wie wir gesehen haben, eine veränderte Haltung gegenüber der sie umgebenden visuellen Kultur, der die Kunst nicht mehr distanziert als ihr hochkulturelles Anderes begegnet, sondern die sie gewissermaßen von innen her dekonstruiert; es betrifft aber auch, wie wir im nächsten Abschnitt sehen werden, die aktive Haltung, welche die Künstler nun zu der sozialen Dimension der Kunstinstitutionen einnehmen, die ihren Arbeiten den Rahmen geben.

4. Kritik der Institution / Institution der Kritik: Kunst im Kontext

Der französische Soziologe Pierre Bourdieu ist einer der namhaftesten Kritiker der Ästhetik und zugleich einer der wichtigsten Stichwortgeber für eine Kunst, welche die Reflexion auf die sie tragenden Bedingungen nicht mehr auf ihre Medien beschränkt, sondern auf das Soziale ausdehnt. Interessanterweise ist für Bourdieu aber nicht die Greenberg'sche Kunsttheorie, sondern die kantianische Ästhetik der Inbegriff einer ästhetischen Ideologie, welche die Dimension des Sozialen abblendet. Bestimmungen, nach denen die ästhetischen Gegenstände ein »interesseloses Wohlgefallen« (Kant) hervorrufen sollen, das von allen praktischen und theoretischen Zwecken absieht, hält Bourdieu für das Produkt einer doppelten Enthistorisierung: des Werks auf der einen, des Blicks auf das Werk auf der anderen

Seite.[58] Indem die in der Linie Kants argumentierenden ästhetischen Theorien die Interesselosigkeit zum Wesen der Kunsterfahrung erklärten, würden sie vollends ideologisch. Im »Aberglauben« (Bourdieu, 485) an die Allgemeingültigkeit ihrer Aussagen verdecke die philosophische Ästhetik nicht nur, dass sie selbst den Gegenstand konstituiert, von dem sie nur naiv zu berichten vorgibt (vgl. 450). Sie erhebe vielmehr die sozial und historisch sehr spezifische und folglich partikulare Erfahrung des Bildungs- und Großbürgertums fälschlicherweise in den Stand der Allgemeinheit. Denn die »Teilnahmslosigkeit«[59] der Wahrnehmung, als die Bourdieu die kantische »Interesselosigkeit« übersetzt, sei nicht zu trennen von einer gewissen Freiheit von ökonomischen Zwängen. Der reine, das heißt: rein formale Blick der Ästhetik sei mithin alles andere als voraussetzungslos, nämlich hochgradig sozial vermittelt. Statt allgemeine Gültigkeit beanspruchen zu können, stehe er denn auch in Wahrheit im Dienst einer Distinktion der herrschenden Klassen gegenüber all jenen, denen es aufgrund ihrer sozialen und ökonomischen Voraussetzungen nicht möglich ist, sich über die Sphäre der Notwendigkeit (und damit: des Interesses) in die der ästhetischen Freiheit zu erheben.

Bourdieus Kritik an der ästhetischen Ideologie zielt keineswegs nur auf die philosophische Ästhetik, sondern ebenso auf die Kunstpraxis: Beide dienten unter dem Deckmantel von Universalität und formalistischer Reinheit nur umso wirksamer der sozialen Distinktion. So deutet Bourdieu in seinem 1979 erstpublizierten Hauptwerk *La distinction* (dt. *Die feinen Unterschiede*) gerade auch die künstlerischen Entwicklungen hin zum (bedeutungs-)offenen Kunstwerk »als letztes Stadium eines Prozesses der Eroberung künstlerischer Autonomie«[60], das darin bestehe, jeden bestimmten Inhalt, ja überhaupt jede Welthaltigkeit als im Verhältnis zur reinen Form letztlich irrelevant abzuwerten.

Vor dem Hintergrund des in den letzten Kapiteln Diskutierten erweist sich dies jedoch als eine reduktionistische Beschreibung. So haben wir im ersten Kapitel an den ineinandergreifenden Argumenten von Umberto Eco und Rüdiger Bubner gesehen, dass bereits das bedeutungsoffene Kunstwerk der Moderne auf eine in den 1960er Jahren sich intensivierende Entwicklung hin zu offenen Werkformen vorgreift, auf welche die Theoriebildung dann mit einer dezidiert nachidealistischen Aktualisierung der Kant'schen Ästhetik geantwortet hat, die von Bourdieus Vorwürfen nicht mehr unmittelbar getroffen werden kann. In der Perspektive dieser Zusammenhänge wäre bereits die semantische Unbestimmtheit des offenen Kunstwerks missverstanden, übersetzte man sie in eine Beliebigkeit oder Indifferenz ihren möglichen Gehalten gegenüber. Die semantische Potenzialität der Werke zeigt sich nur durch ihre keineswegs schlechthin beliebige Bestimmbarkeit hindurch; sie ist eine Implikation des interpretierenden Engagements mit dem Werk. Und dem entspricht eine Erfahrung nicht der reinen Formwahrnehmung, sondern einer Dynamik zwischen Form und Inhalt, in der sich das Subjekt zudem nicht als abstrakt-transzendentales, sondern als empirisch situiertes reflektiert. Sofern man angesichts dieser Dynamik, in der zu der Sphäre der Interessen keine Distanz der Teilnahmslosigkeit, sondern eine der Reflexivität eingezogen wird, überhaupt weiterhin mit Kant von »Interesselosigkeit« sprechen wollte, wäre es eine Interesselosigkeit der Struktur und nicht, das ist entscheidend, dem Gehalt nach. Denn die möglichen Inhalte sind hier keineswegs irrelevant, sondern treten im Gegenteil in ihrer Gebundenheit an die interessierten Erfahrungshorizonte ihrer Interpreten ins Bewusstsein. Darin gründet denn auch, wie wir verschiedentlich gesehen haben (vgl. bes. Kapitel II, Abschnitt 2) ein gewisses ethisch-politisches Potenzial des Ästhetischen. Aus diesem Ansatz folgt überdies eine genauere Fassung des Begriffs der ästhetischen Form. Sie ist ebenfalls nicht einfach evident – und also auch nie »rein« für sich zu haben. Das Ästhetische an der Form ist vielmehr nun gerade das, was ihre Verdinglichung durch Ansätze, die der Form ohne Bezug auf Bedeutung meinen habhaft werden zu können, unterläuft: der Prozess ihrer Dynamisierung hinsichtlich der möglichen (nicht beliebigen) Bedeutungen, die sich mit der materialen Dimension des Kunstwerks, aus der die Form entsteht und in die sie sich wieder zurücknimmt, verknüpfen lassen. Form, anders gesagt, wird ästhetisch erst, insofern sie *erscheint*, also in Bewegung gerät durch die Dynamik des ästhetischen Scheins, die sich zwischen Werk und Interpret entfaltet.

Dem externen Blick des Soziologen auf das »Feld« des Ästhetischen, dem dieses *im Ganzen* bloß der Ausdruck einer sich immer weiter zuspitzenden Ideologie formalistischer Reinheit ist, musste freilich entgehen, dass sich dieses Feld, und zwar in der Theorie wie in der Praxis, etwa zur selben Zeit, als Bourdieu seine *Kritik der gesellschaftlichen Urteilskraft* formulierte, durch Kritik an dieser selben Ideologie und dem sie stützenden idealistischen Ideenreservoir, von innen heraus selbst transformierte – und zwar in einer Weise, dass auch das dieser Transformation entsprechende Verständnis der Autonomie des Ästhetischen nicht mehr inkompatibel ist mit dem Bourdieu'schen Programm einer »rückhaltlosen Bewußtmachung historischer Determinierungen« (489), die die Einzelnen durch Vergegenwärtigung dieser Determinierungen in die Lage versetzen soll, Veränderungen an ihnen zu erreichen.

Bevor auf diesen Zusammenhang näher eingegangen werden kann, muss allerdings darauf hingewiesen werden, dass Bourdieu nicht der Einzige ist, der in den 1970er Jahren die Autonomie der Kunst mit einem weltabgewandten Ästhetizismus gleichsetzt. Vor dem Hintergrund dieser Gleichsetzung deutet etwa auch

Peter Bürger in seiner überaus einflussreichen *Theorie der Avantgarde*[61] die avantgardistische Kritik des Ästhetizismus im Sinne einer Negation der Kunstautonomie als solcher. Es sei den Avantgarden darum zu tun gewesen, die bürgerliche Trennung zwischen Kunst und Leben aufzuheben, wobei durch diese Aufhebung die Lebenspraxis eine andere hätte werden sollen. Dies Projekt sei jedoch bekanntermaßen gescheitert, stattdessen sei der Protest gegen die »Institution Kunst *als Kunst* rezipierbar geworden«, wodurch »die Protestgeste der Neoavantgarde der Inauthentizität« verfallen sei.[62]

Tatsächlich trifft diese Kritik auch heute noch diejenigen künstlerischen und kuratorischen Positionen, die meinen, durch Bekundungen politischen Interesses bereits den Durchbruch von der Kunst ins (politische) Leben vollzogen zu haben. Vielleicht hatte der Vorwurf des Inauthentischen nie größere Berechtigung als heute, wo sich die Kunstinstitutionen und Biennalen wechselseitig in ihrem politischen Anspruch überbieten, ohne dass doch die drastischsten Versuche, die Differenz von Kunst und Leben aufzuheben, bislang je in etwas anderem endeten als in dem schalen Eindruck, dass, wie es die ältere kritische Theorie formuliert hätte, Politik *veranstaltet* wird und also gerade nicht stattfindet: Ein *Occupy*-Zelt in einem Kunstraum aufzuschlagen (wie im Rahmen der siebten Berlin-Biennale geschehen) ist kein Beitrag zur Bewegung. Über Politik in Marathon-Diskussionsrunden[63] zu reden, wie sie von Protagonisten der Kunstwelt derzeit gerne ausgerichtet werden, heißt – trotz aller Erschöpfung, die solche Veranstaltungen generieren, um sich ihrer eigenen Bedeutsamkeit zu versichern – nicht schon, Politik zu machen. Nun ist freilich gegen Prozesse der politischen Selbstverständigung auch in der Kunstwelt nichts einzuwenden. Aber angesichts des Umstands, dass der Ausdruck politischer Ambition heute das erfolgreichste Schmiermittel zur Aufrechterhaltung des Betriebs selbst zu sein scheint, drängt sich der Verdacht auf, dass das Vermächtnis eines ästhetisch stumpfen Avantgarde-Verständnisses, dem zufolge die avancierte Kunst die Aufgabe hat, sich selbst in Leben aufzuheben, eine ungute Allianz mit der neoliberalen *Impact*-Forderung eingegangen ist, die von den Geisteswissenschaften und den Künsten verlangt, einen unmittelbaren Nachweis ihrer gesellschaftlichen Wirksamkeit zu erbringen.[64] Wo er auf direkte Weise erbracht wird, wie etwa in Projekten der Künstlergruppe WochenKlausur, die sich verschiedene Formen der Sozialarbeit durch Institutionen der Kunstwelt finanzieren lässt (mit zum Teil durchaus beachtlichen sozialen Erfolgen), stellt sich daher nicht nur das Problem der Kompensation – die Kunstwelt springt ein, wo der Sozialstaat versagt –, sondern auch das des vorauseilenden Gehorsams gegenüber einer neoliberalen Tendenz, die die *Institution*, das Betriebssystem Kunst in dem Maße überleben lässt, wie sie sich als Institution *Kunst* ihre eigene Existenzberechtigung abspricht. Dazu passt im Übrigen auch, dass die entsprechenden Veranstaltungen häufig von projektbezogener Förderung und ihre Organisatoren von kurzen Verträgen abhängig sind, dass sie also von Institutionen getragen werden, die sich auch ihrer eigenen Struktur nach bereits den neoliberalen Bedingungen angepasst haben. Angesichts dieser Konstellation scheint nichts dringlicher, als – mit und gegen Bourdieu – erneut nach dem ethisch-politischen Existenzrecht der Kunst *als Kunst* und also auch nach dem ihrer Institutionen zu fragen.

Die Perspektive auf einen Kunstbegriff, für den die Thematisierung der eigenen sozialen Bedingungen nicht mehr das Andere ästhetischer Autonomie ist, öffnet sich Ende der 1960er, Anfang der 1970er Jahre. Statt jede Form der künstlerischen Rebellion gegen den Formalismus als eine Negation der Kunstautonomie überhaupt aufzufassen, gilt es deshalb, genauer auf die Formen zu achten, in denen dies geschieht. Bezeichnenderweise stehen nämlich gerade auch künstlerische Projekte, die die Institution Kunst, ihre sozialen Bedingungen und ihre ideologische Funktion, thematisieren, nicht in einem Verhältnis des Bruchs zu den Entgrenzungsbewegungen, die wir bislang diskutiert haben, sondern geben diesen – und damit der Bedeutung des offenen Kunstwerks – einen weiteren Akzent.

Denn die Entwicklungen hin zum offenen Kunstwerk haben nicht nur formal die gattungs- und werktheoretischen Bestimmungen ästhetischer Autonomie unter Druck gesetzt, sie gingen auch mit einer Auseinandersetzung darüber einher, dass diese Bestimmungen ästhetischer Autonomie dazu tendieren, ideologisch die konkreten sozialen Bedingungen abzublenden, die die Kunst immer schon heteronom bestimmen. Paradigmatisch für diese Verdrängung ist der White Cube des Ausstellungsraums, der, selbst monadisch abgeschlossen von der Außenwelt, einen neutralen Hintergrund für die reine Kunstbetrachtung liefern soll. In den späten 1960er und frühen 1970er Jahren aber, so Brian O'Doherty in seinem Essay *In der weißen Zelle/Inside the White Cube*, habe dieser Ort – der Ort eines Triumphs des modernistischen Autonomiegedankens – seine Neutralität verloren. Die weiße Wand des Ausstellungsraums trete als eine Membran ins Bewusstsein, durch die hindurch der Raum der Kunst mit seinem sozialen Außen in ökonomischer, politischer und kultureller Hinsicht osmotische Austauschverhältnisse unterhält. Der Anschein von Neutralität, der der weißen Wand anhafte, enthülle sich durch die künstlerischen Interventionen dieser Zeit als die Illusion, die er immer schon war.[65]

Als Michael Asher 1974 jene Wände in einer Galerie (Claire Copley Gallery, Los Angeles) entfernte, die den Ausstellungsraum von den Büroräumen trennten, und so die ansonsten unsichtbare Arbeit der Galeristen exponiert wurde, war dies eine Geste, die nicht zuletzt darauf zeigte, dass der White Cube nicht nur ein Ort ist, an dem Kunst ausgestellt wird, sondern auch ein Ort, an dem mit Kunst gehandelt wird. Thematisch wurde so der Umstand, dass die Prätention der von allen, freilich auch und gerade den ökonomischen Interessen angeblich absehenden »reinen« Ästhetik selbst einen ökonomischen Mehrwert generiert. Gerade der falsche Schein der Entökonomisierung der Kunst lässt »die Preise explodieren«[66]. Auch Arbeiten von anderen mit dem Begriff der *Institutional Critique* belegten Künstlern – wie Marcel Broodthaers, Daniel Buren, Hans Haacke oder John Knight – stellen in dieser Zeit, Ende der 1960er, Anfang der 1970er Jahre, auf unterschiedliche Weise den Ausstellungsraum selbst aus und für die Reflexion frei: Durch die unterschiedlichsten Interventionen sollten seine Gesetze selbst lesbar werden.

In den Fokus der kritischen Auseinandersetzung geriet in dieser Hinsicht jedoch nicht nur die Galerie, sondern auch das Museum. Während in den USA, wo die Museen stark von privaten Trustees und Sponsoren abhängig sind, erneut vor allem der Zusammenhang zwischen neutralem Anschein der Institution und tatsächlichem Privatinteresse in den Blick rückte, wurde das staatlich geförderte europäische Museum vor allem hinsichtlich seiner Rolle im Kontext nationaler Selbstbehauptung zum Thema.[67] In beiden Fällen aber geht es den Künstlern der *Institutional Critique* darum, die Aufmerksamkeit auf ebenjene Rhetoriken der Präsentation zu lenken, die die Rezeption der Kunst bestimmen. Damit machen sie sichtbar, was durch die Ideologie der reinen Ästhetik in der Latenz gehalten wird: Als offene Kunstwerke, die häufig in nichts anderem bestehen als in Interventionen, die den Raum der Präsentation, seine suggestiven Atmosphären und Konventionen, selbst ins Zentrum der Aufmerksamkeit rücken, machen ihre Arbeiten deutlich, dass nicht nur die Neutralität des White Cube, sondern auch die Geschlossenheit des im modernistischen Sinne autonomen, also kontextunabhängig für sich stehenden, des monadischen Kunstwerks eine Illusion ist.[68] Die Wahrnehmung jedes Kunstwerks ist immer schon affiziert durch den Ort seiner Präsentation – im wörtlich räumlichen und im übertragenen gesellschaftlichen Sinn.

Indes entfalten die Interventionen in den Ausstellungsräumen der Galerie oder des Museums ihr kritisches Potenzial – anders als ein soziologischer Text über die Ideologie der reinen Ästhetik – erst im Zusammenspiel mit einem Betrachter, der durch sie in ein distanziertes Verhältnis zu den Bedingungen gesetzt wird, unter denen die Kunstbetrachtung steht. Im Blick auf Situationen, in denen der Kontext der üblichen Kunstbetrachtung verfremdet wird, wird er sich die diesen Kontext tragenden Konventionen ebenso vergegenwärtigen wie die Konventionalität seines eigenen Verhaltens in ihm. Das aber heißt, dass der Betrachter in die erweiterte Auseinandersetzung mit den Trägermedien der Kunst einbezogen wird. Weil die Konfrontation mit den Konventionen der Kunstpräsentation notwendig eine Konfrontation mit den Konventionen der Kunstrezeption beinhaltet, muss sich der Betrachter selbst als ein solches Trägermedium thematisch werden. Und weil sich diese selbstkritische Bewegung hier im Modus der ästhetischen Erfahrung vollzieht, kann man sagen, dass die sogenannte *Institutional Critique* allein durch sie zu dem vielleicht tiefsten Punkt der Bourdieu'schen Ästhetik-Kritik vorzudringen vermag: dass die Institution Kunst und ihre Trägermedien nicht etwas der Kunstwahrnehmung Äußerliches sind, sondern diese selbst mit bedingen. »Wir sind die Institution«, schreibt dazu die in der Tradition der *Institutional Critique* arbeitende Künstlerin Andrea Fraser.[69] Die Präsentationsbedingungen des klassischen Museums und des White Cube der Galerie korrespondieren einem bestimmten, mit Bourdieu, *Habitus* der Rezeption, der diesen Bedingungen in dem Maße erliegt, wie er von ihnen absieht. Gerade aufgrund der offenen Struktur der institutionskritischen Arbeiten wird der Betrachter an sich selbst als Teil der Institution Kunst zurückverwiesen: Eine in einer Galerie entfernte Wand ist keine kritische Aussage, sondern zunächst einmal eine Irritation, die eine Reflexion in Gang setzt, die von der üblichen Verfasstheit von Ausstellungsräumen auf die (interessiert interesselose) Rolle ausgreift, die dem Betrachter in ihnen zugedacht ist.

Die institutionskritische Kunst, die diese Zusammenhänge ins Bewusstsein hebt, kann dadurch freilich nicht die ökonomisch-politischen Produktionsverhältnisse überwinden, die auch sie bedingen, aber sie lässt sich von ihnen auch nicht mehr hinterrücks bestimmen. Dass eine Auseinandersetzung mit dem Zusammenhang zwischen Präsentationsbedingungen, Kunstbegriff, Rezeptionshaltungen und Gesellschaft im Medium der Kunst selbst statthaben kann, verweist nämlich auf eine tiefgreifende Veränderung im Kunstbegriff, die das möglich macht. Die Autonomie der Kunst ist jetzt dezidiert nicht mehr im Sinne des monadischen Fürsichstehens der Werke verstanden, vielmehr entfaltet sie sich erst in einer Erfahrung, die sich nicht gegen den Einfluss von Kontexten immunisiert, sondern sich im Gegenteil im Modus der Kontextreflexivität vollzieht. Das Subjekt einer solchen Erfahrung ist, wie wir uns dies auch schon an anderen Grenzgängen der Gegenwartskunst klargemacht haben, nicht (der Ideologie der reinen Ästhetik entsprechend) von welt- und zeitloser Universalität, sondern stets – und das heißt auch: sozial – konkret. Es ist damit aber ein Begriff des Ästhetischen etabliert, der auch die ausgestellte Offenheit der nachmodernistischen Kunst auf ihre politischen, ökonomischen und kulturellen Kontexte mit ihrer Ästhetizität zusammenzudenken vermag. In seinem Rahmen gewinnt das Ästhetische nicht nur ein Widerstandspotenzial gegen die im Zeichen der Reinheit stehenden restidealistischen Fassungen ästhetischer Autonomie und ästhetischer Erfahrung. Er impliziert auch ein ganz anderes Verständnis der Institution Kunst.

Bereits auf den ersten Blick ist klar, dass die Kunst der sogenannten *Institutional Critique* gerade nicht, wie die Avantgarden und Neoavantgarden, auf eine Aufhebung der Institutionen der Kunst zielt. Sie kritisiert diese nicht von einem revolutionären Außenstandpunkt aus, sondern immanent. So geht es in den Aktionen von Hans Haacke etwa keineswegs darum, die Institution des Museums als solche zu negieren, sondern vielmehr darum, sie gegen ökonomische und politische Instrumentalisierungen zu *verteidigen*.[70] Dies gilt im Blick auf die 1971 vom Solomon R. Guggenheim Museum abgesagte Show, in der Haacke unter anderem die Geschäfte der Trustees thematisieren wollte; oder im Blick auf den ebenfalls abgelehnten Vorschlag Haackes für ein Projekt im Kölner Wallraf-Richartz-Museum, in dem es um die Geschichte des Besitzes und der zum Teil politisch dubiosen Besitzer von Édouard Manets *Spargel-Stillleben* (1880) gehen sollte (das Projekt wurde dann 1974 mit einer Reproduktion des Manet-Bilds in der Kölner Galerie Paul Menz realisiert); es gilt aber auch im Blick etwa auf Haackes Beitrag zur Biennale in Venedig 1993, der sich der nationalsozialistischen Vergangenheit des deutschen Pavillons widmete. In den Fokus tritt in solchen und ähnlichen Projekten die eminent politische Frage nach der Verfasstheit der Institution selbst. Die Institution des Museums wird hier an dem Versprechen gemessen, das sie *auch* enthält, nämlich ein Ort der demokratischen Selbstverständigung zu sein, ein Ort der Aufklärung, ein Element zur Bildung und Stärkung der Zivilgesellschaft.[71]

Dieses Versprechen kann das Museum aber nur in dem Maße einzulösen beginnen, wie es sich selbst den ideologischen Dimensionen seiner Geschichte und ihren Auswirkungen auf seine gegenwärtige Praxis stellt, wie es sich, mit anderen Worten, gerade nicht mehr in den Dienst der reinen Ästhetik stellt. Man mag deshalb in dem Umstand, dass heute einige Museen selbst ein Interesse daran haben, dass künstlerische Auseinandersetzungen *mit* ihnen *in* ihnen stattfinden, weniger ein Zeichen der Kooption der Kritik an der Institution durch die Institution sehen – denn das setzte ja voraus, dass die Kritik auf eine Negation der Institution zielte –, vielmehr demonstriert sich an solchen Fällen ein durch die *Institutional Critique* hindurchgegangenes neues Selbstverständnis der Institution des Museums, das man durchaus als Fortschritt werten kann. Aus diesem Wandel ergeben sich für die Kunstinstitutionen zum einen die Anforderungen einer kritischen Auseinandersetzung mit der eigenen Geschichte sowie der Transparenz hinsichtlich des Einflusses von ökonomischer oder politischer Macht auf die Ausstellungspolitik. Zum anderen aber folgen aus dem institutionskritischen Hinweis auf die *prinzipielle* Einbettung der Kunst und ihrer Institutionen in einen weiteren gesellschaftlichen Kontext auch Konsequenzen für die Ausstellungspraxis selbst. Ihr Ziel kann es dann nicht mehr sein, die Kunstbetrachtung im Namen einer falschen Universalität von allen gesellschaftlichen Einflüssen freizuhalten, vielmehr geht es dann darum, die Kunst explizit zum Medium einer Selbstreflexion auf die Widersprüche zu machen, in die sie eingelassen ist – und zwar im Namen einer demokratischen Kunstpolitik, die dem Gedanken der Universalität dadurch die Treue hält, dass sie ihn reflexiv auf seine sozialen Voraussetzungen zurückbezieht und so an das Medium demokratischer Auseinandersetzung verweist, in dem er politisch seinen Ort (und seine Dynamik) hat.

In diesem Zusammenhang kann es nicht verwundern, dass sich die Kritik der Institution Kunst seit den 1970er Jahren auch mit solchen Bewegungen innerhalb der Kunst verbunden hat, die die Universalitätsbehauptung der reinen Ästhetik weniger durch eine Auseinandersetzung mit den sie stützenden Ausstellungsrhetoriken als durch den Hinweis auf die mit ihr verbundenen sozialen Ausschlüsse bekämpft hat. Die bürgerliche Kunstideologie ist auch die Negativfolie, vor deren Hintergrund feministische, queere, anti-rassistische, subkulturelle, proletarische Gehalte in eine Kunstproduktion einwandern, die um Anerkennung in einer dadurch sich verändernden Institution Kunst kämpft. Die ausdrückliche Aufnahme solcher Einsätze in den Begriff der *Institutional Critique* findet in den späten 1980er, frühen 1990er Jahren durch Künstlerinnen und Künstler wie Andrea Fraser, Renée Green, Christian Philipp Müller oder Fred Wilson statt. So zeigte Wilson etwa 1991 *Guarded View*, eine Arbeit, die vier kopflose männliche Schaufensterpuppen mit jeweils unterschiedlicher, aber deutlich dunkler Hautfarbe präsentiert, die in verschiedenen Museumswärter-Uniformen stecken, um so auf die immer auch rassistisch grundierten Klassengegensätze hinzuweisen, die sich in der Praxis des Museums manifestieren, aber zumeist übersehen werden. Ein anderes Beispiel ist in diesem Zusammenhang Andrea Frasers Performance *Museum Highlights* (1989), in der die Künstlerin als eine immer hysterischer werdende Museumsführerin agiert, welche die ideologischen Sätze, die sie spricht, ebenso durch Überidentifikation unterläuft wie die ihr von dieser selben Ideologie zugewiesene Rolle der – weiblichen – Vermittlerin, die vom Kunstsystem nur in dem Maße eingeschlossen wird, wie sie von ihm als Produzentin ausgeschlossen bleibt. Entscheidend ist aber, dass durch die künstlerische Kritik der reinen Ästhetik ein keineswegs auf die ausdrückliche Thematisierung der Kunstinstitutionen beschränkter Prozess eingeleitet wird, in dem Kunst sich nicht mehr von den gesellschaftlichen Widersprüchen abschirmt, denen sie immer schon ausgesetzt ist, sondern zum Medium ihrer reflexiven Vergegenwärtigung wird.

Das Bewusstsein darüber, dass sich seit den 1960er Jahren das Verständnis der Institution Kunst, also das Verständnis der gesellschaftlichen Funktion von Kunst, ebenso verändert hat wie das Selbstverständnis einiger Kunstinstitutionen, erhält freilich dann ein besonderes Gewicht, wenn man sich noch einmal vor Augen führt, dass sich auch der avantgardistische Impuls zur Negation der Institution Kunst insgesamt nach wie vor hält – wenn auch, wie weiter oben bereits angesprochen, auf eine »inauthentische« (Bürger) Weise. Denn die Geste der Totalnegation verkennt nicht nur das ethisch-politische Potenzial eines seit den 1960er Jahren veränderten Kunstverständnisses, sie verkennt auch die Chance, die in einer immanenten Kritik der Kunstinstitutionen für eine demokratische Öffentlichkeit liegt, sofern diese Institutionen sich zu Orten der Reflexion auf die konkrete Gestalt dieser Öffentlichkeit und die in ihnen wirkenden Kräfte machen.

Dies setzt allerdings eine Ausstellungspolitik voraus, die sich nicht nur der Eigenlogik der Kunst, sondern auch der Spezifik der jeweiligen politischen Zusammenhänge bewusst ist, die durch sie zur Verhandlung stehen. Statt also »dem Politischen«, wie dies in Themenausstellungen derzeit leider so häufig geschieht, durch eine wahllose Inklusion von politischen Inhalten Genüge tun zu wollen, die jede Möglichkeit einer ernsthaften Auseinandersetzung gerade blockiert und so am Ende bloß der Selbstberuhigung einer sich in einer folgenlosen Kritikalität selbst bestätigenden bürgerlichen Gesellschaft dient[72], müsste es immer auch – und für diese Herausforderung steht der Begriff der *Institutional Critique* – um die politische Perspektivierung der in diese Inhalte wesentlich verstrickten bürgerlichen Gesellschaft selbst gehen.

Der Hinweis auf diese Herausforderung ist allerdings nicht nur im Blick auf diejenigen Institutionen und Akteure relevant, die sich »dem Politischen« in dem Maße verschreiben, wie es bloß das Weiterlaufen des Betriebs garantiert. Er ist auch dringlich im Blick auf die nach wie vor in einigen Kunstinstitutionen bestehenden Reserven gegen die Praxis der *Institutional Critique*, die sich aus dem Beharrungsvermögen der Ideologie der reinen Ästhetik speisen. Nicht zuletzt aber ist er auch notwendig angesichts einer Kunstwelt, in der zu weiten Teilen einzig die Logik der Kapitalverwertung regiert.[73] Dies gilt erst recht im globalen Maßstab. Während die zumeist unter der Überschrift »Globalisierung« diskutierten Entwicklungen im Blick auf die Kunstwelt einerseits mit dem Siegeszug eines global operierenden und weitgehend deregulierten Kapitalismus in Verbindung gebracht werden, durch den einigen Oligarchen und privaten Sammlungen ein ungeheurer Einfluss zuwächst, stehen sie andererseits für eine Öffnung der westlich dominierten Kunstwelt auf das bislang von ihr Ausgeschlossene – eine Öffnung, die jedoch nicht bloß als Erweiterung ihres Themenspektrums verstanden werden sollte, die dem Betrieb weitere diffus »politische« Inhalte liefert. Vielmehr impliziert jene Öffnung eine kritische Neuperspektivierung dieser Kunstwelt selbst. Die entsprechenden Auseinandersetzungen markieren den vorläufig letzten Stand einer Entwicklung, in der die Kunst sich die sie mitbestimmenden ökonomischen, politischen und kulturellen Rahmen vergegenwärtigt.

5. Die Aufgabe der Übersetzung: Welt und Kunstwelt

Betrachtet man die Verbindungen, die das Präfix Welt- mit den einzelnen Künsten eingegangen ist, fällt zunächst auf, dass die Bedeutungen je nach Kunst höchst unterschiedlich ausfallen. Wenn etwa von Weltmusik die Rede ist, denkt man an spezialisierte Plattenläden der 1980er Jahre oder aber an einzelne, zumeist etwas stiefmütterlich platzierte Regalfächer, in denen Musik aus fernen Kulturkreisen zu finden ist. Wenn von Weltliteratur gesprochen wird, denkt man an kanonische Werke von internationalem Rang. Im Kontext der bildenden Kunst wiederum hat das Präfix Welt- einen mindestens ebenso kolonialen Klang wie im Kontext der Musik. Bis noch in die 1980er Jahre hinein zeichnete der Begriff Weltkunst die Kunst der »Anderen« als andere Kunst aus, die für den westlichen Blick weniger von ästhetisch-kunstkritischem denn von ethnologisch-anthropologischem Interesse sein sollte – weshalb sie auch nicht in Kunst-, sondern in ethnologischen Museen, und zwar als materielles Dokument einer Vorgeschichte der »entwickelten Moderne«, ihren Platz fand.[74] Eben dieser doppelte Ausschluss der Weltkunst – aus den Kunstinstitutionen einerseits und aus der von diesen Institutionen repräsentierten Moderne andererseits – machte nun aber zugleich auch ihre im Zeichen des sogenannten »Primitivismus« stehende Aneignung durch die moderne Kunst des Westens möglich. Ex post wurde freilich diese Aneignung als »Affinität« zwischen moderner Kunst und Weltkunst gedeutet und als Beweis der transkulturellen Universalität und Zeitlosigkeit der modernen Formensprache gefeiert.[75] Alle drei Bedeutungen der semantischen Koppelung von Welt und Kunst erscheinen heute problematisch. Die Kunst nicht-westlicher Kulturkreise erscheint (1) keineswegs mehr als ein zu vernachlässigendes Randphänomen. Die Peripherie zeigt sich im Zentrum und wirft (2) Fragen über den Status des westlich dominierten Kanons ebenso auf wie (3) solche über das Verständnis des modernen Universalismus.

Der Kunsthistoriker Hans Belting sieht den für die Gegenwartskunst entscheidenden Schritt daher in einer begrifflichen Wendung vom Paradigma der Weltkunst hin zu dem der globalen Kunst. Die entsprechende Entwicklung beginnt für ihn 1984 mit der Gründung einer Biennale in Havanna, die sich, zunächst mit ihrer Ausrichtung auf Künstlerinnen und Künstler aus Lateinamerika und der Karibik, dann auch, ab 1986, aus Afrika und

Asien, gegen die westliche Hegemonie des Kunstdiskurses wandte. Ins Zentrum des Westens wiederum drang die postkoloniale Herausforderung 1989 unter anderem durch die Pariser Ausstellung *Magiciens de la terre* vor.[76] Zwar war diese Ausstellung hochgradig umstritten, weil sie einerseits der Projektion des Authentischen und damit einer Variante des kolonialen Blicks auf den nicht-westlichen Anderen Vorschub leistete, andererseits aber die westlichen und nicht-westlichen Teilnehmerinnen und Teilnehmer doch in einer Weise konkret vorstellte und miteinander konfrontierte, dass sich die alte Gegenüberstellung von Weltkunst und moderner Kunst nicht länger aufrechterhalten ließ.[77] Beide Begriffe, so Belting, wirkten nun obsolet, an ihre Stelle sei der Begriff der globalen Kunst getreten, der heute als eine Art Überschrift für die Herausforderungen gelten könne, die sich an den Diskurs und die Praxis der Kunst unter dem Zeichen des Postkolonialen stellen. Das Jahr 1989 nimmt bei Belting, der darin eine weitverbreitete Position vertritt, also nicht nur als politisches Datum eine Schlüsselstellung ein; wichtig ist vielmehr auch die Konstellation, welche die dritte Havanna Biennale von 1989 mit *Magiciens de la terre* und der ebenfalls 1989 eröffneten Londoner Ausstellung *The Other Story* bildete. Der Kurator Charles Esche fasst rückblickend das Verhältnis der drei Ausstellungen wie folgt zusammen: »Während die britische Ausstellung die Konsequenzen der post-imperialen Migration in die nationale Kunsterzählung zu integrieren versuchte und die französische Show die universalistischen Bestrebungen der Revolution von 1789 zurückrief, zielte das kubanische Projekt vor dem Hintergrund eines sozialistischen Internationalismus darauf, marginalisierte Kunstwelten von innerhalb und außerhalb des USA-zentrierten Westens zu mobilisieren. Jede dieser Ausstellungen war von einer für ihren jeweiligen nationalen Kontext spezifischen historischen Erzählung getragen, und doch koinzidierten alle drei mit einem

Moment, in dem [mit den Ereignissen von 1989] der Lauf der Dinge scharf und irreversibel unterbrochen wurde.«[78] Wiewohl eine solche Fixierung auf 1989 wohl selbst als ein Symptom der Ignoranz des Westens gegenüber den freilich viel früher einsetzenden antikolonialen Bewegungen und ihren Kämpfen um einen anderen Begriff der Moderne kritisiert werden muss[79], lässt sich doch sagen, dass diese drei Ausstellungen zu Vorläufern jener weniger an nationaler Repräsentation denn an einer globalen Diskurssphäre orientierten und kuratorenzentrierten Ausstellungspraxis geworden sind, wie sie sich einerseits mit dem Mitte der 1990er Jahre weltweit einsetzenden Boom von Biennale-Gründungen in Osteuropa, Asien und Teilen Afrikas durchsetzte, andererseits aber auch das Selbstverständnis der westlichen Kunstzentren nachhaltig prägte. Vorbereitet durch Catherine Davids *documenta X* (1997) hat hierzulande etwa Okwui Enwezors *Documenta 11* (2002) Standards einer Öffnung des auf die USA und Westeuropa konzentrierten Kunstdiskurses gesetzt, die zu ignorieren künftig der Rechtfertigung bedürfen wird.

Gleichwohl verleitet die Bedeutung, die dem Jahr 1989 hier zugesprochen wird, dazu, diese Öffnung vorschnell, wie es Beltings Begriff der globalen Kunst nahelegt, für einen Effekt der sogenannten Globalisierung zu halten. Ohnehin ist letzterer Begriff der Tatsache zum Trotz, dass er zu einem der entscheidenden Schlagwörter der Gegenwartsdiagnostik geworden ist, hinsichtlich seiner historischen (ab wann setzt der so bezeichnete Prozess ein?), thematischen (welche Aspekte umfasst er?) und geografischen Reichweite (welche Regionen sind von ihm tatsächlich betroffen?) unklar und umstritten.[80] Im Zusammenhang des Kunstdiskurses und der Bedeutung, die das Jahr 1989 hier häufig einnimmt, wird Globalisierung jedoch zumeist mit der These in Verbindung gebracht, der zufolge der entsprechende Prozess durch die Liberalisierung der Weltwirtschaft vorbereitet, durch sinkende Transportkosten und neue Kommunikationsmöglichkeiten, wie sie mit der Satellitentechnologie und dem Internet gegeben sind, angeschoben und schließlich durch das Ende der Blockkonfrontation dynamisiert wurde – weshalb der Prozess der Globalisierung dieser Lesart zufolge erst in den letzten beiden Dekaden des 20. Jahrhunderts Fahrt aufnimmt.[81] Gerade vor dem Hintergrund dieses Verständnisses aber sollte die Öffnung der westlichen Kunstwelt nicht auf einen Effekt der Globalisierung reduziert werden. Der Begriff benennt dann nämlich vornehmlich einen Prozess, der keineswegs eine Öffnung des Westens auf die Welt vorantreibt, sondern umgekehrt eine hegemoniale Konzentration der Welt in den – selbst auf das kapitalistische Prinzip zusammenschrumpfenden – Westen. Die Welt erscheint unter diesen Bedingungen kleiner denn je.[82] Der Begriff der Globalisierung verdeckt diesen Umstand und die mit ihm einhergehenden sozialen Ungleichheiten jedoch tendenziell. Wie die Begriffe »Globus« oder »global« scheint er, anders als der Begriff »Welt«, nicht nur frei von sozialer und historischer Bedeutung zu sein, er suggeriert überdies eine Entwicklung, die auf die Herstellung einer allumfassenden, nämlich den ganzen Erdball einbegreifenden Ganzheit zielt. Noch nie erwies sich »das Ganze« aber vielleicht deutlicher als »das Unwahre«[83] denn unter den Bedingungen der so verstandenen Globalisierung. Mit dem Fall der Mauer und dem Ende des Kalten Kriegs hat sich die universalistische Utopie nicht verwirklicht, sondern zersetzt. Das betrifft indes nicht nur die sozialen Ungleichheiten, die der mit dem Schlagwort Globalisierung assoziierte ökonomische Prozess weltweit zeitigt, sondern auch die politischen Konflikte. Die Grenzen haben sich nach 1989 nicht aufgelöst, im Gegenteil: Sie haben sich in dem Maße vervielfältigt, wie ihre unterschiedlichen Erscheinungsformen nicht mehr auf Manifestationen des Konflikts zwischen West und Ost reduziert werden können. Unter diesen Bedingungen muss es darum gehen, die falsche Neutralität des Begriffs Globalisierung ebenso zurückzuweisen wie seinen irreführenden Anspruch auf Universalität oder die suggerierte Unausweichlichkeit der von ihm bezeichneten Entwicklung.

Freilich ist unübersehbar, dass die zeitgenössische Kunstpraxis von den ökonomischen Kräften nicht unberührt geblieben ist, die man mit dem Begriff der Globalisierung so häufig verbindet. Tatsächlich ist die Gegenwartskunst eines der markantesten Gesichter jener Kräfte, denkt man etwa an die Guggenheim-Filiale in Abu Dhabi, die Museen für Gegenwartskunst in China, an den erstaunlich krisenfest vor sich hin boomenden und immer neue Märkte erschließenden internationalen Kunstmarkt oder an die Rolle, die die Kunst mittlerweile als Lifestyle-Accessoire für die neu- und superreichen Globalisierungsgewinner einnimmt. Überdies stehen die Werke der Gegenwartskunst selbst keineswegs durchgängig in einem externen Verhältnis zu diesen Kräften, sondern aktivieren sie zum Teil dezidiert.[84] Und auch derjenige Teil der weltweit expandierenden Biennalen-Kultur, der in einer relativen Distanz zum Kunstmarkt steht und sich in einem postkolonialen Horizont situiert, läuft stets Gefahr, auf einen touristisch-ökonomischen Standortfaktor reduziert zu werden und so vornehmlich den Interessen einer reisefreudigen kulturellen Elite zu dienen.[85] Vor diesem Hintergrund ist es sicher kein Zufall, dass der Begriff der Welt aus der Diskussion um die globale Bedingung gegenwärtiger Kunstproduktion keineswegs verschwunden ist – und zwar gerade dort nicht, wo man sich dagegen sträubt, die entsprechenden Entwicklungen in der Kunst insgesamt auf einen Effekt der Globalisierung zu reduzieren.

Weil von ihm die Dimensionen des Sozialen und der Geschichte nicht abzuziehen sind, hält der Begriff »Welt« nämlich die Asymmetrien, Differenzen und Spannungsverhältnisse fest, die der Begriff der globalen Kunst tendenziell verstellt. Aus demselben Grund allerdings muss das koloniale Erbe von ihm abgezogen werden: Es gibt nicht *die* Welt. Sie ist polyzentrisch, sie ist, wie jedes ihrer selbst veränderlichen Zentren, intern diversifiziert zu denken und ihre Bedeutung deshalb konstitutiv umstritten. Jean-Luc Nancy insistiert in diesem Zusammenhang zu Recht auf der Unterscheidung zwischen Weltanschauungen mit ihren jeweiligen politischen Semantiken – zu denen nicht zuletzt auch die Semantik des Globalen gehört – und dem selbst unrepräsentierbaren Möglichkeits- und Resonanzraum der Welt.[86] Die Welt, fasst der Soziologe Urs Stäheli zusammen, muss dann »nicht in einen Kosmos eingebettet werden, um doch noch über ein Außen zu verfügen«. Vielmehr finde sich »dieses Außen [...] bereits in der Welt«, nämlich als Potenzial ihrer Sinnhaftigkeit.[87] Eine solche Konzeption, welche die Kontingenz der Welt gegenüber jeder ihrer Anschauungen betont, vereitelt nicht nur alle Versuche, sich die Welt als geschlossene Einheit vorzustellen. Sie liegt auch quer zu der Unterscheidung lokal/global, die zu der irreführend essenzialistischen Annahme verleitet, einer selbst vermeintlich ortlos operierenden, monolithischen Kraft der Globalisierung stünden die Spezifika des Lokalen gegenüber (an die sich »die« Globalisierung anzupassen habe).

Wenn der Kunsthistoriker Terry Smith auf den »*weltlichen* Charakter« der Gegenwartskunst hinweist, insistiert er deshalb auf dem Umstand, dass sie stets, wenn auch auf je unterschiedliche Weise, zugleich lokale, regionale *und* internationale Dimensionen aufweist.[88] Das zeitgenössische In-der-Welt-sein, so Smith weiter, sei indes nicht nur von der Überlagerung unterschiedlicher kultureller und sozialer Milieus, Traditionen und Produktionsverhältnisse und den zwischen ihnen entstehenden Widersprüchen bestimmt, sondern ebenso von der Erfahrung eines engen Nebeneinanders von Differenzen sowie von einem durch diese

Differenzerfahrung vermittelten Bewusstsein von einer gleichwohl geteilten Zeit, einer Con-Temporalität.[89] Letztere muss dann freilich selbst in ihrer differenziellen Qualität, nämlich im Sinne einer Koexistenz unterschiedlich gelebter Gegenwarten verstanden werden, die sich nie, wie der Philosoph Peter Osborne betont, in ihrer Gesamtheit wechselseitig präsent sein können. Zeitgenossenschaft erscheint dann weniger als neutrale Gegebenheit denn als anspruchsvolle Aufgabe.[90]

Angesichts dieser Situation wird Übersetzung, so Smith, zu einer Notwendigkeit, aber auch zu einer Chance und zu einem Residuum der Hoffnung[91], und zwar hinsichtlich der Gemeinsamkeit, die der Begriff »Welt« gerade dann aufbewahrt, wenn er als wesentlich umkämpft vorgestellt wird. Das aber bedeutet auch, dass die Pluralisierung des Begriffs, dass also die Rede von den vielen Kunstwelten an dieser Herausforderung in dem Maße vorbeigeht, wie sie diese Welten wiederum als geschlossene vorstellt, so dass das Verhältnis von Eigenem und Fremdem intakt bleibt: Die Welt teilte sich dann lediglich auf in unsere und die der Anderen. Unter diesen Voraussetzungen liefe selbst eine im Namen der Kritik an den westlichen Kunstinstitutionen vorgenommene Inklusion des kulturell oder ethnisch »Anderen« Gefahr, den kolonialen Diskurs zu bestätigen, den sie abzuschaffen antritt.

Dies ist das Problem, das der US-amerikanische Kunsthistoriker Hal Foster in den 1990er Jahren unter dem Titel *The Artist as Ethnographer* diagnostizierte.[92] In dieser Zeit sei nämlich die Kritik an dem bourgeoisen und kapitalistischen Gesicht der westlichen Institution Kunst im Namen des kulturell oder ethnisch Anderen formuliert worden. Man habe sich mit dem »Anderen« als entscheidender politischer Kraft identifiziert, dabei allerdings den »Anderen« erneut, wenn auch in der Form einer positiven, weil idealisierenden Diskriminierung, als Anderen der weißen westlichen Subjektivität konstruiert und das Politische auf einen anderen Ort verschoben. Auf diese Weise sei aber das Denken im binären Schema von Eigenem und Anderem bloß bestätigt worden, statt zugunsten relationaler Modelle der Differenz tatsächlich aufgegeben zu werden. Man mag an dieser Stelle dahingestellt sein lassen, ob Fosters Kritik die an den Grenzen von westlichem und nicht-westlichem Kunstdiskurs operierende Kunst der 1990er Jahre tatsächlich so umfassend treffen konnte, wie von ihm behauptet. Wichtig bleibt jedoch bis heute der Hinweis, dass die Öffnung der westlichen Kunstwelt auf ihr »Anderes« dann unzureichend bleibt, wenn sie die eigene Verwicklung in dieses Verhältnis ausklammert.

Ein entscheidender Effekt der postkolonialen Herausforderung für den westlichen Kunstdiskurs ist nicht zuletzt dessen eigene Relativierung, wenn nicht »Provinzialisierung«[93] einerseits sowie andererseits die Aufgabe, die sich daraus für eine Neuperspektivierung des westlichen Moderneverständnisses ergibt. Wie die Pluralisierung des Begriffs Kunstwelt läuft auch die derzeit geläufige Rede von den »multiple modernities« Gefahr, relativistisch zu werden, wenn sie die drängende Frage nach dem Begriff und der Zukunft der *einen* Moderne verdrängt, die sehr unterschiedliche, gleichwohl aber miteinander verflochtene Erfahrungen hervorgebracht hat.[94] Sich dieser Frage zu stellen beinhaltet deshalb nicht nur die Einsicht in den Zusammenhang zwischen westlicher Moderne und Kolonialismus und damit eine Aufmerksamkeit für die Spuren, die dieser Zusammenhang bis heute sowohl in den ehemaligen Kolonien als auch in den einstigen Kolonialstaaten hinterlassen hat. Es verlangt auch, für die Polyphonie der miteinander verwickelten Geschichten empfänglich zu sein, welche die Moderne als intern diversifizierte zu erkennen geben.

Diese Herausforderung wird nicht nur zunehmend vonseiten der Kunstgeschichte aufgenommen, sondern auch von Künstlerinnen und Künstlern. Tatsächlich ist die jüngere Kunst voll von kritischen Relektüren und Auseinandersetzungen mit der westlichen Moderne im Lichte der Entdeckung von neuen Genealogien und kulturellen Austauschverhältnissen. Dabei tun sich jedoch eine ganze Reihe von Problemen auf, die keineswegs alle von der Gegenwartskunst und dem sie begleitenden Diskurs umgangen werden. So sollte, wie bereits angesprochen, eine entsprechende Auseinandersetzung weder mit einer Fetischisierung von Differenzen verwechselt werden, die das authentisch Andere in dem Maße feiert, wie es das Eigene intakt hält, noch mit den Klagen, die die westliche Moderne als Ursprung aller gegenwärtigen Übel verdammen und so hinter die Versuche zurückfallen, die Unterscheidung zwischen »West« und »Rest« zugunsten komplexerer, für Widersprüche sensibler Geschichtsschreibungen zu überwinden. Aber auch die in solchen Zusammenhängen mittlerweile bequem gewordene Metapher des »being in-between« erweist sich, wie der Komparatist Andreas Huyssen jüngst betont hat[95], als missverständlich, suggeriert sie doch, dass es nach wie vor stabile nationale Kulturen gibt, zwischen denen eine solche Zone des Zwischen angesiedelt werden könnte. Als ebenso inadäquat erweist sich die vorschnelle Rede vom »global flow«, der angeblich alle Kulturen gleichermaßen durchzieht, wie Huyssen zu Recht hinzusetzt. Diese Rede sei schon im Blick auf das Kapital schief, dessen Ströme global keineswegs gleichmäßig, sondern asymmetrisch verlaufen; außerdem können sie, wie wir aufgrund der Krisenerfahrungen der letzten Zeit nur zu gut wissen, stocken. Als kulturelle Metapher aber, so Huyssen, setzt der Begriff »global flow« voraus, dass alle Differenz bereits durch die neuen Kommunikationstechnologien getilgt ist, die alles und jedes unterschiedslos verfügbar machen. Man könne von dieser technologischen Bedingung jedoch nicht umstandslos auf ihre soziale und kulturelle Nutzung schließen. Vielversprechender seien in diesem Zusammenhang Begriffe wie Übersetzung und

Aneignung, die der Spezifik der jeweilig involvierten Kontexte Rechnung tragen, ohne dabei zu vernachlässigen, dass in solchen Prozessen weder die jeweiligen Ausgangsmaterialien noch aber die Kontexte, in die hinein sie übersetzt oder in denen sie angeeignet werden, unverändert gelassen werden.[96] Sofern sie sich der Untersuchung solcher Übersetzungs- und Aneignungsverhältnisse widmet, steht die Gegenwartskunst der essenzialistischen Vorstellung geschlossener Kulturen ebenso entgegen wie der einer vermeintlich »globalisierten« Kultur. Ihr Projekt ist dann weniger das einer Übersetzung »zwischen den Kulturen« denn das einer Kultur der Übersetzung, in der allein der nunmehr als dynamisch und unabgeschlossen zu denkende Universalismus der – nicht mehr westlich zentrierten – Moderne eine Zukunft hat.[97]

Dem entspricht eine Kunstpraxis, die der Versuchung widersteht, sich als das Andere des westlichen Kunstdiskurses anzubieten. Stattdessen geht es darum, Situationen herzustellen, die jeden unschuldigen Blick verwehren. Dies kann etwa dadurch geschehen, dass man die Geschichte und Gegenwart der westlichen Projektionen auf das Andere selbst zum Gegenstand der Auseinandersetzung macht. In Arbeiten von Leuten wie der Filmemacherin und Theoretikerin Trinh T. Minh-ha[98] oder der Künstlerin Renée Green[99] werden die – oftmals sexualisierten – Fantasien und Vorstellungen markiert, die sich das westliche Subjekt vom Anderen gemacht hat, um sich selbst zu konstituieren. Darüber hinaus haben einige der in der zweiten Generation institutionskritisch arbeitenden Künstlerinnen und Künstler den Zusammenhang erkannt, den die von ihnen kritisierte reine Ästhetik zu dem von ihr ausgebeuteten, aber gleichwohl ausgeschlossenen Anderen unterhält. Es kann daher nicht verwundern, dass sich die *Institutional Critique* über die Museen moderner Kunst hinaus auch auf die Ausstellungspolitiken jener Häuser ausgedehnt hat, die ethnologische Sammlungen beherbergen und die »andere Seite« der westlichen Moderne vorstellen. Thematisch wird so nicht nur der Zusammenhang von moderner Kunst und Weltkunst, sondern ebenso eine Ausstellungspolitik, die die Kolonialgeschichte an den Objekten der entsprechenden Sammlungen abblendet. Ein Künstler, an dessen Werk der Zusammenhang der beiden Seiten offensichtlich wird, ist Fred Wilson. Was seine im letzten Abschnitt erwähnte Arbeit *Guarded View* (1991) im Blick auf Institutionen moderner Kunst leistete, realisierte seine 1992 in der Maryland Historical Society in Baltimore gezeigte Arbeit *Mining the Museum* im Blick auf die Politik kolonialgeschichtlicher Sammlungen. Hier stellte Wilson eine lakonisch *Metalwork 1793-1880* betitelte Vitrine aus, in der neben dem üblicherweise im Museum gezeigten Tafelsilber auch die für Sklaven angefertigten metallenen Fußfesseln zu sehen waren, die sich ebenfalls, wenn auch bis dato vor den Augen der Öffentlichkeit verborgen, in den Archiven der Society befanden.

Mittlerweile laden Institutionen wie das Frankfurter Weltkulturen Museum oder das Pariser Musée du quai Branly Künstlerinnen und Künstler ein, mit ihren Sammlungen zu arbeiten, um einen Umgang mit der Kolonialgeschichte zu finden, die deren Bestand ermöglicht hat. Wiederum sollte man in diesem Umstand nicht bloß eine Form der Kooption der künstlerischen Kritik durch die kritisierten Institutionen, sondern durchaus eine Chance für die selbstkritische Erneuerung jener Institutionen sehen. Gleichwohl wird man sehr genau beobachten müssen, welche Funktion der Kunst hier jeweils zukommt – das heißt, wie sie sich zum Rest der Ausstellungspolitik verhält: ob sie lediglich einem sich in oberflächlicher Kritikalität selbst beruhigenden Legitimationsdiskurs dient oder aber sich einer postkolonialen Auseinandersetzung mit dem schuldbeladenen Erbe dieser Sammlung assoziiert, die sich nicht auf die Sphäre ästhetischer Reflexion beschränken kann. Hier eröffnet sich ein neues Feld postkolonial und institutionskritisch informierter Kunst- und Kulturkritik.[100]

Eine solche Kritik hätte jedoch auch die spezifisch ästhetischen Operationsweisen im Blick zu behalten, in denen sich die postkoloniale Kritik der westlichen Moderne künstlerisch artikuliert. So gilt für die eben erwähnte Arbeit von Fred Wilson, was für alle Arbeiten der *Institutional Critique* gilt: dass ihr kritisches Potenzial sich erst in der Relation zu den Betrachterinnen und Betrachtern entfaltet, die sich von der reflexiven Bewegung keineswegs ausnehmen können, welche in dieser Relation in Gang kommt. Es sind immer auch die Konventionen der Betrachtung selbst, die jeweiligen sozialen und kulturellen Hintergründe, welche die Wahrnehmung prägen, die hier – zusammen mit den Konventionen der Ausstellung – zum Gegenstand der Reflexion werden. Die Kunst zielt folglich weniger auf eine konkrete Aussage denn auf einen Prozess, in dem die Bedingungen des Aussagens (die Weltbilder, die es fundieren) selbst thematisch werden können.

Dies gilt in besonderem Maße für eine Kunst, die sich – durch je eigene Form-Inhalt-Relationen – auf die Frage einer postkolonialen Deutung der Moderne bezieht. So ist auffällig, dass einige der in diesem Feld derzeit herausgehobensten Künstlerinnen und Künstler – wie etwa Nalini Malani oder William Kentridge – Palimpseste aus westlichen und nicht-westlichen Bild- und Texttraditionen herstellen, komplexe Verweisstrukturen, die sich der unmittelbaren Entschlüsselung ebenso widersetzen wie einem rein sinnlichen Erlebnis. Ästhetische Erfahrung bedeutet hier, in einen Verstehensvollzug einzutreten, in dem das Wiedererkennen westlicher Traditionen (etwa der Bezüge unter anderem auf Brecht, Artaud, Heiner Müller und Christa Wolf bei Malani, auf den Berliner Dadaismus, Max Beckmann und die sowjetische Avantgarde bei Kentridge[101]) unentwirrbar an die Aufgabe gebunden ist, diese Traditionen durch die inhaltlichen und formalen Bezüge auf den indischen (Malani) oder südafrikanischen (Kentridge) Kontext zu perspektivieren – und umgekehrt. In keinem dieser Fälle wird der angestoßene hermeneutische Prozess jedoch zu einem feststellbaren Ergebnis führen – das Spiel der Verweise führt gerade da, wo historische Traumata aufgerufen werden oder die Gewaltförmigkeit gegenwärtiger Politik, nicht zu einem Ende, in dem sich die Anstrengung des Verstehens beruhigen könnte. Die Arbeiten vermitteln keine Botschaft. Indem sie sich, mehr noch, dem Komfort der Kategorisierung entziehen, mit der man sie dieser oder jener Welt – der westlichen Avantgarde oder den nichtwestlichen Traditionen, Bezügen und Erfahrungshorizonten – zuordnen könnte, überschreiten sie beide zugunsten einer Erfahrung, in der ihre sozial und kulturell je unterschiedlich situierten Betrachterinnen und Betrachter auf die Bedingungen ihrer eigenen Welthabe zurückverwiesen und gerade dadurch für deren Kontingenz sensibilisiert werden. Politisch sind solche Arbeiten offenkundig erneut nicht im Sinne der avantgardistischen Ambition einer Aufhebung von Kunst in Leben, sondern im Sinne einer sehr viel indirekteren und vermittelteren Politik, einer Politik des Ästhetischen, die sich nicht selbst an die Stelle ethisch-politischer Übersetzungsarbeit setzt, sondern deren Notwendigkeit dadurch erweist, dass sie uns mit den Grenzen unseres Verständnisses, mit den Beschränkungen unserer Weltbilder konfrontiert.

Im Fall von Malani und Kentridge ist dieser Einsatz, worauf im nächsten Abschnitt zurückzukommen sein wird, untrennbar von einer Auseinandersetzung mit dem Problem unseres Umgangs mit der in die Gegenwart hineinwirkenden kolonialen Vergangenheit. Wie im Blick auf das Problem der Übersetzung geht es auch hinsichtlich dieses Problems weniger darum, es zu lösen, denn es in seiner ganzen Tragweite als *Aufgabe* zu vergegenwärtigen. Vergangenheit wird nicht als etwas präsentiert, das in seiner Bedeutung gesichert, als Abgeschlossenes und Evidentes präsentiert werden könnte. Vielmehr wird Vergangenheit nun durchdacht als etwas, das gerade weil es in der Gegenwart nachlebt, nicht nur mit Kräften des Vergessens und Verdrängens zu rechnen hat, sondern gelesen, interpretiert, konstruiert werden muss – und also auch in dieser Hinsicht in seinem Gegenwartsbezug begriffen werden muss. Dies aber ist ein Zusammenhang, der über die in diesem Abschnitt behandelte Problematik hinausgeht und hier deshalb gesondert diskutiert werden muss.

6. Die Zukunft des Vergangenen: Geschichte in der Kunst

Es ist auffällig, welch große Bedeutung dem Thema der Erinnerung in der Gegenwartskunst zukommt – und zwar als ein integraler Bestandteil der von ihr behaupteten Gegenwart. Tatsächlich artikuliert sich, wie Peter Osborne beobachtet, der Anspruch der Kunst auf die eigene Zeitgenossenschaft heute nicht selten vermittels des Anspruchs, bestimmten Momenten der Vergangenheit zu einer konkreten Präsenz in der Gegenwart zu verhelfen.[102] Das Ergebnis davon sei jedoch, dass die Gegenwart künstlerisch zunehmend durch den Rückblick auf Vergangenes, nämlich als eine Zeit des Erinnerns, definiert werde (vgl. Osborne, 190). Osborne steht dieser Tendenz keineswegs unkritisch gegenüber. Zwar habe das Modell der Erinnerung den Vorteil, Geschichte mit der lebendigen Gegenwart zu assoziieren – schließlich finde der Akt der Erinnerung immer in der Gegenwart statt –, aber es öffne diese nicht auf eine Zukunft (vgl. 194). Anders als die traditionelle Geschichtsschreibung, deren Konstruktionen des Vergangenen aufgrund der mit ihnen verbundenen Erwartungen immer ein auf die Zukunft vorgreifendes Moment enthielten, tendiere ein signifikanter Teil aktueller Kunstproduktion dazu, Geschichte auf die Repräsentation vergangener Ereignisse zu reduzieren, wobei zugleich die konstruktive Dimension solcher Repräsentationen systematisch ausgeklammert werde. Osbornes Kritik gilt vor allem solchen künstlerischen Positionen, die nicht nur die zumeist durch Zeitzeugen repräsentierte »lebendige« Geschichte der Erinnerung gegen die Abstraktionen der Geschichtsschreibung ausspielen, sondern diese zugleich auch über den Wert existenzieller Authentizität politisch zu legitimieren suchen. Dadurch werde nicht nur Erinnerung unvermittelt mit historischer Erfahrung kurzgeschlossen (vgl. 190), vielmehr maße sich eine solche Kunst gewissermaßen selbst eine Gedächtnisfunktion an, denn sie sei zugleich von dem Selbstverständnis getragen, durch ihre Inszenierungen Geschichte in der Gegenwart – affektiv, sinnlich, also unmittelbar – erfahrbar machen zu können (vgl. 192).

Schon die Identifikation von Erinnerung und historischer Erfahrung birgt jedoch das Problem, dass durch sie der Konstruktionscharakter des Erinnerns selbst unterschätzt wird: Erinnerungen sind »keine objektiven Abbilder vergangener Wahrnehmungen, geschweige denn einer vergangenen Realität, sondern subjektive, hochgradig selektive und von der Abrufsituation abhängige Rekonstruktionen«[103]. Darüber hinaus verdrängt die Idee einer unmittelbaren Erfahrbarmachung von Geschichte durch Kunst den konstruktiven Anteil der künstlerischen Vermittlung. Zudem, so Osborne, ignoriere diese Idee den Umstand, dass die künstlerische Vermittlung ihrerseits immer schon durch institutionelle und soziale Rahmen vermittelt ist. Kunst, die auf die unmittelbare Evidenz des präsentierten Materials vertraue, sei sich offenbar nicht darüber im Klaren, dass ihre Präsentationen in unterschiedlichen Institutionen und Räumen unterschiedlich funktionieren (vgl. 191). Überdies aber sei eine solche Kunst, wie Osborne weiter argumentiert (vgl. 194), blind oder zumindest naiv gegenüber den historischen Bedingungen ihrer eigenen Gegenwart. Denn diese Bedingungen ließen sich gerade nicht hinreichend über die Formen der Kollektivität erklären, die solche Kunst über die Erinnerung an zumeist kommunale, regionale oder nationale Kulturen anspiele. Die gegenwärtige Kunstwelt selbst habe inzwischen einen inter-, ja transnationalen Charakter angenommen, und diese Entwicklung sei eben nicht bloß auf intersubjektive Praxis, sondern vor allem auf die Verselbständigung der Logik des Kapitals aus ihrer Bindung an die Nation zurückzuführen. Die Kollektive, auf die eine authentizistische Gedächtnis-Kunst sich bezieht, stünden deshalb in einem »Widerspruch zu den sozialen Beziehungen, die den Raum ihrer Repräsentation konstituieren« (195) – dieser Raum nämlich sei durch eine Dynamik geprägt, die die Bedeutung sozialer Subjektivität beständig verschiebt. Tatsächlich seien die gegenwärtigen Räume der Kunst »exemplarisch« für die Durchdringung aller sozialen Formen durch Tauschbeziehungen, die ihnen neue Formen der Verbindung und Abhängigkeit aufzwinge, in deren Horizont Begriffe wie Gemeinschaft, Kultur, Nation, Gesellschaft sich zunehmend als inadäquat erwiesen (vgl. ebd.). In diesem Horizont zeichne sich jedoch zugleich auch die Möglichkeit »neuer *spekulativer Kollektivitäten*« (ebd.) ab, auf deren politisches Potenzial sich eine ihren eigenen historischen Bedingungen tatsächlich *zeitgenössische* Kunst beziehen müsse. Die in dieser Hinsicht avancierteste Kunst adressiere ihr Publikum denn auch in der Fluchtlinie einer solchen spekulativen Kollektivität, so dass ihr auch und gerade dort, wo sie sich der Vergangenheit zuwende, ein wesentlich zukünftiges Moment zukomme.

Man muss Osborne nicht in seinem Impuls folgen, nun seinerseits die Geschichte gegen das Gedächtnis auszuspielen (vgl. etwa 191, 196), um seiner Kritik an einer naiven Erinnerungskunst zuzustimmen. Schließlich verliert die strikte Trennung von Geschichte und Gedächtnis nicht zuletzt im Zusammenhang mit den im postkolonialen Kontext forcierten Diskussionen um die »Konstrukthaftigkeit, Perspektivität und Standortgebundenheit der Historiographie«[104] zunehmend an Plausibilität, so dass das gespannte, nicht nach einer Seite aufzulösende Verhältnis von Gedächtnis und Geschichte wohl als Teil der von Osborne beschriebenen Gegenwart verstanden werden muss.[105] Dafür sprechen nicht zuletzt die Beispiele, die Osborne selbst der authentizistischen Erinnerungskunst entgegenstellt. Denn hier handelt es sich um Arbeiten, die sich reflexiv zu den Differenzen und prekären Verhältnissen zwischen historischer Erfahrung, Erinnerung und Geschichte verhalten, ohne dabei jedoch das eine gegen das andere auszuspielen. So gibt Osborne etwa im Blick auf Amar Kanwars *The Lightning Testimonies*, eine Videoinstallation, die erstmalig auf der von Roger Buergel und Ruth Noack kuratierten *documenta 12* (2007) zu sehen war, selbst Hinweise darauf, dass diese das Auseinandertreten von historischer Erfahrung, Erinnerung und Erzählung in einer Weise inszeniert, welche die Betonung der künstlerischen Konstruktion keineswegs in einen schlichten Gegensatz zum Problem des Erinnerns bringt. Vielmehr wird es hier gerade – nämlich als Problem – ernst genommen. Die Vervielfältigung und Fragmentierung der Berichte, die sich inhaltlich auf die Entführung und Vergewaltigung von Frauen in signifikanten Momenten der indischen Geschichte (von 1947 bis zur Gegenwart) beziehen, exponiert nicht die künstlerische Konstruktion, um Erinnerung als für das Verständnis von historischen Zusammenhängen »inadäquat« (200) zu denunzieren, sondern evoziert vielmehr »die post-traumatische Fragmentierung« der Subjekte der Erinnerung selbst (197). Es handelt sich hier gleichwohl um eine Arbeit, die mit Recht gegen eine naive Erinnerungskunst in Stellung gebracht werden kann, allerdings nicht im Rahmen der problematischen Alternative »Geschichte oder Erinnerung« (190), sondern im Namen eines angemesseneren Verständnisses von Erinnerung, das diese, wie dies auch in der kulturwissenschaftlichen Diskussion gemeinhin der Fall ist, nicht naiv als Spiegel der Vergangenheit respektive der historischen Erfahrung selbst begreift, sondern den konstruktiven Charakter der Erinnerung und ihren Bezug auf die gegenwärtige Situation der Erinnernden ins Zentrum stellt.[106]

Für die Verknüpfung dieser Problematik mit der Osborne'schen Perspektive auf eine transnationale spekulative Kollektivität sind indes andere Arbeiten einschlägiger. Osborne selbst nennt die Videoarbeit *We Can Make Rain But No One Came to Ask* (2004-2006) der Atlas Group, die ihm zum einen als herausragendes Beispiel für einen aufgeklärten Umgang mit dem Problem der Historiografie steht. Diese Arbeit mache nämlich durch ihre strikte Fiktionalisierung der Figur des Zeitzeugen bei gleichzeitigem Gebrauch dokumentarischer Elemente auf den Konstruktionscharakter der historischen Erzählung aufmerksam, ohne doch deren indexikale, also in Realität gründende, Basis zu negieren (vgl. 28-33, 193, 199). Zum anderen aber ist für Osborne der Umstand, dass hier nicht nur die historische Erzählung fiktionalisiert wird, sondern ebenso auch die künstlerische Autorschaft (The Atlas Group ist ein Pseudonym des libanesisch-amerikanischen Künstlers Walid Raad), höchst bedeutsam. Der fiktionale, anonyme und kollektive Charakter der Atlas Group erscheint ihm nämlich geradezu als Allegorie für eine neue transnationale und darin spekulative Kollektivität (vgl. 34 f.). In dem Maße jedoch, wie Osborne bereits das Pseudonym »The Atlas Group« zum Platzhalter einer »ersten Transnationale« (35) stilisiert, fixiert er die spekulative Kollektivität als utopischen Gehalt, der sich von den konkreten Dynamiken der selbst von der Bedingung des Transnationalen geprägten Präsentationsräume verselbständigt.

Eine ganz andere Bedeutung nimmt Osbornes anregendes Konzept »spekulativer Kollektivitäten« jedoch dann an, wenn man diese nicht mehr als utopischen Gehalt bestimmt, sondern auf die Weise bezieht, wie Kunst ihr Publikum adressiert. Kunst kann dann nicht mehr selbst als »Platzhalter« (35) eines real fehlenden transnationalen Kollektivs verstanden werden, vielmehr fungiert sie jetzt als ein Medium, in dem sich ihr je konkretes, und das heißt: wesentlich heterogenes Publikum auf eine spekulative, eine transnationale Kollektivität hin entwerfen kann. Und das gilt in besonderem Maße für eine Kunst, die den Umgang mit Vergangenem sowie das prekäre Verhältnis von Gedächtnis und Geschichte zum Gegenstand hat. So umkreisen die bereits im letzten Abschnitt erwähnten Arbeiten von Kentridge und Malani nicht nur auf eine herausgestellt formal vermittelte Weise die »Langzeitwirkung historischer Traumata«[107], vielmehr tun sie dies zugleich derart, dass sich die Frage nach der Verantwortung für den Umgang mit ihnen in der transnationalen Gegenwart ihrer Präsentationsräume lokalisieren lässt. Dass die Werke jeweils einen nationalen Bezugspunkt haben, Indien (Malani) im einen, Südafrika (Kentridge) im anderen Fall, steht dem nicht entgegen. Transnationalität, so betont auch Osborne, ist nicht als das abstrakte Andere der Nation zu verstehen (vgl. 35). Vielmehr geht es hier um eine die jeweiligen Situiertheiten der Betrachterinnen und Betrachter einbegreifende Vergegenwärtigung je spezifischer ökonomischer, politischer und kultureller Austauschverhältnisse, die die Geschichten der modernen Nationen als miteinander verflochtene erweisen. Die spekulative Kollektivität, die hier adressiert wird, kann dann allerdings nicht, wie es Osborne mit seiner marxistisch inspirierten Rede von einer »ersten Transnationale« (vgl. ebd.) tut, mit universalistischem Pathos belegt werden. Vielmehr wäre die Dynamisierung mit zu bedenken, der sich gerade der moderne Gedanke des Universalismus in der Perspektive einer solchen transnationalen Kollektivität zu unterziehen hätte. Spekulativ ist eine solche Kollektivität dann nicht im Sinne der Projektion einer utopischen Einheit der Menschheit (vgl. 194), sondern im Sinne dessen, was in den sehr konkreten Auseinandersetzungen um existierende Formen von Kollektivität »im Kommen«[108], also für ein Besseres offen bleibt.

An der engen Verbindung, die sich in der Erfahrung solcher Arbeiten zwischen der Auseinandersetzung mit dem Verständnis der Vergangenheit und der (immer gerade jetzt beginnenden) Zukunft der kollektiven Verantwortung für diese Vergangenheit herstellt, tritt aber auch hervor, was die Kunsthistorikerin Susanne Leeb als ein Charakteristikum der Gegenwartskunst ausmacht: dass sich hier »statt der Utopien als Möglichkeitsform der Zukunft eine Möglichkeitsform der Vergangenheit« herauskristallisiert, »eine Öffnung von Geschichte hin auf die Gegenwart«[109], die dadurch selbst einen neuen Erwartungshorizont erhält, die Perspektive auf (eine andere) Zukunft. Das Verhältnis der Gegenwartskunst zur Vergangenheit bringt auf diese Weise auch eine weitere Dimension im Begriff des Zeitgenossen zum Vorschein, nämlich dass dessen vorderhand unzeitgemäße Auseinandersetzung mit der Vergangenheit uns zuweilen, wie Giorgio Agamben zu bedenken gibt, in eine Gegenwart zurückbringen kann, in der wir noch nie waren.[110]

Umso mehr muss ein solcher Einsatz aber mit Osborne (vgl. 190) von Ansätzen unterschieden werden, die Geschichte in dem Maße zu verlebendigen oder »gegenwärtig« zu machen suchen, wie sie zuvor als Vergangenes objektiviert und in eine Distanz zur Gegenwart gesetzt wurde. Vielleicht etwas vorschnell unter Verdacht stehen in dieser Hinsicht die vielen künstlerischen Adaptionen des populärkulturell-historistischen Genres des *Reenactments*, die seit den 2000er Jahren als eine wichtige Strömung der Gegenwartskunst wahrgenommen und diskutiert werden.[111] In seiner populären Gestalt zielt das *Reenactment* nämlich tatsächlich darauf, durch die möglichst detailgetreue Neuinszenierung und Wiederaufführung historischer Ereignisse deren lebendigen Nachvollzug zu ermöglichen. Paradigmatisch dafür sind die *War Reenactments* des amerikanischen Bürgerkriegs, bei denen die Bedeutung des historischen Ereignisses für die Gegenwart bereits vorausgesetzt ist und also durch das »historistische Happening« nur noch einmal bestätigt wird.[112] Die vielleicht bekanntesten künstlerischen *Reenactments* zielen hingegen häufig darauf, das Unabgegoltene, Unverarbeitete, Unverstandene vergangener Ereignisse zu exponieren. Das gilt etwa für Milo Raus in Kooperation mit dem von ihm gegründeten IIPM (International Institute of Political Murder) produziertes Theater-/Film-Projekt *Die letzten Tage der Ceausescus* (2009), in dem der Ceausescu-Prozess detailgetreu reinszeniert wurde – nicht um einen bereits als gewiss verbuchten historischen Bedeutungszusammenhang zu bestätigen, sondern um die Frage nach ihm erneut zu eröffnen. Die detailgetreue Wiederholung der filmischen Dokumentation des Prozesses im Medium der theatralen Performance erzeugt einen Verfremdungseffekt, durch den auch das Originaldokument erneut für die historische Interpretation freigegeben wird. Es demonstriert sich an dieser Arbeit, worauf die Philosophin Maria Muhle hinweist, dass die Entgegenstellung von Identifikation und Affekt auf der einen Seite und Kritik und Distanz auf der anderen Seite, auf der die vorschnelle Kritik am künstlerischen *Reenactment* so häufig fußt, zu kurz greift.[113]

Auch Jeremy Dellers *The Battle of Orgreave* (2001) wird man kaum vorwerfen können, die bereits massenmedial vermittelte Bedeutung des von ihm reinszenierten Ereignisses bloß zu bestätigen. Nach mehrjähriger Recherche zum Hergang der Geschehnisse hatte Deller durch Hunderte von Hobby-*Reenactors* und unter Beteiligung damaliger Kombattanten den brutalen Zusammenstoß der Bergarbeitergewerkschaft mit der Exekutive der Thatcher-Regierung vom 16. Juni 1984 nachstellen lassen, wobei er die damaligen Gegner in vertauschten Rollen gegeneinander antreten ließ. Der Regisseur Mike Figgis begleitete das von Deller inszenierte *Reenactment* mit der Kamera und schnitt das Material später mit Dokumenten und Zeitzeugenberichten der Ereignisse von 1984 zu einem Dokumentarfilm mit dem selben Titel (*The Battle of Orgreave*, 2001) zusammen. Während Rau durch die theatrale Verfremdung des historischen Dokuments sein Publikum mit dem Problem der historischen Bedeutungsproduktion konfrontierte, zielte *The Battle of Orgreave*, das *Reenactment* wie der Film, auf eine andere Aneignung des Vergangenen – so barg das *Reenactment* einerseits durch die Vertauschung der historischen Rollen für die Teilnehmer das »therapeutische, quasi psychoanalytische Versprechen, dass die Wiederholung des Traumas Heilung bringe«[114], andererseits aber, und das ist in unserem Zusammenhang von größerer Bedeutung, entwarf es zu der damaligen regierungsnahen Berichterstattung eine »Gegenwahrheit«[115], die denn auch konsequenterweise im Rahmen der Möglichkeiten des Dokumentarfilms weiter ausgearbeitet wurde.

Sowohl das therapeutische Ziel der Versöhnung als auch das dokumentarische der Herstellung eines anderen Bilds vergangener Ereignisse mögen *The Battle of Orgreave* als eine kritische Adaption des populären *Reenactments* erweisen, aber die Arbeit verbleibt aus demselben Grund auch weitgehend in der Logik der Historiografie. Zwar führt sie durch den Kontrast zu der alten Geschichtsschreibung den konstruktiven Charakter aller Geschichtsschreibung indirekt mit vor, aber sie tut dies im Namen eines besseren Verständnisses der historischen Ereignisse. So wenig man freilich ein derartiges Projekt – also das historiografisch-dokumentarische Bemühen um die Wahrheit vergangener Ereignisse – als solches kritisieren kann, so sehr muss man doch auch sehen, dass es in einem Spannungsverhältnis zur Eigenlogik der Kunst steht, die solche Wahrheitsbehauptungen unterminiert. Nicht im Namen eines nihilistischen Relativismus, sondern, im Gegenteil, um uns die Aufgabe der historiografischen Konstruktion selbst zu vergegenwärtigen. Das gelingt ihr durch vielfältige Verfahren, die uns die Dokumente der Vergangenheit als *zu interpretierende* Gegenstände vor Augen führen. Dies kann, wie bei Rau, im Modus von deren *Reenactment* erfolgen, es kann aber auch, und auch dies ist ein vieldiskutierter Topos der Gegenwartskunst, durch die künstlerische Reflexion des Archivs geschehen, jener Einrichtung also, mit deren Hilfe wir den Möglichkeitsraum der Geschichtsschreibung verwalten.[116]

Vergangenheit erscheint auch in diesem Kontext keineswegs als etwas Abgeschlossenes, über das wir durch das Archiv bereits verfügten, sondern wird als etwas thematisch, das wir, mittels des Archivs, konstruieren müssen. Das ist in einem doppelten Sinn zu verstehen: einmal im Sinne der Konstitution des Archivs (was nehmen wir aufgrund welcher Kriterien auf?), dann im Sinne der Interpretation des Archivs (welche Bedeutung geben wir dem bereits Aufgenommenen?). Der Einsatz der Gegenwartskunst in der ersten der genannten Dimensionen besteht nun nicht allein darin, den offiziellen Archiven andere hinzuzufügen. So beobachtet Hal Foster, dass der »archivarische Impuls«[117] der Gegenwartskunst sich zwar vorderhand als ein Impuls verstehen lasse, das aus den offiziellen Archiven Verdrängte zugänglich zu machen – wobei sich die Künstler weniger auf bestehende informelle Archive bezögen, sondern vielmehr selbst welche produzierten (vgl. Foster, 5). Entscheidend sei jedoch, dass dies auf eine Weise geschehe, die den zugleich »gefundenen und doch konstruierten, faktischen und doch fiktiven, öffentlichen und doch privaten« Charakter allen Archivmaterials unterstreiche (ebd.). Auch die quasi-archivarischen Organisationsprinzipien, die in

Werken von Leuten wie Tacita Dean, Sam Durant oder Thomas Hirschhorn (die Foster näher bespricht) Anwendung finden, machten nicht zuletzt auf die Prozesse der Herstellung von Bedeutungszusammenhängen aufmerksam, die bei der Entwicklung jeden Archivs wirksam werden (vgl. 6). Diese reflexive Wendung ist aber zugleich gebunden an den Umstand, dass das keineswegs wahllos zusammengestellte Material – und das ist der künstlerische Einsatz in der zweiten der eben genannten Dimensionen des Zusammenhangs von Geschichtsschreibung und Archiv – dennoch sehr deutlich im Zustand der Unbestimmtheit belassen wird, durch den es als etwas präsentiert wird, das, wie jedes Archivmaterial, der Interpretation harrt (vgl. 5).

In beiden Dimensionen tritt so eine Potenzialität des Archivs hervor – heimgesucht, wie es ist, durch das von ihm Ausgeschlossene einerseits, zukunftsoffen wie es ist im Blick auf die möglichen Interpretationen, die das in es Eingeschlossene auf sich ziehen mag, andererseits. Erfahrbar wird diese Potenzialität des Archivs – das darin weniger als konkrete Einrichtung denn als Metapher für den Möglichkeitsraum der Geschichte überhaupt erscheint – in beiden Dimensionen aber nicht zuletzt deshalb, weil das Archiv hier der Sphäre des konkreten historiografischen Gebrauchs tendenziell enthoben und, selbst zum Ausstellungsobjekt geworden, in die Sphäre der Kunst eingelassen wird. Auch das Archiv rückt damit durch seine künstlerische Bearbeitung in den Horizont einer, wie Jacques Derrida formuliert, »Frage von Zukunft«[118]. Dies jedoch nicht mehr im Sinne ihrer utopischen Projektion, sondern im Sinne einer Verantwortung für morgen, der sich die Gegenwart nicht zuletzt auch im Blick auf ihr Verständnis der Vergangenheit zu stellen hat.

Nichts scheint nun vom Problem des Verhältnisses von Geschichte und Gegenwart weiter wegzuführen als eine Auseinandersetzung mit der Natur. Es wird sich indes im nächsten Abschnitt zeigen, dass die Dinge im Lichte der Gegenwartskunst näher beieinander liegen, als man auf den ersten Blick vermuten könnte.

7. Dialektik von Natur und Kultur: das Erbe der *Land Art*

Das Naturschöne, so weiß bereits die modernistische Kunsttheorie, ist nicht einfach das Andere der Kultur; vielmehr muss seine Wahrnehmung, wie Adorno sagt, als das Produkt einer »höchst zivilisatorischen Phase« verstanden werden.[119] Denn die Schönheit der Natur könne erst in dem Moment zu Bewusstsein gelangen, in dem diese nicht mehr als bedrohlich empfunden wird: »[D]ie Schönheit der Natur als eines Ungebändigten, als eines Unendlichen«, so Adorno, ist »erst [...] entstanden in einer Welt, in der das gesellschaftliche Gespinst sich so weit erstreckt, daß man den Kontrast dazu, das, was noch nicht vollkommen erfaßt und domestiziert ist, überhaupt erst in seiner Schönheit [aufnehmen kann].«[120] So sehr die Wahrnehmung des Naturschönen also einerseits als ein Ergebnis der Naturbeherrschung verstanden werden muss, so sehr teilt sich in ihr doch andererseits die Ahnung eines »herrschaftslosen Zustands« diesseits der Naturbeherrschung mit (Adorno, 104). Dennoch, argumentiert Adorno, wäre es ein Fehler, die Utopie eines Zustands der Versöhnung im Naturschönen gewissermaßen rückerinnern zu wollen (vgl. ebd.). Denn die Romantisierung der Natur zum verlorenen Paradies vergäße, dass der Mensch vor der Entwicklung seiner Möglichkeiten zu rationaler Naturbeherrschung keineswegs frei war, sondern unfrei einer als Schicksal erfahrenen Natur erlag (vgl. 105). Es muss nach Adorno daher darum gehen, einen Zustand zu antizipieren, der *noch nicht* ist, einen Zustand, in dem die Rationalität, die den Menschen aus seiner unfreien Ohnmacht vor der Natur befreit, mehr und anderes wäre als Herrschaft über (innere und äußere) Natur.[121] Die Erfahrung des Vorscheins einer mit der Natur versöhnten Rationalität vermag nach Adorno deshalb auch nicht schon die Natur selbst, sondern erst die Kunst zu verschaffen – eine Kunst, die das utopische Versprechen des Naturschönen auf der Ebene entwickelter Rationalität aufnimmt.

Adornos Idee einer Aufhebung des Naturschönen durch die Kunst hat jedoch nicht nur einen geschichtsphilosophischen, sondern auch einen ästhetischen Aspekt. Für Letzteren ist entscheidend, dass sich das Naturschöne der instrumentellen Verfügung entzieht. Als Erscheinendes nämlich sei das Naturschöne nicht abbildbar, nicht zu vergegenständlichen. Adorno erläutert dies an der bekannten Erfahrung, nach der das Naturschöne (in Gestalt des Sonnenuntergangs beispielsweise) durch jeden Versuch, es festzuhalten, gerade »weggeschafft« (105) wird, zum Kitsch verkommt. Adorno nennt dieses entgleitende Moment mit Walter Benjamin auch »Aura«. Benjamin nämlich hatte die Aura in seinem berühmten Kunstwerk-Aufsatz unter anderem bestimmt als »einmalige Erscheinung einer Ferne, so nahe sie sein mag«[122], und an Phänomenen des Naturschönen veranschaulicht. »Dieser Charakter der Ferne selbst des Nächsten«, kommentiert Adorno, »hängt nun ganz sicher zusammen mit dem eigentümlichen Moment des Vergänglichen, Ephemeren, des nicht dingfest zu Machenden, nicht ganz zu Haltenden [...].«[123] Dieses eigentümliche Moment gehöre, so Adorno weiter, indes nicht nur zur Erfahrung von Natur, sondern auch zu der von »authentischer« Kunst konstitutiv hinzu. Die Nähe zwischen Naturschönem und Kunstschönem ergibt sich für Adorno also nicht etwa durch eine gegenständliche Nachahmung des Naturschönen, die das Phänomen, das sie festhalten will, nur verfehlen könnte. Was die Kunst vom Naturschönen aufnehmen, was sie nachahmen soll, ist vielmehr dessen erscheinende, flüchtige Aura selbst: »Kunst«, so Adorno, »ahmt nicht Natur nach, auch nicht einzelnes Naturschönes, doch das Naturschöne an sich. Das nennt, über die Aporie des Naturschönen hinaus, die von Ästhetik insgesamt. Ihr Gegenstand bestimmt sich als unbestimmbar, negativ.« (113)

Wenn Adorno ein regelrechtes »Bilderverbot« (106) über das Naturschöne verhängt, so allerdings nicht nur deshalb, weil sich die erscheinende Natur nicht ins Bild bannen lässt, sondern auch deshalb, weil deren Erfahrung selbst bereits in den 1950er und 1960er Jahren kaum noch als unkorrumpierte gedacht werden kann. Adornos *Ästhetischer Theorie* mangelt es denn auch nicht an Polemik gegen jede naive Naturbegeisterung. Das Naturschöne werde schließlich von einer ganzen (Tourismus-)Industrie kommerziell verwertet; seine Erfahrung sei das Privileg des gut situierten Bürgertums, das sich entweder im betulichen »Sinn für Natur« seiner besonderen Empfindungsfähigkeit versichere oder aber, zum entsprechenden Größenwahn angeleitet durch die idealistische Philosophie, genauer: die kantische Theorie des Erhabenen, in der Großartigkeit der Naturphänomene eine Resonanz der eigenen Entwürfe und Kategorien verspüre (vgl. 108-110). Auch vor diesem Hintergrund betont Adorno, dass die Kunst von der Natur einzig die Negativität ihres Erscheinens aufnehmen soll: vom Naturschönen das Ephemere, vom Erhabenen die Arbeit der Formlosigkeit. Nur so soll sie in der Lage sein, das utopische Versprechen des Naturschönen zu retten. Natur darf daher für die Kunst der Moderne, so lässt sich Adornos Argument zusammenfassen, nicht von inhaltlichem, sondern allein von strukturellem Interesse sein.

Im Blick auf die Gegenwartskunst nun ergibt sich ein ganz anderes Bild. Hier nämlich wird Natur, das hat zuletzt die von Carolyn Christov-Bakargiev kuratierte dOCUMENTA (13) (2012) gezeigt, ausdrücklich zum *inhaltlichen* Bezugspunkt. Allerdings geht es hier offensichtlich weder um eine Rückkehr zur prämodernen Aufgabe der gegenständlichen Nachahmung von Natur noch um eine neue Affirmation des Naturschönen, dessen kommerzielle Ausbeutung und ideologische Besetzbarkeit heute im Gegenteil unabweisbar geworden sind. Die Distanz zu jedweder unmittelbaren Naturromantik ist denn auch in der Gegenwartskunst selbst dort noch zu spüren, wo das alte Projekt einer gegenständlichen Nachahmung der Natur auf dem Stand der Entgrenzung der Kunst und der Künste neu, nämlich nicht im Medium bildlicher Repräsentation, sondern in dem der technischen Nachbildung aufgenommen wird – man denke etwa an Olafur Eliassons in der Turbine Hall der Londoner Tate Modern installierten Sonnenuntergang (*The Weather Project*, 2003) oder an die vier Wasserfälle, die Eliasson entlang des East River auf dem Stadtgebiet von New York installierte (*New York City Waterfalls*, 2008). Denn diese Projekte verweisen noch in den immersiven Wirkungen ihrer Beeindruckungsästhetik auf die Konstruktion, die sie möglich macht – das Naturschöne: ein technischer Effekt.

Insgesamt lassen sich die Entwicklungen in der jüngeren Kunst weder im ausschließlichen Blick auf das Problem der Nachahmung noch auch allein mit Bezug auf die überkommenen ästhetischen Kategorien des Naturschönen oder des Erhabenen angemessen verstehen. So entgrenzen sich ihre Formen ganz buchstäblich auf (domestizierte und undomestizierte) Naturlandschaften, tritt Natur als Gegenstand und Konstruktion der Naturwissenschaften und der ökologischen Politik in den Blick und gilt die Aufmerksamkeit der Naturverfallenheit des Menschengemachten. In all diesen Hinsichten geht es um Austausch- und Wechselverhältnisse zwischen Natur und Kultur[124], deren Implikationen die Kunst aus der versöhnungstheoretischen Perspektive herausrücken, die Adorno ihr zugedacht hatte. Diese Absetzbewegung ist indes nicht nur inhaltlicher, sondern auch formaler Art. Denn Adornos letztlich geschichtsphilosophisch begründete Idee, der zufolge Kunst – wie auch immer dialektisch gebrochen – eine

Versöhnung von Rationalität und Natur antizipieren soll, ist geknüpft an die Voraussetzung einer Differenz, die das Werk zu allem anderen unterhalten soll – zur Natur ebenso wie zur, wie Adorno irreführenderweise meinte, im Ganzen durch instrumentelle Vernunft beherrschten Gesellschaft.[125] Eben diese Voraussetzung einer Abgehobenheit des deshalb, bei aller Emphase der Unbestimmtheit, bei Adorno noch monadisch gedachten Kunstwerks ist jedoch mit den offenen Werkformen, die die Kunst seit den 1960er Jahren bestimmen, nicht mehr gegeben.

Zu den eindrücklichsten offenen Kunstwerken der späten 1960er und frühen 1970er Jahre zählen diejenigen, die sich auf Naturlandschaften hin entgrenzen. Man spricht hier von *Earthworks* oder auch, diese Bezeichnung ist im Deutschen gebräuchlicher, von *Land Art*. Zu den in diesem Zusammenhang berühmtesten Arbeiten gehören Robert Smithsons *Spiral Jetty* (1970), eine spiralförmige Mole, die Smithson mit schwerem Gerät in einem Randbereich des Großen Salzsees in Utah errichtet hatte, und Michael Heizers *Double Negative* (1969), zwei ebenfalls mit enormem, signifikante Mengen Sprengstoff involvierendem Aufwand auf der Länge von jeweils 457 Metern und in den Abmessungen von neun Metern Breite und fünfzehn Metern Tiefe in die Erosionskante einer wüstenartigen Hochebene bei Los Angeles getriebene Furchen. Zentral für diese Arbeiten ist, dass sich Kunst hier, wie Smithson formuliert, »nicht mehr als ein ›Objekt‹«[126] betrachten lässt. Sie können nicht unabhängig von den Umgebungen, in die sie sich einschreiben, wahrgenommen werden. Es ergibt sich dadurch eine »Dialektik«, wie Smithson sagt, von »Ort«, gemeint sind die Gegebenheiten einer konkreten Umwelt, und »Nicht-Ort«, nämlich der selbst ortsunabhängigen metaphorischen Repräsentation eines Ortes durch ein Kunstwerk.[127] Im Fall von *Spiral Jetty* sei der »Grund oder Boden des Ortes [...] *in* dem Kunstwerk (Nicht-Ort) platziert, nicht das Kunstwerk *auf* dem Grund«[128]. Zwischen beiden Polen, dem Ort (Salzsee und Umgebung) und dem Nicht-Ort (spiralförmige Mole) kommt deshalb eine Dynamik in Gang, in der sich offene und geschlossene Grenzen, äußere und innere Koordinaten, »unbestimmte Gewißheit« und »bestimmte Ungewißheit«, Rand und Zentrum, das physische »Irgendwo« und das abstrakte »Nirgendwo« permanent ineinander verkehren.[129] Die Erfahrung, die solche Arbeiten vermitteln, ist trotz ihrer beeindruckenden Größe denn auch nicht die des Erhabenen, sondern die von »fluktuierenden Resonanzen«[130]: Weil sich die Arbeiten nicht unabhängig von den Standpunkten der Betrachter objektivieren lassen[131], verschieben sich die Parameter der Wahrnehmung beständig. Wenn sich hier das Subjekt der Erfahrung selbst thematisch wird, so nicht (wie nach der kantischen Theorie des Erhabenen) als unendliches Subjekt der Vernunft, sondern als endliches, als verkörpertes Subjekt der Wahrnehmung.

Die Erfahrung der *Earthworks* von Smithson und Heizer hat aber neben der Wirkung einer gesteigerten Aufmerksamkeit für die Phänomenologie der Wahrnehmung auch noch eine inhaltliche Pointe im Blick auf das inszenierte Ineinander von Natur und Kultur. Denn nicht nur gibt sich die Landschaft hier als kulturelle Konstruktion zu lesen, vielmehr erscheint die Konstruktion umgekehrt auch als Natur. Damit aber werden über das formale Zusammenspiel von Ort und Nicht-Ort hinaus auch die Begriffe von Natur und Kultur selbst berührt. Smithson hat sich darüber in einer Reihe verstreuter Schriften Rechenschaft abgelegt. Kunst, betont er, bringt uns nicht »die Natur« näher, sie hat vielmehr einen denaturierenden Effekt; man beginnt, noch dem Anschein der Wildnis zu misstrauen, erkennt das Werk der Geschichte noch in ihr, bis schließlich überhaupt der Begriff der unkultivierten Natur selbst als keineswegs unschuldige Kulturleistung ins Bewusstsein tritt.[132] Wenn Smithson sich in der Tat weigert, sich die Natur als ein abgeschlossenes Reich vorzustellen, das dem der Kultur unvermittelt gegenübergestellt werden könnte, so zieht er daraus jedoch keineswegs die Konsequenz, Naturkräfte überhaupt zu leugnen.[133] Vielmehr macht er darauf aufmerksam, dass sich diese Kräfte *in der Kultur selbst* geltend machen – und zwar als deren eigene Vergänglichkeit. So erzählt Smithson in einem Text über die Entstehung von *Spiral Jetty* von der Faszination, die nicht nur der Große Salzsee in Utah auf ihn ausübte, sondern auch die Spuren menschlicher Technologie, Schutt und Schrott auf den ausgedehnten Salzflächen am Seeufer, nutzlos gewordene Molen, baufällige Hütten und ausrangierte, in der salzigen Luft rostende Ölförderpumpen.[134] Gegen die ideologische Sehnsucht nach dem verlorenen Paradies unberührter Natur interessiert Smithson sich ausdrücklich für solche »dialektischen Orte der Gegenwart«[135], an denen Natur sich deutlich nicht jenseits von Kultur und Technologie objektivieren lässt, sondern vielmehr an dieser selbst, nämlich an den Spuren ihrer eigenen Vergänglichkeit, in Erscheinung tritt. Sogar an den von ihm und anderen *Land Artists* bevorzugten groben Werkzeugen betont Smithson, dass sie aus der »Rohmaterie der Erde« gemacht sind, in die sie früher oder später wieder zerfallen werden. Das schwere Gerät oder die von Michael Heizer so genannten »dummen Werkzeuge«[136], wie Schaufeln, Hacken oder Spaten, gemahnten überhaupt in ihrer Destruktivität weniger an die Wunder der menschlichen Konstruktion denn an deren Naturverfallenheit. »Unsere schöne neue Welt«, zitiert Smithson Heraklit, »– wie ein aufs Geratewohl hingeschütteter Haufen.«[137]

Dass »die Entwicklung der Natur auf einer Dialektik gründet und nicht auf einer Metaphysik«[138], wie Smithson formuliert, bedeutet also, dass sie nicht einfach als das Andere von Kultur und Geschichte missverstanden werden sollte. So polemisiert Smithson vehement gegen jene Teile der Ökobewegung, die eine möglichst unberührte »Mutter Natur« gegen »die Menschen« in Schutz nehmen wollen, als seien Letztere nicht selbst Teil der Natur. Denn dadurch werde die »Kluft zwischen den Menschen und der Natur« nur vergrößert und die notwendige Arbeit an konkreten Formen ihrer Vermittlung verstellt.[139] Damit ist zugleich gesagt, dass das Bewusstsein von der kulturellen Vermitteltheit der Natur notwendig ein Bewusstsein von der Naturverfallenheit der Kultur einschließen muss. Es ist auffällig, wie sehr Smithsons Position hier derjenigen von Adorno ähnelt, der, wenn auch bezeichnenderweise nicht im Kontext seiner Ästhetik, das Bewusstsein ebendieser Natur-Kultur-Dialektik geradezu zum Inbegriff einer im emphatischen Sinne *kritischen* Haltung erklärte.[140] Tatsächlich kann sich aber diese Nähe zwischen Smithson und Adorno nur auf der Basis einer Abkehr von den versöhnungstheoretischen Motiven seiner Ästhetik herstellen: Nur in dem Maße, wie sich die *Land Art* nicht mehr als das utopisch Andere von Natur und Gesellschaft verstehen lässt, eröffnet sie die Möglichkeit, die Einsicht in das dialektische Verhältnis von Natur und Kultur auf dem Feld der Kunst zur Geltung zu bringen. Während die modernistische Kunsttheorie – nicht nur die Adornos, sondern auch die Greenbergs – die Natur in der Abstraktion aufheben wollte, insistiert Smithson darauf, dass man der »Natur nicht durch abstrakte Repräsentation entfliehen« kann: Vielmehr bewahre die Abstraktion »ihre Gültigkeit nur, wenn sie die Dialektik der Natur akzeptiert«[141].

Dennoch sollte das Verhältnis, das die *Land Art* zur Ästhetik Adornos unterhält, nicht als eines des absoluten Bruchs mit ihr missverstanden werden. Während die *Land Art* zwar tatsächlich nichts mehr mit dem Greenberg'schen Modernismus gemein hat, der von Smithson denn auch entschieden zurückgewiesen wird, trifft sie sich durchaus mit jenen ästhetischen Intuitionen Adornos, die sich nicht auf seine Geschichtsphilosophie verrechnen lassen. Sie negiert nämlich keineswegs das Moment der Unbestimmtheit des Werks und die ihr entspringende Dynamik des selbst nicht dingfest zu machenden Scheins, die Adorno zu Recht ins Zentrum seiner Ästhetik gestellt, aber in seiner geschichtsphilosophischen Interpretation stillgestellt hatte. Im Gegenteil bringt sie beides zur vollen Geltung. Tatsächlich nimmt die *Land Art* hier eine besondere Position ein, weil sich in ihrer Erfahrung der flüchtige Charakter der erscheinenden Natur mit dem des Kunstwerks so überkreuzt, dass beides kaum voneinander zu unterscheiden ist. Systematisch entscheidend ist in ästhetischer Hinsicht jedoch nicht diese Überkreuzung, sondern der Umstand, dass es sich auch bei den *Earthworks* um offene Kunstwerke handelt. Wie wir bereits in anderen Zusammenhängen gesehen haben, betonen die offenen, konstitutiv unbestimmten Kunstwerke nämlich, was latent bereits für die geschlossenen gilt: dass der ästhetische, der *erscheinende* Charakter eines Werks sich nicht jenseits der Erfahrungen objektivieren lässt, zu denen es anregt. Werk und Erfahrung, das lehren die offenen Kunstwerke der Gegenwart, sind gleichursprünglich. Ästhetischer Schein kann hier allerdings nicht mehr als Vorschein einer abstrakten Versöhnung von Rationalität und Natur gedeutet werden, sondern muss vielmehr jetzt als das selbst unfassliche Produkt eines sehr konkret zwischen Betrachter und Werk sich entspinnenden Prozesses verstanden werden – eines Prozesses, in dessen Dynamik auch noch, wie im Falle der *Land Art*, eine so grundlegende Einsicht wie die in die dialektische Relation von Natur und Kultur notwendig immer an die verkörperte Instanz der Wahrnehmung, an den Betrachter nämlich, zurückverwiesen bleibt. Denn, und das ist nicht die geringste Wirkung dieser Arbeiten, der Betrachter kann sich weder formal noch inhaltlich von den Fluktuationen dieser Dynamik ausnehmen, er ist – als denkende Kreatur – vielmehr Teil von ihr.

Wie zentral Robert Smithsons Position noch für aktuellere Positionen der Gegenwartskunst ist[142], zeigt der Blick auf eine der meistdiskutierten Arbeiten der *dOCUMENTA (13)*: Pierre Huyghes temporär in der Kasseler Karlsaue eingerichtete Installation *Untilled* (2011-2012). Als im Smithson'schen Sinne dialektischen Ort für seine Installation hatte Huyghe die am Rande des höchst kultivierten Barockparks gelegene Stelle zur Kompostierung der bei der Instandhaltung des Parks anfallenden Abfälle gewählt. Zu den Elementen der Installation zählten unter anderem, als Hommage an die *Land Art*, Schutt- und Erdhaufen ebenso wie minimalistisch anmutende Betonbauteile, die traditionelle Skulptur einer weiblichen Figur, vor deren Gesicht eine – belebte – Bienenwabe befestigt war, Pflanzen mit halluzinogener Wirkung, eine entwurzelte (Beuys-)Eiche[143], zwei Hunde, denen das Fell jeweils anderer Körperteile pink eingefärbt wurde (ein Bein im einen, eine Pfote im anderen Fall) sowie ein Mensch, der das Ganze pflegte. Zwar lautete der Titel der Arbeit »Untilled«, was so viel heißt wie unkultiviert, unbebaut, nicht bestellt. Sie zielte aber keineswegs darauf, eine von ihrer kulturellen Vermittlung befreite, vermeintlich unberührte Natur erfahrbar zu machen, vielmehr machten sich in den Resonanzen zwischen dem Ort (Kompoststelle der Karlsaue) und dem Nicht-Ort (den vom Künstler dort installierten Elementen) die Fluktuationen der Dialektik von Natur und Kultur bemerkbar: Zum einen erschien noch das wildeste, unkultivierteste Detail als Ergebnis einer kultivierenden Konstruktion, zum anderen aber zeigte sich selbst noch die domestizierteste Natur (etwa in Form der beiden Hunde) in einer kulturfremden Kreatürlichkeit – ein Effekt, der auch vor dem Menschen nicht haltmachte, weder vor dem in der Installation beschäftigten Pfleger/Gärtner noch auch vor den Besuchern, die sich an diesem abgelegenen Ort einfanden. Dass im Rahmen dieser Dialektik Mensch und Natur als Teil *eines* Zusammenhangs sich erweisen, öffnete den Raum der Assoziationen unter anderem auch auf die Beziehungen der Spezies untereinander (zwischen Mensch, Hund, Bienen, Mikroorganismen) – ein Thema (*Interspecies Ethics*), dem im Rahmen der *dOCUMENTA (13)* ebenfalls einige Aufmerksamkeit zuteil wurde.

Freilich werden die zwei Seiten der Natur-Kultur-Dialektik – die Konstruktion der Natur einerseits und die Naturverfallenheit der Konstruktion andererseits – nicht immer, wie bei Smithson oder Huyghe, in ihrem Wechselverhältnis thematisiert. Vielmehr werden beide Seiten dieser Dialektik auch getrennt voneinander bearbeitet, und zwar so, dass an ihnen weitere ästhetisch-politische Gesichtspunkte in den Blick treten. So affiziert die Sensibilität für die Vergänglichkeit, ja für den Verfall der Konstruktion seit den 1960er Jahren auch die künstlerische Konstruktion selbst. Für diesen Zusammenhang wären neben Smithson und Heizer auch Künstlerinnen und Künstler wie Eva Hesse, Robert Morris, Dieter Roth und viele andere zu nennen, deren Werke zum Teil aus organischen Materialien bestehen und dadurch einen prozesshaften, veränderlichen, vorübergehenden Charakter annehmen. Formal und inhaltlich stehen die entsprechenden Arbeiten auf ihre Weise – und das vor allem zeichnet sie nach dem in diesem Band vertretenen Verständnis als Werke der Gegenwartskunst aus – der Idee des erfahrungsunabhängig gültigen, des monadisch in sich geschlossenen Werks entgegen. Aufgrund der veränderlichen Gestalt der Werke kommt nicht nur die Singularität, sondern auch der historische Moment ihrer Erfahrung zu Bewusstsein, der darüber hinaus seinerseits als ein vergänglicher an seine immanente Naturhaftigkeit erinnert wird.

Die andere Seite der Dialektik, diejenige, welche die kulturelle Vermitteltheit der Natur betrifft, steht zweifelsohne im Zentrum der Allianzen, die die jüngere Kunst mit der Ökologiebewegung eingeht. Wie bei Smithson steht diese Allianz nämlich im Zeichen eines »Endes der Natur« – wenn man darunter das Ende einer Idee versteht, der Idee der Natur als eines abgeschlossenen Reichs nämlich. Nicht zufällig nimmt in diesem Zusammenhang ein Autor eine besonders wichtige Position ein, der sich leidenschaftlich gegen das (Miss-)Verständnis der politischen Ökologie als »Naturschutz« gewandt hat: Bruno Latour. Latour, dessen intellektueller Einfluss nicht zuletzt auch auf der *dOCUMENTA (13)* deutlich zu spüren war, hat in seinem Buch *Das Parlament der Dinge*[144] argumentiert, dass wir von den ökologischen Krisen der letzten Zeit lernen können, wie irreführend die Rede von »der Natur«, die gegen »die Politik« in Schutz genommen werden muss, in epistemischer und politischer Hinsicht ist. Denn diese Krisen hätten gezeigt, dass sich die Objekte, mit denen sie in Verbindung gebracht werden – wie beispielsweise die wahrscheinlich für die BSE-Krankheit, den sogenannten Rinderwahnsinn, verantwortlichen Prionen –, nicht mehr »auf die natürliche Welt eingrenzen, das heißt naturalisieren lassen« (Latour, 40). Es handele sich vielmehr um »haarige Objekte« (ebd.), deren Realität gar nicht unabhängig von ihrer Verwicklung mit menschlicher Praxis (Landwirtschaft, Wissenschaft, Politik, Konsum) gedacht werden kann. Es sei deshalb »völlig überflüssig, [sie] zum Bestandteil einer nicht-humanen und ahistorischen Natur zu machen« (36). Politische Ökologie muss deshalb, so Latour, bei den Vermittlungen ansetzen. Statt sich auf eine im Namen »der Natur« geführte Auseinandersetzung mit den etablierten Institutionen der Politik zu beschränken (vgl. 35), soll sie das Feld ihrer möglichen Interventionen ausdehnen, indem sie sich über die Netzwerke, Institutionen und wissenschaftlichen Apparate klar wird, in denen solche Objekte zur Erscheinung kommen und öffentlich diskutierbar werden (während wichtige Alternativen möglicherweise marginalisiert werden).

Wie die politische Ökologie Latours interessiert sich die Gegenwartskunst verstärkt für solche »haarigen Objekte«. Dabei geht es der Kunst, anders als der politischen Ökologie, jedoch nicht in erster Linie darum, sich im Namen anderer, besserer Vermittlungen einzumischen, sondern darum, die Instanzen und Medien der Vermittlung selbst zu reflektieren. Das zeigt sich vielleicht sogar besonders deutlich dort, wo die Grenzen zwischen ökologischem Engagement und Performance verschwimmen, wie etwa im Fall der im Rahmen der *dOCUMENTA 13* forcierten Bemühungen der Künstlerin Amy Balkin, die Erdatmosphäre als UNESCO-Welterbe anerkennen zu lassen (*Public Smog*, seit 2004): Aufgrund des unklar zwischen Buchstäblichkeit und Poesie changierenden Status dieses Anliegens traten vor allem die von ihm adressierten juridischen und politischen Mechanismen und Instanzen der Anerkennung selbst in den Blick. Und auch der letzte hier zu erwähnende Grenzgang, der in das Feld der Naturwissenschaften, demonstriert die spezifische Politik der Kunst in diesem Zusammenhang. Wenn etwa die in Weißkittel gekleideten Mitglieder einer Künstlergruppe im Rahmen einer partizipatorischen Performance als Repräsentanten eines Biotec-Unternehmens auftreten, das die Besucher seines zu PR-Zwecken aufgestellten Laborzelts auffordert, selbst transgenetische Bakterien zu produzieren und am Ende die Möglichkeit von deren Freisetzung zu erwägen – wie geschehen im Rahmen der Performance *GenTerra* des Critical Art Ensemble, für die dieses mit Beatriz da Costa kooperierte (2001-2003) –, so geht es offensichtlich nicht darum, tatsächlich neue »haarige Objekte« in die Welt zu setzen. Vielmehr zielt eine solche Aktion darauf, das Publikum zu einer mentalen Auseinandersetzung mit den ökonomischen, technologischen und moralischen Dimensionen solcher Hervorbringungen zu bewegen. Sofern dies gelingt, gelingt es, weil das künstlerische Spiel mit den Grenzen zwischen Wissenschaft und Kunst die Situationsauffassung seines Publikums verunsichert: Handelt es sich um ein naturwissenschaftliches Setting oder um eine künstlerische Inszenierung? Was bedeutet es, hier mitzumachen? Geht es um verantwortliches Handeln oder um ein Handeln im theatralen Modus des Als-ob? Und handelt es sich bei den Objekten, die hier produziert werden, um Fakten oder um Fiktion? Wiederum assoziiert sich die Kunst der Politik hier gerade durch die Differenz, die sie zugleich zu ihr hält: Selbst eine so didaktische Arbeit wie die des Critical Art Ensemble setzt sich weder an die Stelle der Wissenschaft noch aber an die der in die Beziehungen von Wissenschaft und Ökonomie intervenierenden politischen Ökologie. Vielmehr gewinnt sie, wie andere performative Arbeiten der letzten Zeit (vgl. hierzu noch einmal Kapitel II, Abschnitt 2), ihr politisches Potenzial aus der reflexiven Distanz, die sie zu den Sphären des Wissens und der Handlung gerade dort erzeugt, wo sie deren Gewicht ins Spiel bringt.

Einmal mehr erweist sich damit, dass die Grenzgänge der Kunst keineswegs die Differenz des Ästhetischen aufheben. Im Gegenteil, diese Differenz kommt erst zur vollen Geltung, wo sie nicht mehr als die Differenz des in sich geschlossenen Werks zu seinem Außen missverstanden wird: in der Gegenwartskunst.

Dank

Dieser Band verdankt sich unzähligen Gesprächen über und Auseinandersetzungen mit Gegenwartskunst, die sich auch in einer Reihe von Publikationen niedergeschlagen haben, die vor allem die *Perspektive* informieren, aus der er geschrieben ist. Wo es einmal direktere Verbindungen zu bereits andernorts veröffentlichten Texten gibt, sind sie in den Anmerkungen nachgewiesen – alle solche Verbindungen ergeben sich jedoch aus der Logik der vorliegenden Einführung, so dass auch die älteren Argumente und Überlegungen hierfür neu kontextualisiert und überarbeitet wurden.

Für wertvolle Hinweise zu Detailfragen bin ich Tom Holert, Andreas Huyssen und Ina Kerner verpflichtet. Für die Lektüre und Kommentierung einzelner Kapitel danke ich Nikolaus Kockel und besonders Diedrich Diederichsen. Bei der Einrichtung des Personen- und des Sachregisters hat mich Marco Ludwig dankenswerterweise unterstützt. Mein spezieller Dank aber gilt den Studierenden (in Düsseldorf, Frankfurt und Offenbach), die in Seminaren und Workshops durch ihre Diskussionsbeiträge und Fragen zum Verständnis der Gegenwartskunst wesentlich dazu beigetragen haben, dass der vorliegende Band seine Form hat finden können.

Anmerkungen

Einleitung: Die Gegenwart der Gegenwartskunst

1 »Il faut être absolument moderne.« Arthur Rimbaud, Une saison en enfer, in: ders., Sämtliche Dichtungen. Französisch und Deutsch, hg. und übers. von Walther Küchler, Heidelberg 1982, S. 324.

2 Tatsächlich gerät man, mit einem Wort von Paul Valéry, schnell ins Reich der fixen Ideen, wenn man versucht, »die Zinke *Gegenwart* in den jetztigen Augenblick [zu schlagen]«. Paul Valéry, Die fixe Idee oder Zwei Männer am Meer, in: ders., Werke. Frankfurter Ausgabe, hg. von Jürgen Schmidt-Radefeldt, Bd. 2, Frankfurt/M. 1990, S. 200. Vgl. in diesem Zusammenhang auch Jacques Derrida, Qual Quelle. Die Quellen Valérys, in: ders., Randgänge der Philosophie, Wien 1988, S. 259-289, hier bes. S. 285 f.

3 Vgl. Boris Groys, Über das Neue. Versuch einer Kulturökonomie, Frankfurt/M. 1999, S. 38-41.

4 Vgl. die Einleitung von Julieta Aranda, Brian Kuan Wood und Anton Vidokle zu dem von ihnen herausgegebenen e-flux-Reader: What Is Contemporary Art?, Berlin 2010, S. 6-9, hier bes. S. 7.

5 Die breite Gegenwart markiert für Gumbrecht nichts weniger als das Ende des Chronotops der »historischen Zeit« selbst. Vgl. Hans Ulrich Gumbrecht, Die Gegenwart wird (immer) breiter, in: ders., Präsenz, Berlin 2012, S. 66-87, hier bes. S. 70.

6 So der Titel des ersten Teils des dritten sogenannten *Former West Research Congress*, der vom 19.-20. April 2012 an der Akademie für bildende Künste in Wien stattfand. Anzeichen für das historische Ende der Episode der Gegenwartskunst sah man bei dieser Veranstaltung nicht zuletzt in der Krise der kapitalistischen Märkte, mit deren ungebremster Dynamik man den Begriff der Gegenwartskunst vornehmlich assoziierte. Eine kunsthistorische Studie mit ähnlichem Titel, Richard Mey-

ers *What Was Contemporary Art?* (Cambridge/London 2013), verfolgt hingegen einen anderen Ansatz: Sie widmet sich Konzeptionen des Zeitgenössischen aus dem frühen 20. Jahrhundert.

7 Boris Groys, Comrades of Time, in: Julieta Aranda/Brian Kuan Wood/Anton Vidokle (Hg.), What Is Contemporary Art?, a.a.O., S. 23-39, hier S. 32.

8 Giorgio Agamben, What Is the Contemporary?, in: ders., What Is an Apparatus and Other Essays, Stanford 2009, S. 39-54.

9 Cuauhtémoc Medina, Contemp(t)orary: Eleven Theses, in: Julieta Aranda/Brian Kuan Wood/Anton Vidokle (Hg.), What Is Contemporary Art?, a.a.O., S. 11-21, hier S. 11 f. Diese drei alternativen Periodisierungen des Beginns der Gegenwartskunst – 1945, 1960er Jahre, 1989 – diskutiert auch Peter Osborne, Anywhere or Not at All. Philosophy of Contemporary Art, London/New York 2013, S. 18-22.

10 Theodor W. Adorno, Zur Lehre von der Geschichte und von der Freiheit, Frankfurt/M. 2001, S. 9f.

11 Das gilt insbesondere für Adornos *Ästhetische Theorie*. Vgl. Albrecht Wellmer, Adorno, die Moderne und das Erhabene, in: ders., Endspiele: die unversöhnliche Moderne, Frankfurt/M. 1993, S. 178-203. Außerdem: Wolfgang Welsch, Adornos Ästhetik: eine implizite Ästhetik des Erhabenen, in: Christine Pries (Hg.), Das Erhabene. Zwischen Grenzerfahrung und Größenwahn, Weinheim 1989, S. 185-213.

12 Vgl. hierzu etwa die Diskussionen in Christoph Menke/Juliane Rebentisch (Hg.), Kunst – Fortschritt – Geschichte, Berlin 2006. Für das in den folgenden beiden Absätzen (zur Historizität der Werke und zum Kanon) Angesprochene vgl. auch die von den Herausgebern verfasste Einleitung zur »Gegenwart des Fortschritts« im selben Band, S. 9-18.

13 Vgl. Jacques Rancière, Die Aufteilung des Sinnlichen. Die Politik der Kunst und ihre Paradoxien, Berlin 2006, S. 42.

14 Cuauhtémoc Medina, Contemp(t)orary: Eleven Theses, a.a.O., S. 17. Vgl. zur Bedeutung, die dem Jahr 1989 im Blick auf eine Öffnung der vormals westlich dominierten Kunstwelt gegeben wird, auch Alexander Dumbadze/Suzanne Hudson (Hg.), Contemporary Art. Themes and Histories, 1989 to the Present, Chichester 2013.

15 Hinsichtlich der Bedeutung, welche die Krise eines derartigen Fortschrittsbegriffs für das Verständnis der Gegenwartskunst einnimmt,

vgl. auch Philip Ursprung, Die Kunst der Gegenwart. 1960 bis heute, München 2010, hier bes. S. 7f. Allerdings deutet Ursprung diese Krise im Sinne eines Verlusts von Geschichte – und die Gegenwart der Gegenwartskunst entsprechend im Sinne einer longue durée »ohne eine eigene Zukunft und ohne eine eigene Vergangenheit« (10). Die Gegenwartskunst helfe uns lediglich, unsere eigentümlich geschichtslose Zeit »besser zu verstehen« (vgl. 11).

16 Vgl. hierzu die von der Whitechapel Gallery lancierte und mittlerweile recht umfassende Reihe *Documents of Contemporary Art* (The MIT Press), die unter Überschriften wie *Appropriation*, *Documentary*, *The Archive*, *The Artist's Joke*, *Colour*, *Education*, *The Everyday*, *Failure*, *The Gothic*, *The Market*, *Sound*, *Nature* oder *Utopia* Anthologien mit Auszügen aus einschlägigen Texten zum jeweiligen Thema herausbringt.

17 Einen ersten Eindruck von dieser Vielfalt, bezogen auf den Zeitraum zwischen 1986 und 2010, vermittelt eine von acht international renommierten Kuratoren zusammengestellte Anthologie, in der diese die ihrer Meinung nach wichtigsten Kunstwerke dieser Jahre vorstellen: Daniel Birnbaum/Connie Butler/Suzanne Cotter/Bice Curiger/Okwui Enwezor/Massimiliano Gioni/Bob Nickas/Hans Ulrich Obrist, Defining Contemporary Art – 25 Years in 200 Pivotal Artworks, London/New York 2011. Freilich zeigt sich, und das ist eine seiner Stärken, auch an diesem Projekt schon, dass es keinen kriterienlosen Überblick über zeitgenössische Kunst geben kann.

I. Entgrenzung und Erfahrung

1 So wurde etwa 2003 an der FU Berlin unter dem Titel *Ästhetische Erfahrung im Zeichen der Entgrenzung der Künste* ein ebenso großer wie prominent besetzter interdisziplinärer Sonderforschungsbereich eingerichtet, von dessen Diskussionen auch die Autorin dieses Bandes, die von 2003 bis 2009 in diesem Zusammenhang tätig war, sehr profitiert hat.

2 Umberto Eco, Die Poetik des offenen Kunstwerks, in: ders., Das offene Kunstwerk, Frankfurt/M. 1973, S. 27-59. Im Folgenden im Text zitiert.

3 Rüdiger Bubner, Über einige Bedingungen gegenwärtiger Ästhetik, in: ders., Ästhetische Erfahrung, Frankfurt/M. 1989, S. 7–51. Im Folgenden im Text zitiert.

1. Das offene Kunstwerk

4 Theodor W. Adorno, Zu einer Theorie der musikalischen Reproduktion, Frankfurt/M. 2001, S. 246.
5 Vgl. Nelson Goodman, Sprachen der Kunst. Entwurf einer Symboltheorie, Frankfurt/M. 1995, S. 171-182, hier bes. die Diskussion eines autografischen Diagramms von John Cage S. 178-180.
6 So die Formulierung an zahlreichen Stellen von Theodor W. Adorno, Ästhetische Theorie, Frankfurt/M. 1970. (Vgl. den Registereintrag »Rätsel, Rätselcharakter, Enigmatisches«, S. 562).
7 Ebenda, S. 174.
8 Es ist freilich nicht ausgeschlossen, das hat die Einführung des Readymades in die Kunst demonstriert, dass Gebrauchsgegenstände durch künstlerische Interventionen ihrem Gebrauch derart entfremdet werden können, dass sie die Fremdheit der Kunst annehmen. Aber diese Qualität kommt ihnen nicht schon durch sich selbst, sondern durch ihre jeweilige Inszenierung respektive durch künstlerische Verfahren der Verfremdung, der Dekontextualisierung, der spezifischen Markierung zu. Darauf wird schon im nächsten Abschnitt bereits kurz, in Kapitel IV, Abschnitt 1, dann ausführlich zurückzukommen sein.
9 Vgl. zu dieser Differenz zwischen Kunst und Design auch Alexander García Düttmann, Tief oberflächlich, in: Jörg Huber/Burkhard Meltzer/Heike Munder/Tido von Oppeln (Hg.), It's Not a Garden Table. Kunst und Design im erweiterten Feld, Zürich 2011, S. 180-191, hier bes. S. 185.
10 Vgl. im Anschluss an diese Formulierung Hegels Theodor W. Adorno, Ästhetische Theorie, a.a.O., S. 33.
11 Weil er diesem Strang der ästhetischen Moderne zu wenig Aufmerksamkeit schenkt, verfehlt Eco auch die Brecht'sche Ästhetik, die sich nicht in der stellenweise suggerierten Weise (vgl. 40) für die Theorie des offenen Kunstwerks reklamieren lässt. So sehr Brechts Theater nämlich auf der einen Seite an der mentalen Aktivierung seines Publikums interessiert ist, so sehr suggeriert es doch, wie Eco an anderer

Stelle zugibt, jedoch ohne diesem Widerspruch zum Begriff des offenen Kunstwerks näher nachzugehen, eine »bestimmte Richtung für die Antwort«, die eine »Logik marxistisch-dialektischen Typs als Grundlage« voraussetzt (56).

2. Ein Neuanfang in der Ästhetik

12 Martin Heidegger, Der Ursprung des Kunstwerkes, in: ders., Holzwege, Frankfurt/M. 1950, S. 1-74. Kunst wird hier wesentlich als Wahrheitsgeschehen (*aletheia*) bestimmt.

13 Hans-Georg Gadamer, Wahrheit und Methode. Grundzüge einer philosophischen Hermeneutik, Bd. 1, Tübingen 1990. Die Überschrift über dem ersten Teil lautet »Freilegung der Wahrheitsfrage an der Erfahrung der Kunst«.

14 Vgl. etwa Georg Lukács, Wider den mißverstandenen Realismus. Hamburg 1958, S. 105.

15 »Die Auflösung der traditionellen Werkeinheit läßt sich ganz formal als gemeinsamer Zug der Moderne nachweisen« (19), schreibt Bubner. »In der Erfindung immer neuer, die Werkgesinnung irritierender Formen oder Verfahren der Auflösung bzw. Dementierung der sinnhaften Einheit des Werks überbieten sich die unterscheidbaren Epochen der Moderne gegenseitig.« (Ebenda)

16 Für eine ausführliche Auseinandersetzung mit Adorno in diesem Punkt vgl. auch Juliane Rebentisch, Ästhetik der Installation, Frankfurt/M. 2003, S. 101-146, sowie in musikästhetischer Perspektive S. 207-231.

17 »Die Bedeutung von Krisen«, so Thomas Kuhn, »liegt in dem von ihnen gegebenen Hinweis darauf, dass der Zeitpunkt für einen [...] Wechsel gekommen ist.« Thomas S. Kuhn, Die Struktur wissenschaftlicher Revolutionen, Frankfurt/M. 1976, S. 89.

18 Tatsächlich hat dieser Begriff die innerphilosophische Diskussion der letzten vierzig Jahre in Deutschland weitgehend bestimmt. Um nur einige der hier einschlägigen Beiträge zu nennen: Christel Fricke, Zeichenprozeß und ästhetische Erfahrung, München 2001; Josef Früchtl, Ästhetische Erfahrung und moralisches Urteil. Eine Rehabilitierung, Frankfurt/M. 1996; Hans Robert Jauß, Ästhetische Erfahrung und literarische Hermeneutik, Frankfurt/M. 1982; Andrea Kern, Schöne Lust. Eine Theorie der ästhetischen Erfahrung nach Kant, Frankfurt/M. 2000;

Gertrud Koch/Christiane Voss (Hg.), Zwischen Ding und Zeichen. Zur ästhetischen Erfahrung in der Kunst München 2005; Joachim Küpper/Christoph Menke (Hg.), Dimensionen ästhetischer Erfahrung, Frankfurt/M. 2003; Christoph Menke, Die Souveränität der Kunst. Ästhetische Erfahrung nach Adorno und Derrida, Frankfurt/M. 1988; Willi Oelmüller (Hg.) Ästhetische Erfahrung, Paderborn/München/Wien/Zürich 1981; Martin Seel, Die Kunst der Entzweiung. Zum Begriff der ästhetischen Rationalität, Frankfurt/M. 1985; Ruth Sonderegger, Für eine Ästhetik des Spiels. Hermeneutik, Dekonstruktion und der Eigensinn der Kunst, Frankfurt/M. 2000.

19 Immanuel Kant, Kritik der Urteilskraft, in: ders., Werkausgabe, hg. von Wilhelm Weischedel, Bd. X, Frankfurt/M. 1974, S. 249 (A 190). Hier versucht Kant, verständlich zu machen, was wir meinen, wenn wir sagen, dass einem Kunstwerk der Geist fehlt. Wir meinen dann, so Kant, dass es ihm nicht gelingt, unsere Erkenntniskräfte zu beleben bzw. in ein freies Spiel zu versetzen. Es fehlt ihm die »ästhetische Idee« – denn »ästhetische Idee« heißt nach Kant »diejenige Vorstellung der Einbildungskraft, die viel zu denken veranlaßt, ohne daß ihr doch irgendein bestimmter Gedanke, d.i. Begriff, adäquat sein kann, die folglich keine Sprache völlig erreicht und verständlich machen kann«.

20 Vgl. Immanuel Kant, Kritik der Urteilskraft, a.a.O., S. 132 (A 28). Wenn Kant, worauf Andrea Kern aufmerksam gemacht hat, einmal die Aktivität der Einbildungskraft, ein andermal die Dynamik zwischen Einbildungskraft und Verstand als Spiel beschreibt, so liegt dies an der Rolle, die der Einbildungskraft üblicherweise, also im Fall des bestimmenden Urteils, zukommt. Denn »[d]ie Einbildungskraft steht dem Verstand gewöhnlich nicht als ein selbständiges Vermögen gegenüber, sondern sie steht als ein abhängiges Vermögen unter ihm« (Andrea Kern, Schöne Lust, a.a.O., S. 49). Die Leistung einer Schematisierung des Mannigfaltigen zu einem subjektiven Bild ist normalerweise nichts, das die Einbildungskraft vor jedem bestimmten Begriff erbringt, sondern eine Tätigkeit, die sie nur durch einen bestimmten Begriff, und das heißt: nach Maßgabe des Verstandes vollzieht. Als eigenständiges Vermögen tritt die Einbildungskraft mithin nur im Blick auf den wesentlich unbestimmten Gegenstand des Schönen auf. Wenn aber die Einbildungskraft unter diesen Bedingungen in ein freies Spiel

entlassen wird, dann wird auch das Verhältnis zwischen Einbildungskraft und Verstand zu einem des freien Spiels.

21 Vgl. Jens Kulenkampff, Kants Logik des ästhetischen Urteils, Frankfurt/M. 1994, S. 98f.

22 Immanuel Kant, Kritik der Urteilskraft, a.a.O., S. 138 (A 36).

23 Ebenda, S. 138 (A 37).

24 Ebenda.

25 So schreibt etwa Andrea Kern im Anschluss an Kant – und in einer bestimmten Kant-Lesart durchaus zu Recht: »Die Lust am Schönen ist eine Lust an uns selbst.« Andrea Kern, Schöne Lust, a.a.O., S. 302.

26 So die These von Peter Bürger, Theorie der Avantgarde, Frankfurt/M. 1974, S. 105.

27 Vgl. hierzu Juliane Rebentisch, Parva Theatralia, in: Jürgen Bock/Martin Clark (Hg.), Heimo Zobernig and the Tate Collection, Lissabon/St. Ives 2009, S. 68-71.

28 Vgl. hierzu Christoph Menke, The Aesthetic Critique of Judgment, in: Daniel Birnbaum/Isabelle Graw (Hg.), The Power of Judgment. A Debate on Aesthetic Critique, Berlin 2010, S. 9-29, hier bes. S. 15-24.

29 Theodor W. Adorno, Ästhetische Theorie, a.a.O., S. 338.

30 Vgl. Immanuel Kant, Kritik der Urteilskraft, a.a.O., S. 130 (A 26).

II. Formen der Partizipation

1 Vgl. Theodor W. Adorno, Der Artist als Statthalter, in: ders., Noten zur Literatur, Frankfurt/M. 1974, S. 114-126, bes. S. 126.

2 Theodor W. Adorno, Ästhetische Theorie, Frankfurt/M. 1970, S. 250.

3 Eine ähnliche Position vertritt heute Alain Badiou, der zentrale Motive der modernen Wahrheitsästhetik aktualisiert. Nicht zufällig steht denn auch Badiou dem Feld der Gegenwartskunst äußerst skeptisch gegenüber und fordert eine Rückkehr zur Ästhetik des frühen 20. Jahrhunderts. Vgl. hierzu vor allem Alain Badiou, Dritter Entwurf eines Manifests für den Affirmationismus, Berlin 2007. Für eine Kritik an Badiou in diesem Punkt vgl. Juliane Rebentisch, 7 Negations. Against Aesthetic Affirmationism, in: Armen Avanessian/Luke Skrebowski (Hg.), Aesthetics and Contemporary Art, Berlin 2011, S. 51-63.

4 Adorno betont freilich, dass die ästhetische Erfahrung einer solchen Kollektivität stets im Modus des Scheins verbleibt, weshalb Kunst, will sie nicht ideologisch die schlechten – unversöhnten – Verhältnisse kompensieren, zugleich unnachgiebig auf jene bezogen bleiben muss: »Paradox hat sie das Unversöhnte zu bezeugen und gleichwohl tendenziell zu versöhnen.« Theodor W. Adorno, Ästhetische Theorie, a.a.O., S. 251.

5 Ebenda. Das kritische Verhältnis, das die Gegenwartskunst zu Adornos Universalismus einnimmt, habe ich bereits festgestellt in Juliane Rebentisch, Ästhetik der Installation, Frankfurt/M. 2003, S. 280-283.

1. Sozialintegration durch Kunst

6 Nicholas Bourriaud, Esthétique relationelle, Paris 1998. Die Seitenangaben beziehen sich auf die englische Übersetzung: Relational Aesthetics, Paris 2002. Im Folgenden im Text zitiert; alle Übersetzungen stammen von mir, JR. Erste Stichworte zu einigen der in diesem und im nächsten Abschnitt ausgearbeiteten Argumente finden sich bereits in Juliane Rebentisch, Participation in Art. 10 Theses, in: Alexander Dumbadze/Suzanne Hudson (Hg.), Contemporary Art. Themes and Histories, 1989 to the Present, S. 267-275.

7 Vgl. hierzu vor allem Walead Beshty, Neo-Avantgarde und Serviceindustrie. Die Schöne Neue Welt der relationalen Ästhetik, in: Texte zur Kunst, Heft 59, 2005, S. 150-157, hier S. 151.

8 Es gibt folglich zwei Weisen, in denen, wie Adorno formuliert, »das Mögliche [...] der Utopie den Platz versperrt« (Theodor W. Adorno, Negative Dialektik, Frankfurt/M. 1975, S. 66). Vgl. hierzu Alexander García Düttmann, »Dieser verrückte Visconti« oder Einsichten in »Fleisch und Blut«, in: Gertrud Koch/Christiane Voss (Hg.), Zwischen Ding und Zeichen, München 2005, S. 38-49, hier bes. S. 46.

9 Diedrich Diederichsen, Eigenblutdoping. Selbstverwertung, Künstlerromantik, Partizipation, Köln 2008, S. 275.

10 Guy Debord, Die Gesellschaft des Spektakels, Berlin 1996.

11 Theodor W. Adorno/Max Horkheimer, Kulturindustrie. Aufklärung als Massenbetrug, in: dies., Dialektik der Aufklärung, Frankfurt/M. 1981, S. 141-191.

12 Vgl. hierzu Gilles Deleuze, Postskriptum über die Kontrollgesellschaften, in: Christoph Menke/Juliane Rebentisch (Hg.), Kreation und Depression. Freiheit im gegenwärtigen Kapitalismus, Berlin 2010, S. 11-17.

13 Vgl. zu diesem Zusammenhang von Partizipation (in der Kunst) und Arbeit auch Bojana Kunst, Precarious Audience. On the Tension between Effort and Idleness of Judgment in Contemporary Performance, in: Cátedra Jorge Oteiza/Juliane Rebentisch (Hg.), Juzgar el arte contemporáneo/Judging Contemporary Art, Pamplona 2012, S. 243-264, bes. S. 257.

14 Vgl. Diedrich Diederichsen, Eigenblutdoping, a.a.O., S. 279. Für eine ähnliche Diagnose vgl. Claire Bishop, Artificial Hells. Participatory Art and the Politics of Spectatorship, London/New York 2012, S. 277.

15 Vgl. Luc Boltanski/Ève Chiapello, Der neue Geist des Kapitalismus, Konstanz 2003.

16 Claire Bishop, Antagonism and Relational Aesthetics, in: October, Heft 110, 2004, S. 51-79, hier bes. S. 65.

17 Die Betonung liegt hier allerdings auf Nachfolge: Während Debord selbst, bei aller Kritik der Teilung, zum Beispiel der Anonymität der Großstadt viel abgewinnen konnte, steht am Ende etwa von *Der kommende Aufstand*, einem jüngeren radikal repräsentationskritischen Manifest, das (auch stilistisch) in der Linie Debords argumentiert, die Vision kleiner authentischer Gemeinschaften respektive Kommunen. Hier soll es zum gemeinsamen Handeln keiner Repräsentation mehr bedürfen – womit auch gleich Asymmetrien zwischen Repräsentanten und Repräsentierten abgeschafft, alle Macht- und Herrschaftsverhältnisse verschwunden wären. Damit niemand den Anderen die Richtung vorgibt (sie repräsentiert und über sie entscheidet), ist allerdings vorausgesetzt, dass alle nicht nur denselben geografischen Standpunkt, sondern auch dasselbe Wissen und denselben politischen Standpunkt teilen. Nun hat man aber das Problem der Differenz noch nie dadurch lösen können, dass man die politischen Gemeinschaften klein hält: Man kann an solcher sozialen Wärme ersticken. Vgl. Unsichtbares Komitee, Der kommende Aufstand, Hamburg 2010, S. 100.

18 Vgl. für eine demokratietheoretisch argumentierende Kritik an dem einseitigen, Konflikt und Differenz ausklammernden (Alb-)Traum der

Partizipation auch Markus Miessen, Albtraum Partizipation, Berlin 2012, bes. S. 10.

19 Vgl. Jacques Rancière, Das Unvernehmen. Politik und Philosophie, Frankfurt/M. 2002, S. 109.

20 Vgl. zu diesem Zusammenhang ausführlich Juliane Rebentisch, Die Kunst der Freiheit. Zur Dialektik demokratischer Existenz, Berlin 2012.

21 Dies geschieht oftmals, etwa bei Claire Bishop oder Markus Miessen, unter Bezugnahme auf die Arbeiten von Ernesto Laclau und Chantal Mouffe, insb. auf dies., Hegemonie und radikale Demokratie. Zur Dekonstruktion des Marxismus, Wien 1991.

22 Vgl. Sandra Umathum, Kunst als Aufführungserfahrung, Bielefeld 2011, S. 159-174. Derselbe Einwand aber muss laut Umathum auch diejenigen Kritiker der relationalen Ästhetik treffen, wie prominent etwa Claire Bishop, die von der relationalen Ästhetik unmittelbar auf die von ihr vereinnahmte Kunst schließen.

23 Vgl. zur vermeintlichen Eindeutigkeit der Handlungsanweisung bei Gonzalez-Torres auch Lars Blunck, »Luft anhalten und an Spinoza denken«. Zu Fragen der Publikumsbeteiligung in der zeitgenössischen Kunst, in: ders. (Hg.), Werke im Wandel? Zeitgenössische Kunst zwischen Werk und Wirkung, München 2005, S. 87-105, bes. S. 90-92. Für einen ähnlichen Punkt im Hinblick auf Arbeiten der ebenfalls vorschnell mit der relationalen Ästhetik Bourriauds assoziierten Künstlerin Angela Bulloch vgl. Juliane Rebentisch, Partizipation und Reflexion – Angela Bullochs *The Disenchanted Forest x 1001*, in: Gregory Burke/Hendrik Driessen/Matthias Herrmann/Andrew Nairne (Hg.), Angela Bulloch. Prime Numbers, Köln 2006, S. 88-108. Es finden sich dort auch erste Formulierungen der hier ausgearbeiteten Einwände gegen Bourriaud.

24 Vgl. Claire Bishop, Antagonism and Relational Aesthetics, a.a.O. Für eine Kritik an Bishop in diesem Punkt vgl. Shannon Jackson, Social Works. Performing Art, Supporting Publics, New York/London 2011, bes. S. 55 f.

2. Der Doppelcharakter der Teilhabe an Kunst

25 Erika Fischer-Lichte, Ästhetik des Performativen, Frankfurt/M. 2004. Im Folgenden im Text zitiert.

26 Hans-Thies Lehmann, Postdramatisches Theater, Frankfurt/M. 1999. Im Folgenden im Text zitiert.

27 Die entsprechenden Arbeiten hießen denn auch schlicht: *Arbeiter, die nicht bezahlt werden können, vergütet dafür, in Pappkartons zu sitzen* (Kunst-Werke, Berlin, 2000); *250-cm-Linie, auf 6 bezahlte Leute tätowiert* (Espacio Aglutinador, Havana 1999); *133 Leute, bezahlt, um die Haare blond zu färben* (Arsenale, Venedig 2001). Die folgende Passage zu Sierra geht zurück auf Juliane Rebentisch, Realismus heute. Kunst, Politik und die Kritik der Repräsentation, in: WestEnd. Neue Zeitschrift für Sozialforschung, Heft 2, 2010, S. 15-29, hier S. 20f.

28 Vgl. zu der Nähe, die ein »sensationalistischer neuer Realismus in der Bildenden Kunst« zumindest auf den ersten Blick zu »neuen Formaten in den Massenmedien« unterhält, auch: Diedrich Diederichsen, Realitätsbezüge in der Bildenden Kunst. Subjektkritik, Repräsentationskritik und Statistenkunst, in: Dirck Linck/Michael Lüthy/Brigitte Obermayr/Martin Vöhler (Hg.), Realismus in den Künsten der Gegenwart, Berlin 2010, S. 13-28, hier S. 14f.

29 Stanley Cavell, The Avoidance of Love. A Reading of King Lear, in: ders., Must We Mean What We Say? A Book of Essays. Cambridge 1976, S. 267-353, hier S. 329.

30 Das Performance-Skript für *Lips of Thomas* lautet wie folgt: *I slowly eat 1 kilo of honey with a silver spoon. / I slowly drink 1 liter of red wine out of a crystal glass. / I break the glass with my right hand. / I cut a five pointed star on my stomach with a razor blade. / I violently whip myself until I no longer feel any pain. / I lay down on a cross made of ice blocks. / The heat of a suspended space heater pointed at my stomach causes the cut star to bleed. / The rest of my body begins to freeze. / I remain on the ice cross for 30 minutes until the audience interrupts the piece by removing the ice blocks from underneath.*

31 Alexander García Düttmann, Teilnahme. Bewusstsein des Scheins, Konstanz 2011. Im Folgenden im Text zitiert.

32 Für diese Formulierung, der sich der Titel dieses Abschnitts verdankt, vgl. Alexander García Düttmann, QUASI. Antonioni und die Teilhabe an der Kunst, in: Neue Rundschau 4, 2009, S. 151-165, hier S. 163.

33 Vgl. Martin Seel, Die Kunst der Entzweiung. Zum Begriff ästhetischer Rationalität, Frankfurt/M. 1985, S. 319f.

34 Vgl. Christiane Voss, Narrative Emotionen. Eine Untersuchung über Möglichkeiten und Grenzen philosophischer Emotionstheorien, Berlin/New York 2004.
35 Vgl. hierzu weiterführend auch Christiane Voss, On the Affective Transformation of Aesthetic Judgment, in: Cátedra Jorge Oteiza/Juliane Rebentisch (Hg.), Juzgar el arte contemporáneo/Judging Contemporary Art, a.a.O., S. 187-215.
36 Für eine feministische Kritik an diesem Modell der (Kunst-)Kritik vgl. auch Amelia Jones, Art History/Art Criticism. Performing Meaning, in: dies./Andrew Stephenson (Hg.), Performing the Body/Performing the Text, New York 1999, S. 39-55, sowie – unter Bezugnahme auf Jones – Jennifer Doyle, The Effect of Intimacy. Tracey Emin's Bad Sex Aesthetics, in: dies., Sex Objects. Art and the Dialectics of Desire, Minneapolis 2006, S. 97-120, hier bes. S. 115 f.
37 Vgl. Immanuel Kant, Kritik der Urteilskraft, in: ders., Werkausgabe, hg. von Wilhelm Weischedel, Bd. X, Frankfurt/M. 1974, S. 130 (A 26).
38 Jacques Rancière, Der emanzipierte Zuschauer, in: ders., Der emanzipierte Zuschauer, Wien 2009, S. 11-34, S. 13 f. Im Folgenden im Text zitiert.
39 So meint indes Claire Bishop, Artificial Hells, a.a.O., bes. S. 278, 284.
40 Shannon Jackson, Social Works, a.a.O., bes. S. 32-34.
41 W. J. T. Mitchell, What Do Pictures Want? The Lives and Loves of Images, Chicago 2006, S. 198.

III. Der Plural der Kunst

1 Vgl. zu dieser Diagnose Rosalind E. Krauss, »A Voyage on the North Sea«. Art in the Age of the Post-Medium Condition, London 1999; für den polemischen Sinn des Begriffs »post-medium condition« vgl. auch dies., Perpetual Inventory, Cambridge/London 2010, bes. S. xiv.
2 Vgl. Theodor W. Adorno, Ästhetische Theorie, Frankfurt/M. 1970, S. 91.

1. Medienspezifik, Verfransung, Intermedialität

3 Vgl. Clement Greenberg, Modernistische Malerei, in: ders., Die Essenz der Moderne. Ausgewählte Essays und Kritiken, Amsterdam/Dresden

1997, S. 265-278, hier bes. S. 266. Für eine eingehendere Auseinandersetzung mit Greenberg und seinen ihm gleichwohl nahestehenden Kritikerinnen und Kritikern in der Perspektive der Kunsttheorie Niklas Luhmanns vgl. Juliane Rebentisch, Ästhetik der Installation, Frankfurt/M. 2003, S. 82-101. Einige der dort entwickelten Argumente werden im Folgenden zusammengefasst und um neue Gesichtspunkte ergänzt.

4 Vgl. Clement Greenberg, Intermedia, in: ders., Die Essenz der Moderne, a.a.O., S. 446-455, hier bes. S. 454.

5 Vgl. für eine beißend satirische Kritik an Greenberg in diesem Punkt auch Tom Wolfe, Worte in Farbe. Kunst und Kult in Amerika, München 1992, bes. S. 39-65.

6 Vgl. zu dieser Kritik etwa Michael Fried, Kunst und Objekthaftigkeit, in: Gregor Stemmrich (Hg.), Minimal Art. Eine kritische Retrospektive, Dresden/Basel 1995, S. 334-374, hier S. 368, Rosalind E. Krauss, »A Voyage on the North Sea«, a.a.O., S. 53.

7 Vgl. Michael Fried, Kunst und Objekthaftigkeit, a.a.O., S. 361 f.

8 Theodor W. Adorno, Die Kunst und die Künste, in: ders., Gesammelte Schriften, hg. von Rolf Tiedemann, Bd. 10.1, Frankfurt/M. 1977, S. 432-453, hier S. 448. Im Folgenden im Text zitiert. Für eine eingehende Auseinandersetzung mit diesem Aufsatz vgl. ebenfalls Juliane Rebentisch, Ästhetik der Installation, a.a.O., S. 101-146. Wie im Blick auf die Absätze zu Greenberg (vgl. Anm. 3) gilt auch hinsichtlich der folgenden Absätze zu Adorno, dass einige der in der *Ästhetik der Installation* entwickelten Argumente hier zusammengefasst und um neue Gesichtspunkte ergänzt werden.

9 Vgl. Theodor W. Adorno, Versuch über Wagner, in: ders., Gesammelte Schriften, hg. von Rolf Tiedemann, Bd. 13, Frankfurt/M. 1971, S. 7-148, hier S. 97.

10 Vgl. für diesen Zusammenhang auch Theodor W. Adorno, Der Artist als Statthalter, in: ders., Noten zur Literatur, Frankfurt/M. 1974, S. 114-126, hier bes. S. 119.

11 So aber die These von Christine Eichel, Vom Ermatten der Avantgarde zur Vernetzung der Künste. Perspektiven einer interdisziplinären Ästhetik im Spätwerk Theodor W. Adornos, Frankfurt/M. 1993.

12 Vgl. Martin Seel, Ästhetik des Erscheinens, München/Wien 2000, S. 178.

13 Vgl. Michael Fried, Kunst und Objekthaftigkeit, a.a.O., S. 361.

14 Für den Bezug des Begriffs einer »taktilen«, d.h. hier: nicht auf Optik reduzierbaren Rezeption auf die Erfahrung der Architektur vgl. Walter Benjamin, Das Kunstwerk im Zeitalter seiner technischen Reproduzierbarkeit, in: ders., Gesammelte Schriften, hg. von Rolf Tiedemann/Hermann Schweppenhäuser, Bd. I.2, Frankfurt/M. 1974, S. 435-469, hier S. 465f.

2. Das ästhetische Recht der Singularität

15 Theodor W. Adorno, Ästhetische Theorie, a.a.O., S. 174.

16 Vgl. Jean-François Lyotard, Das Erhabene und die Avantgarde, in: Merkur, Heft 2, 1984, S. 151-164, hier bes. S. 154.

17 Vgl. Jean-Luc Nancy, Making Poetry, in: ders., Multiple Arts. The Muses II, Stanford 2006, S. 3-9, hier bes. S. 4.

18 Ebenda, S. 77.

19 Vgl. Thierry de Duve, Kant after Duchamp, Cambridge/London 1996, bes. S. 199-279. »The readymades are art, not painting, not sculpture, and not something interspecific straddling both«, schreibt de Duve vor dem Hintergrund einer Auseinandersetzung mit Greenbergs Begriff der Medienspezifik. »[T]hey are generic and nothing but generic« (S. 269).

20 Jean-Luc Nancy, singulär plural sein, Berlin 2004, S. 27f.

21 Vgl. Jean-François Lyotard, Das Erhabene und die Avantgarde, a.a.O., S. 164.

22 Vgl. Christoph Menke, The Aesthetic Critique of Judgment, in: Daniel Birnbaum/Isabelle Graw (Hg.), The Power of Judgment. A Debate on Aesthetic Critique, Berlin 2010, S. 9-29, hier S. 28.

23 Vgl. ebenda, S. 24-29, hier bes. S. 27, für eine Kunstkritik, die ein solches Argument am Beispiel von Neo Rauchs Bild *Amt* durchführt.

24 Vgl. Christoph Menke, Ein anderer Geschmack. Weder Autonomie noch Massenkonsum, in: Christoph Menke/Juliane Rebentisch (Hg.), Kreation und Depression, a.a.O., S. 226-239, hier S. 231-233.

25 Jean-François Lyotard, Das Erhabene und die Avantgarde, a.a.O., S. 164. Vgl. zu der in diesem Absatz angesprochenen Unterscheidung auch Juliane Rebentisch, Some Remarks on the Interior Design of Contemporary Subjectivity and the Possibilities of Its Aesthetic Critique, in:

Lynne Cooke/Josiah McElheny/Johanna Burton (Hg.), Interiors, Berlin 2012, S. 311-317.

26 Vgl. Christian Janecke, Maschen der Kunst, Springe 2011. Dass das »Misstrauen [der Kunst] gegenüber den Schulen, die sie selbst bildet«, ein wichtiger Ausweis ihrer Qualität ist, betont auch Jörg Heiser. Vgl. Jörg Heiser, Plötzlich diese Übersicht. Was gute zeitgenössische Kunst ausmacht, Berlin 2007, hier S. 349.

IV. Grenzgänge

1. Die Außergewöhnlichkeit des Gewöhnlichen: das Readymade

1 Arthur C. Danto, Die Verklärung des Gewöhnlichen. Eine Philosophie der Kunst, Frankfurt/M. 1984. Im Folgenden im Text zitiert.

2 Vgl. Michael Lüthy, Das Ende wovon? Kunsthistorische Anmerkungen zu Dantos These vom Ende der Kunst, in: Christoph Menke/Juliane Rebentisch (Hg.), Kunst – Fortschritt – Geschichte, Berlin 2006, S. 57-66, hier S. 63.

3 Vgl. Arthur C. Danto, Das Fortleben der Kunst, München 1998, S. 50.

4 Ebenda, S. 35.

5 Richard Wollheim hat darauf hingewiesen, dass diese These impliziert, dass unser Hintergrundwissen unsere *Objektwahrnehmung* beeinflusst. Diese These aber steht in einem gewissen begrifflichen Spannungsverhältnis zu Dantos Gedankenexperimenten mit ununterscheidbaren Objekt- oder Werkpaaren, die zeigen sollen, dass die sinnliche Wahrnehmung für den Begriff von Kunst keine Rolle spielt. Dantos Rede von der Ununterscheidbarkeit der Objekte wird aufgrund des nicht geklärten Verhältnisses von Interpretation und Wahrnehmung unscharf. Vgl. Richard Wollheim, Danto's Gallery of Insdiscernibles, in: Mark Rollins (Hg.), Danto and His Critics, Oxford 1993, S. 28-38, bes. 34-36.

6 Vgl. Arthur C. Danto, Das Fortleben der Kunst, a.a.O., S. 25.

7 Vgl. Arthur C. Danto, Kunst nach dem Ende der Kunst, München 1996, S. 22 f.

8 Für eine Kritik an dem Umstand, dass Dantos geschichtsphilosophische These sich nur zirkulär mit Bezug auf seine kunstphilosophischen

Thesen rechtfertigen lässt, vgl. Noël Carroll, Essence, Expression, and History, in: Mark Rollins (Hg.), Danto and His Critics, a.a.O., S. 79-106, hier bes. S. 97f.

9 Vgl. Anselm Haverkamp, Unidentified Cultural Objects. Die Zeit der Kuratoren, in: ders., Die Zweideutigkeit der Kunst. Zur historischen Epistemologie der Bilder, Berlin 2012, S. 93.

10 Arthur C. Danto, Kunst nach dem Ende der Kunst, a.a.O., S. 23.

11 Arthur C. Danto, Das Fortleben der Kunst, a.a.O., S. 39.

12 Vgl. Arthur C. Danto, Die philosophische Entmündigung der Kunst, München 1993.

13 Vgl. Arthur C. Danto, Kunst nach dem Ende der Kunst, a.a.O., S. 23.

14 Für eine Kritik an Danto in diesem Punkt vgl. auch Martin Seel, Ästhetik des Erscheinens, München/Wien 2000, S. 192-197.

15 Zur Rolle der Titel und Inschriften im Werk von Marcel Duchamp vgl. John C. Welchman, Invisible Colors. A Visual History of Titles, New Haven/London 1997, S. 219-231.

16 Stanley Cavell, Die Unheimlichkeit des Gewöhnlichen, in: ders., Die Unheimlichkeit des Gewöhnlichen und andere philosophische Essays, Frankfurt/M. 2002, S. 76–110. Vgl. hierzu und zu den Überlegungen im folgenden Absatz auch Juliane Rebentisch, Der Abgrund der Präsenz. Flavins Skeptizismus, in: Rainer Fuchs (Hg.), Dan Flavin – Lights, Ostfildern 2012, S. 63-73.

17 Stanley Cavell, Die Unheimlichkeit des Gewöhnlichen, a.a.O., S. 103.

18 Ebenda.

2. Die Materialität der Idee: Konzeptkunst

19 Vgl. Arthur C. Danto, Das Fortleben der Kunst, a.a.O., S. 35.

20 Joseph Kosuth, Art after Philosophy, I and II, in: Gregory Battcock (Hg.), Idea Art. A Critical Anthology, New York 1973, S. 70-101, hier S. 94. Im Folgenden im Text zitiert; alle Übersetzungen stammen von mir, JR.

21 Vgl. Arthur C. Danto, Das Fortleben der Kunst, a.a.O., S. 35f.

22 Vgl. Arthur Rose, Four Interviews, in: Gregory Battcock, Idea Art, a.a.O., S. 140-148, darin das Interview mit Kosuth S. 144-148, hier bes. S. 146.

23 Zu Kosuths Bestimmung »reiner« Konzeptkunst, vgl. ders., Art after Philosophy, I and II, a.a.O., S. 93-101.

24 Vgl. Arthur Rose, Four Interviews, a.a.O., S. 145.

25 Vgl. Martin Seel, Ästhetik des Erscheinens, a.a.O., S. 197-202.

26 Ebenda, S. 201.

27 Ebenda.

28 So heißt es in einem der vielen Texte der Gruppe: »Duchamp's readymades, Judd's tautology, and Kosuth's propositions may be too unsophisticated to provide a working definition for art. The intentional as meaning problem remains. ›If someone calls it Art (then) it's art‹ ignores the central issue of the ›it's‹ ontology.« Art & Language, Don Judd's Dictum and Its Emptiness, in: Art & Language. Selected Essays 1966-80, Eindhoven 1980, S. 44-47, hier S. 44.

29 Vgl. Alexander Alberro, Reconsidering Conceptual Art, 1966-1977, in: Alexander Alberro/Blake Stimson (Hg.), Conceptual Art. A Critical Anthology, Cambridge/London 1999, S. xvi-xxxvii, hier S. xix.

30 Vgl. Terry Atkinson, Concerning the Article »The Dematerialization of Art«, in: Alexander Alberro/Blake Stimson (Hg.), Conceptual Art. A Critical Anthology, a.a.O. S. 52-58, hier bes. S. 54.

31 Vgl. ebenda, bes. S. 52-54.

32 Vgl. Lucy R. Lippard, The Dematerialization of the Art Object, Berkeley/Los Angeles/London 1973; Lucy R. Lippard/John Chandler, The Dematerialization of Art, in: Alexander Alberro/Blake Stimson (Hg.), Conceptual Art. A Critical Anthology, a.a.O., S. 46-50.

33 Vgl. Nelson Goodman, Sprachen der Kunst. Entwurf einer Symboltheorie, Frankfurt/M. 1995, S. 113.

34 Damit war er nicht der Erste. Künstlerinnen und Künstler aus dem Fluxus-Umfeld wie George Brecht (*Event Scores*) oder Yoko Ono hatten bereits in den späten 1950er und frühen 1960er Jahren allografische Formen in das Feld der bildenden Kunst eingeführt.

35 Sabeth Buchmann, Denken gegen das Denken. Produktion, Technologie, Subjektivität bei Sol LeWitt, Yvonne Rainer und Hélio Oiticica, Berlin 2007, S. 181.

36 John Roberts, Photography, Iconophobia and the Ruins of Conceptual Art, in: ders. (Hg.), The Impossible Document. Photography and Conceptual Art in Britain 1966-1976, London 1997, S. 7-45.

37 Vgl. hierzu die konzise Zusammenfassung dieser Diskussion bei Peter Geimer, Theorien der Fotografie zur Einführung, Hamburg 2009, S. 170-207.
38 Vgl. hier vor allem Roland Barthes, Die helle Kammer. Bemerkungen zur Photographie, Frankfurt/M. 1985.
39 Siegfried Kracauer, Theorie des Films. Die Errettung der äußeren Wirklichkeit, Frankfurt/M. 1964, bes. S. 25-50, 55-65.
40 Peter Geimer, Theorien der Fotografie zur Einführung, a.a.O., S. 175.
41 Vgl. John Roberts, Photography, Iconophobia and the Ruins of Conceptual Art, a.a.O., S. 26.
42 Ebenda, S. 29.
43 Jeff Wall zit. nach Roberts, ebenda, S. 27.
44 Peter Geimer, Theorien der Fotografie zur Einführung, a.a.O., S. 178.
45 Hans Ulrich Reck, Mythos Medienkunst, Köln 2002, S. 7.
46 Vgl. John Roberts, Photography, Iconophobia and the Ruins of Conceptual Art, a.a.O., S. 41 f.

3. Arbeit an der visuellen Kultur: die Pictures-Generation

47 Der Text erschien ursprünglich in: October, Heft 8, 1979, S. 75-88. Im Folgenden im Text zitiert nach Douglas Crimp, Pictures, in: Brian Wallis (Hg.), Art After Modernism. Rethinking Representation, New York/Boston 1984, S. 175-187. Alle Übersetzungen stammen von mir, JR.
48 Douglas Crimp, Pictures, Ausstellungskatalog Artists Space, New York 1977, S. 5.
49 Vgl. Stanley Cavell, The World Viewed. Reflections on the Ontology of Film, Cambridge/London 1979, S. 21. Vgl. (im Anschluss an diesen Gedanken von Cavell) zu einem realistischen Projekt in der Malerei der Gegenwart am Beispiel der Arbeiten von Richard Phillips auch Juliane Rebentisch, Richard Phillips' Psycho-Realismus, in: Yilmaz Dziewior (Hg.), Richard Phillips, Ostfildern 2002, S. 8-15.
50 Für eine kurze Skizze der Realismus-Diskussionen im 20. Jahrhundert vgl. Juliane Rebentisch, Realismus heute. Kunst, Politik und die Kritik der Repräsentation, in: WestEnd. Neue Zeitschrift für Sozialforschung, Heft 2, 2010, S. 15-29, hier S. 17-19. Diesem Text sind auch einige Punkte zur Bestimmung des Realismus (und seiner Gegenwart)

im letzten und in den folgenden Absätzen sowie die kurze Passage über Martha Roslers *The Bowery in Two Inadequate Descriptive Systems* entnommen.

51 Vgl. Craig Owens, »The Indignity of Speaking for Others«. An Imaginary Interview, in: ders., Beyond Recognition. Representation, Power, and Culture, Berkeley/Los Angeles/London 1992, S. 259–262, hier S. 262.

52 Martha Rosler, Drinnen, Drumherum und nachträgliche Gedanken (zur Dokumentarfotografie), in: Sabine Breitwieser (Hg.), Martha Rosler. Positionen in der Lebenswelt, Köln/Wien 1999, S. 105–148, hier S. 131.

53 Craig Owens, The Allegorical Impulse. Toward a Theory of Postmodernism (Part 1 and 2), in: ders., Beyond Recognition, a.a.O., S. 52-97, hier S. 54. Übersetzung von mir, JR. (Orig. in: October, Heft 12, 1980, S. 67-86, und October, Heft 13, 1980, S. 59-80; beide Teile sind ebenfalls enthalten in: Brian Wallis (Hg.), Art After Modernism, a.a.O., S. 203-235.)

54 Zur Diskussion um das Schlagwort *Artistic Research* vgl. die von Tom Holert zusammengestellten Beiträge in: Texte zur Kunst, Heft 82, 2011.

55 Vgl. Craig Owens, The Allegorical Impulse, a.a.O., S. 55.

56 Vgl. Douglas Crimp, Das Aneignen der Aneignung, in: ders., Über die Ruinen des Museums, Dresden/Basel 1996, S. 141-151.

57 Vgl. hierzu Rosalind E. Krauss, Die Originalität der Avantgarde, in: dies., Die Originalität der Avantgarde und andere Mythen der Moderne, Amsterdam/Dresden 2000, S. 197-219, hier bes. S. 217. Isabelle Graw hat auf die geschlechterpolitische Dimension der Kritik am (männlichen) Mythos der Originalität und die Bedeutung hingewiesen, die das Verfahren der Appropriation in diesem Zusammenhang insbesondere für Künstlerinnen gewonnen hat. Vgl. Isabelle Graw, Die bessere Hälfte. Künstlerinnen des 20. und 21. Jahrhunderts, Köln 2003, bes. S. 21-102.

4. Kritik der Institution/Institution der Kritik: Kunst im Kontext

58 Vgl. Pierre Bourdieu, Die Regeln der Kunst. Genese und Struktur des literarischen Feldes, Frankfurt/M. 1999, bes. das Kapitel »Die histori-

sche Genese der reinen Ästhetik«, S. 449-489, hier S. 449. Im Folgenden im Text zitiert.

59 Pierre Bourdieu, Die feinen Unterschiede. Kritik der gesellschaftlichen Urteilskraft, Frankfurt/M. 1982, S. 24.

60 Vgl. ebenda, S. 21.

61 Vgl. Peter Bürger, Theorie der Avantgarde, Frankfurt/M. 1974, bes. S. 66-68.

62 Ebenda, S. 71.

63 Beispiele dafür wären Diskussionsveranstaltungen im Kontext des Projekts Former West in Berlin 2013 oder beim *Steirischen Herbst* 2012.

64 Mit einer Veranstaltungsreihe haben jüngst Helmut Draxler und Christoph Gurk eine in dieser Hinsicht überfällige Selbstreflexion der Kulturinstitutionen angeregt (*Phantasma und Politik*, Hebbel am Ufer, 2013).

65 Brian O'Doherty, In der weißen Zelle/Inside the White Cube, Berlin 1996, S. 88.

66 Hans Zitko, Kunstwelt. Mediale und systemische Konstellationen, Hamburg 2012, S. 62; für eine Kritik des Zusammenhangs von freien Märkten und vermeintlich (kontext-)»freier« Kunst vgl. auch Julian Stallabrass, Art Incorporated. The Story of Contemporary Art, Oxford 2004.

67 Vgl. Alexander Alberro, Institutions, Critique, and Institutional Critique, in: Alexander Alberro/Blake Stimson (Hg.), Institutional Critique. An Anthology of Artists' Writings, Cambridge/London, S. 2-19, hier S. 6. Der Band versammelt wichtige Beiträge der mit dem Begriff der *Institutional Critique* assoziierten Künstlerinnen und Künstler.

68 Vgl. Hans Zitko, Kunstwelt, a.a.O., S. 115, 118.

69 Andrea Fraser, From the Critique of Institutions to an Institution of Critique, in: Alexander Alberro/Blake Stimson (Hg.), Institutional Critique, a.a.O., S. 408-417, hier S. 416. Übersetzung von mir, JR.

70 Vgl. ebenda, S. 415, 417.

71 Vgl. Alexander Alberro, Institutions, Critique, and Institutional Critique, a.a.O., S.7.

72 Vgl. in diesem Sinne Alice Creischer/Andreas Siekmann, Warum, warum gerade jetzt und in welcher Weise braucht die bürgerliche Gesellschaft politische Kunst so dringend?, in: Springerin, Heft 4, 2012, S. 51-57, bes. S. 53, 56f.

73 Für eine weiterführende Auseinandersetzung um die Bedeutung institutionskritischer Kunstpraxis für den Begriff und die Praxis »progressiver Institutionen« vgl. Gerald Raunig/Gene Ray (Hg.), Art and Contemporary Critical Practice. Reinventing Institutional Critique, London 2009.

5. Die Aufgabe der Übersetzung: Welt und Kunstwelt

74 Vgl. hierzu Susanne Leeb, Asynchrone Objekte, in: Texte zur Kunst, Heft 91, 2013, S. 41-61, hier: S. 41.

75 Vgl. hierzu Hans Belting, From World Art to Global Art: View on a New Panorama, in: Hans Belting/Andrea Buddensieg/Peter Weibel (Hg.), The Global Contemporary and the Rise of New Art Worlds, Cambridge 2013, S. 178-185, hier bes. S. 180.

76 Sowohl die Ausstellung *Magiciens de la terre* wie auch die dritte Havanna-Biennale von 1989 sind in je einem Band in der insgesamt sehr empfehlenswerten Reihe *Exhibition Histories* (Afterall Books) dokumentiert, kontextualisiert und kommentiert worden. Vgl. Rachel Weiss u.a., Making Art Global (Part 1). The Third Havana Biennial 1989, London 2011; Lucy Steed u.a., Making Art Global (Part 2). »Magiciens de la Terre« 1989, London 2013.

77 Vgl. Hans Belting, From World Art to Global Art, a.a.O., S. 181 f. Vgl. dazu auch Benjamin H.D. Buchloh, The Whole Earth Show. An Interview with Jean-Hubert Martin, in: Lucy Steed u.a., Making Art Global (Part 2). »Magiciens de la Terre« 1989, a.a.O., S. 224-237, hier bes. S. 229f.

78 Charles Esche, Making Art Global. A Good Place or a No Place?, in: Rachel Weiss u.a. (Hg.), Making Art Global (Part 1). The Third Havana Biennial 1989, a.a.O., S. 8-11, hier S. 8. Übersetzung von mir, JR.

79 Vgl. hierzu Christian Kravagna, Für eine postkoloniale Kunstgeschichte des Kontakts, in: Texte zur Kunst, Heft 91, 2013, S. 111-131, hier bes. S. 111.

80 Vgl. zur Debatte Ina Kerner, Globalisierung, in: Gerhard Göhler/Mattias Iser/Ina Kerner (Hg.), Politische Theorie. 25 umkämpfte Begriffe zur Einführung, Wiesbaden 2011, S. 174-190.

81 Vgl. ebenda, S. 175.

82 In diesem Sinne könnte man daher mit Jacques Derrida sagen, dass die Globalisierung nicht oder nur »vorgeblich« stattfindet. Vgl. Autoimmunity. Real and Symbolic Suicides – A Dialogue with Jacques Derrida, in: Giovana Borradori, Philosophy in a Time of Terror. Dialogues with Jürgen Habermas and Jacques Derrida, Chicago/London 2003, S. 85-136, hier S. 121-123; Jacques Derrida, Schurken. Zwei Essays über die Vernunft, Frankfurt/M. 2003, S. 210.

83 »Das Ganze ist das Unwahre«, heißt es in Theodor W. Adornos 1951 erstpublizierten Minima Moralia, Frankfurt/M. 1997, Aphorismus Nr. 29, S. 55.

84 Für eine Kritik an bestimmten Positionen der Gegenwartskunst in diesem Sinne vgl. Pamela M. Lee, Forgetting the Art World, Cambridge 2012.

85 Vgl. Charles Esche, Making Art Global. A Good Place or a No Place?, a.a.O., S. 12f.

86 Vgl. Jean-Luc Nancy, Die Erschaffung der Welt oder die Globalisierung, Berlin/Zürich 2003; ders., Le Sens du Monde, Paris 1992.

87 Vgl. dazu Urs Stäheli, Die Dekonstruktion des Globalen, in: Ulfried Reichardt (Hg.), Die Vermessung der Globalisierung. Kulturwissenschaftliche Perspektiven, Heidelberg 2008, S. 49-61, hier S. 58.

88 Vgl. Terry Smith, Contemporary Art. World Currents in Transition Beyond Globalization, in: Hans Belting/Andrea Buddensieg/Peter Weibel (Hg.), The Global Contemporary and the Rise of New Art Worlds, a.a.O., S. 186-192, hier S. 188.

89 Vgl. ebenda.

90 Vgl. Peter Osborne, Anywhere or Not at All. Philosophy of Contemporary Art, London/New York 2013, S. 22f.

91 Vgl. Terry Smith, Contemporary Art. World Currents in Transition Beyond Globalization, a.a.O., S. 189.

92 Hal Foster, The Artist as Ethnographer, in: ders., The Return of the Real, Cambridge/London 1997, S. 171-208.

93 Zu diesem Stichwort vgl. Dipesh Charkabarty, Provincializing Europe. Postcolonial Thought and Historical Difference, Princeton/Oxford 2000; ders., Europa als Provinz. Perspektiven postkolonialer Geschichtsschreibung, Frankfurt/M./New York 2010.

94 Laut Edward Said zählt es zu den wichtigsten Effekten des Imperialismus, dass Kulturen eben nicht als autonome und in sich geschlosse-

ne Entitäten existieren, sondern durch Hybridität und Heterogenität ausgezeichnet sind. Vgl. Edward Said, Kultur und Imperialismus, Frankfurt/M. 1994, bes. S. 30. Zum Stichwort der »entangled modernities« vgl. Shalini Randeria, Geteilte Geschichte und verwobene Moderne, in: Jörn Rüsen/Hanna Leitgelb/Norbert Jegelka (Hg.), Zukunftsentwürfe. Ideen für eine Kultur der Veränderung, Frankfurt/M./New York 1999, S. 97-96. Einen guten Überblick über die hier nur angerissenen Diskussionen gibt Ina Kerner, Postkoloniale Theorien zur Einführung, Hamburg 2012.

95 Andreas Huyssen, Shadow Play as Medium of Memory, in: Carolyn Christov-Bakargiev/Arjun Appadurai/Andreas Huyssen, Nalini Malani. In Search of Vanished Blood, Ostfildern 2012, S. 46-59, hier S. 49.

96 Vgl. ebenda, S. 49f.

97 »If there is a universal principle it is in the incessant renegotiation of difference«, sagte die Philosophin und postkoloniale Theoretikerin Gayatri Chakravorty Spivak bereits in ihrem Beitrag zu der Konferenz, die 1989 im Zusammenhang der Ausstellung *Magiciens de la terre* stattfand. Gayatri Chakravorty Spivak, Looking at Others, in: Lucy Steed u.a., Making Art Global (Part 2). »Magiciens de la Terre« 1989, a.a.O., S. 260-266, hier S. 266.

98 Vgl. die Interviews in Trinh T. Minh-ha, Framer Framed, New York/London 1992.

99 Vgl. in diesem Zusammenhang auch Renée Green, I Won't Play Other to Your Same, in: Isabelle Graw/Helmut Draxler/André Rottmann (Hg.), Erste Wahl. 20 Jahre »Texte zur Kunst«, Bd. 1, Hamburg 2011, S. 113-116.

100 Vgl. zum Verhältnis von ethnologischer Sammlung und zeitgenössischer Kunst weiterführend die Diskussionsbeiträge von Susanne Leeb, Anke Bangma und Sylvester Ogbechie in: Texte zur Kunst, Heft 91, 2013, S. 40-81, sowie Christian Kravagna, The Preserves of Colonialism: The World in the Museum (2008). URL: http://eipcp.net/transversal/0708/kravagna/en (Stand: 16.08.2013).

101 Vgl. Andreas Huyssen, Schattenspiele. William Kentridge, Nalini Malani und die Kunst einer nach-modernen Moderne, in: WestEnd. Neue Zeitschrift für Sozialforschung, Heft 1, 2013, S. 17-37, hier S. 18.

102 Vgl. Peter Osborne, Anywhere or Not at All, a.a.O., S. 190. Im Folgenden im Text zitiert; alle Übersetzungen stammen von mir, JR.

103 Vgl. Astrid Erll, Kollektives Gedächtnis und Erinnerungskulturen, Stuttgart/Weimar 2011, S. 7.

104 Ebenda, S. 27.

105 Vgl. zu dem Zusammenhang, in dem das gegenwärtige Interesse für das Problem der Erinnerung zu berechtigten Kritiken an der traditionellen Geschichtsschreibung steht, auch Andreas Huyssen, Present Pasts. Urban Palimpsests and The Politics of Memory, Stanford 2003, S. 5.

106 Vgl. den Überblick über die entsprechenden Diskussionen bei Astrid Erll, Kollektives Gedächtnis und Erinnerungskulturen, a.a.O., hier S. 7.

107 Vgl. Andreas Huyssen, Schattenspiele. William Kentridge, Nalini Malani und die Kunst einer nach-modernen Moderne, a.a.O., S. 17 f.

108 Die Formulierung lehnt sich an an Jacques Derridas Begriff einer »démocratie à venir«, der nicht im Sinne eines Lobs des Aufschubs misszuverstehen ist. Vielmehr geht es hier darum, die Notwendigkeit der Bestimmung politischer Einheiten mit der Möglichkeit ihrer historischen Korrektur zusammenzudenken.

109 Susanne Leeb, Flucht nach nicht ganz vorn. Geschichte in der Kunst der Gegenwart, in: Texte zur Kunst, Heft 76, 2009, S. 29-45, hier S. 36.

110 Vgl. Giorgio Agamben, »What Is the Contemporary?«, in: ders., What Is an Apparatus and Other Essays, Standford 2009, S. 39-54, hier S. 51 f.

111 Das schlug sich auch in Ausstellungen nieder. So widmeten sich das Witte de With (Rotterdam) 2005 sowie der Hartware MedienKunstVerein Dortmund und die Berliner Kunstwerke 2007 dem Phänomen. Vgl. die dazugehörigen Publikationen: Sven Lütticken (Hg.), Life, Once More. Forms of Reenactment in Contemporary Art, Rotterdam 2005; Inke Arns/Gabriele Horn (Hg.), History will repeat itself. Strategien des Reenactment in der zeitgenössischen (Medien-)Kunst und Performance, Berlin/Dortmund 2007.

112 Vgl. Sven Lütticken, An Arena in Which to Reenact, in: ders. (Hg.), Life, Once More, a.a.O., S. 17-60, hier S. 27.

113 Vgl. Maria Muhle, History Will Repeat Itself. Für eine (Medien-)Philosophie des Reenactment, in: Lorenz Engell/Frank Hartmann/Christiane Voss (Hg.), Körper des Denkens. Neue Positionen der Medienphilosophie, München 2013, S. 113-134, hier S. 113.
114 Ebenda, S. 119.
115 Ebenda, S. 118
116 Zu dieser wiederum sehr weit ausgreifenden interdisziplinären Diskussion vgl. Beatrice von Bismarck u.a. (Hg.), interarchive. Archivarische Praktiken und Handlungsräume im zeitgenössischen Kunstfeld, Köln 2002; Charles Merewether (Hg.), The Archive. Documents of Contemporary Art, Cambridge/London 2006.
117 Vgl. Hal Foster, An Archival Impulse, in: October, Heft 110, 2004, S. 3-22. Im Folgenden im Text zitiert; alle Übersetzungen stammen von mir, JR.
118 Vgl. Jacques Derrida, Dem Archiv verschrieben. Eine Freudsche Impression, Berlin 1997, S. 65.

7. Dialektik von Natur und Kultur: das Erbe der Landart

119 Theodor W. Adorno, Ästhetische Theorie, Frankfurt/M. 1970, S. 103. Im Folgenden im Text zitiert.
120 Theodor W. Adorno, Ästhetik (1958/59), Frankfurt/M. 2009, S. 49.
121 Dieses Argument geht zurück auf die von Adorno in der *Dialektik der Aufklärung* gemeinsam mit Horkheimer entwickelten Thesen.
122 Walter Benjamin, Das Kunstwerk im Zeitalter seiner technischen Reproduzierbarkeit, in: ders., Gesammelte Schriften, hg. von Rolf Tiedemann/Hermann Schweppenhäuser, Bd. I.2, Frankfurt/M. 1974, S. 435-469, hier S. 440.
123 Theodor W. Adorno, Ästhetik (1958/59), a.a.O., S. 45.
124 Dieser Einsatz wird – bei aller Diversität der Beiträge – auch deutlich in Jeffrey Kastner (Hg.), Nature. Documents of Contemporary Art, Cambridge/London 2012.
125 Für die Kritik an den totalisierenden Zügen von Adornos Vernunftkritik vgl. vor allem Jürgen Habermas, Theorie des kommunikativen Handelns. Handlungsrationalität und gesellschaftliche Rationalisierung, Bd. 1, Frankfurt/M. 1995, S. 489ff.

126 Robert Smithson, Spiral Jetty, in: Eva Schmidt/Kai Vöckler (Hg.), Robert Smithson. Gesammelte Schriften, Köln 2000, S. 176-184, hier S. 179.

127 Robert Smithson, Eine provisorische Theorie der Nicht-Orte, in: Eva Schmidt/Kai Vöckler (Hg.), Robert Smithson, a.a.O., S. 106.

128 Robert Smithson, Spiral Jetty, a.a.O., S. 183, Anm. 1.

129 Vgl. ebenda.

130 Ebenda, S. 179.

131 Rosalind E. Krauss, Passages in Modern Sculpture, Cambridge/London 1977, S. 280.

132 Vgl. Robert Smithson, Begebenheiten auf einer Spiegel-Reise in Yucatan, in: Eva Schmidt/Kai Vöckler (Hg.), Robert Smithson, a.a.O., S. 144-155, hier S. 154.

133 Vgl. Robert Smithson, Kunst und Dialektik, in: Eva Schmidt/Kai Vöckler (Hg.), Robert Smithson, a.a.O., S. 174.

134 Robert Smithson, Spiral Jetty, a.a.O., S. 178.

135 Robert Smithson, Kulturelle Gefängnisse, in: Eva Schmidt/Kai Vöckler (Hg.), Robert Smithson, a.a.O., S. 185-186, hier S. 186.

136 Zit. nach Robert Smithson, Eine Sedimentierung des Bewußtseins: Erdprojekte, in: Eva Schmidt/Kai Vöckler (Hg.), Robert Smithson, a.a.O., S. 130-140, hier S. 130.

137 Ebenda, S. 131.

138 Robert Smithson, Frederick Law Olmsted und die dialektische Landschaft, in: Eva Schmidt/Kai Vöckler (Hg.), Robert Smithson, a.a.O., S. 192-204, hier S. 195.

139 Ebenda, S. 198.

140 Vgl. hierzu Theodor W. Adorno, Zur Lehre von der Geschichte und von der Freiheit, Frankfurt/M. 2001, S. 188f.

141 Robert Smithson, Frederick Law Olmsted und die dialektische Landschaft, a.a.O., S. 197.

142 Vgl. hierzu weiterführend auch Claire Bishop/Lynne Cooke/Tim Griffin/Pierre Huyghe/Pamela M. Lee/Rirkrit Tiravanija, Remote Possibilities. A Roundtable Discussion on Land Art's Changing Terrain, Artforum, Heft 10, 2005, S. 289-295.

143 Damit bezog sich Huyghe auf Joseph Beuys für die documenta 7 (1982) entwickeltes Projekt *7000 Eichen – Stadtverwaldung statt Stadtverwaltung*, für das Beuys im Verlauf mehrerer Jahre mithilfe von frei-

willigen Helfern an unterschiedlichen Standorten in Kassel 7000 Bäume pflanzte.

144 Bruno Latour, Das Parlament der Dinge. Für eine politische Ökologie, Frankfurt/M. 2010, S. 95. Im Folgenden im Text zitiert.

Personenregister

Sachregister

Juliane Rebentisch ist Professorin für Philosophie und Ästhetik an der Hochschule für Gestaltung in Offenbach am Main. Buchveröffentlichungen u.a.: *Ästhetik der Installation* (2003), *Die Kunst der Freiheit. Zur Dialektik demokratischer Existenz* (2012).